近代鄞西社会变迁研究

宁波市鄞州区社会科学院课题成果

孙善根 王益澄 吴昌 著

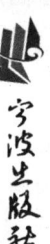

宁波出版社

目录
CONTENTS

前　言 ·· 001

导　论

第一节　选题背景与研究意义 ·· 001
第二节　研究地域范围 ·· 003
第三节　相关研究综述 ·· 005
第四节　研究思路与研究方法 ·· 010
第五节　研究内容与研究路径 ·· 012

第一章　近代鄞西变迁的历史背景

第一节　传统水利事业之沿革 ·· 013
第二节　传统市镇的发展与停滞 ·· 019
第三节　近代宁波开埠及其影响 ·· 022

第二章　近代鄞西经济变迁

第一节　农业与手工业的进步 ·· 029
第二节　近代工业的出现及其影响 ··· 061
第三节　商贸业的繁荣与嬗变 ·· 072
第四节　新旧并存的近代鄞西金融业 ··· 097
第五节　水利与交通建设 ·· 113
第六节　新型经济合作组织——莨江贝母运销合作社及其兴衰 ·································· 139

第三章 近代鄞西社会结构变迁

第一节 职业与阶层——绅商群体的崛起⋯⋯⋯⋯⋯⋯⋯⋯⋯⋯⋯⋯⋯154
第二节 市镇人口⋯⋯⋯⋯⋯⋯⋯⋯⋯⋯⋯⋯⋯⋯⋯⋯⋯⋯⋯⋯⋯⋯163
第三节 家庭结构⋯⋯⋯⋯⋯⋯⋯⋯⋯⋯⋯⋯⋯⋯⋯⋯⋯⋯⋯⋯⋯⋯170
第四节 社会组织⋯⋯⋯⋯⋯⋯⋯⋯⋯⋯⋯⋯⋯⋯⋯⋯⋯⋯⋯⋯⋯⋯178

第四章 近代鄞西社会事业

第一节 教育事业⋯⋯⋯⋯⋯⋯⋯⋯⋯⋯⋯⋯⋯⋯⋯⋯⋯⋯⋯⋯⋯⋯192
第二节 医疗卫生事业⋯⋯⋯⋯⋯⋯⋯⋯⋯⋯⋯⋯⋯⋯⋯⋯⋯⋯⋯⋯212
第三节 社会救济与慈善公益事业⋯⋯⋯⋯⋯⋯⋯⋯⋯⋯⋯⋯⋯⋯⋯219

第五章 近代鄞西乡风民俗

第一节 市镇风貌与建筑⋯⋯⋯⋯⋯⋯⋯⋯⋯⋯⋯⋯⋯⋯⋯⋯⋯⋯⋯238
第二节 民间信仰与庙会⋯⋯⋯⋯⋯⋯⋯⋯⋯⋯⋯⋯⋯⋯⋯⋯⋯⋯⋯243
第三节 迎神祈雨习俗⋯⋯⋯⋯⋯⋯⋯⋯⋯⋯⋯⋯⋯⋯⋯⋯⋯⋯⋯⋯251
第四节 水利共同体下的价值取向⋯⋯⋯⋯⋯⋯⋯⋯⋯⋯⋯⋯⋯⋯⋯253

第六章 近代鄞西社会经济转型的历史思考

第一节 转型成就与困境⋯⋯⋯⋯⋯⋯⋯⋯⋯⋯⋯⋯⋯⋯⋯⋯⋯⋯⋯257
第二节 当代启示⋯⋯⋯⋯⋯⋯⋯⋯⋯⋯⋯⋯⋯⋯⋯⋯⋯⋯⋯⋯⋯⋯261

参考文献⋯⋯⋯⋯⋯⋯⋯⋯⋯⋯⋯⋯⋯⋯⋯⋯⋯⋯⋯⋯⋯⋯⋯⋯⋯⋯266

前　言

　　重视对历史与现实问题的调查研究是我们党和政府的优良传统。只有传承历史，才能更好地把握现实，开拓未来。鄞州为宁波首邑，具有丰富的历史内涵与深厚的文化底蕴，特别是近代开埠以来，在席卷全球的现代化浪潮冲击下，率先开启了经济社会的现代化进程。对近代鄞西经济社会变迁进行系统梳理与研究，不仅是对区域现代化源头的追寻与回溯，而且是对投身现代化的历代志士仁人及其创业创新精神的缅怀与传承，更是对区情地情的一次探究与思考。

　　本课题通过挖掘第一手文献史料，全面解读了近代鄞西地区经济社会的演变与转型。孕育于它山水利文化的鄞西近代经济社会变迁与转型，是在传统社会尤其是明清时期发展基础上的历史演进。从晚清开始，鄞西社会迈入现代化发展阶段。在这漫长的发展进程中，鄞西经济社会发生了诸多有意义的变化，特别是20世纪后进入了较为快速的发展阶段，到30年代中期达到鼎盛。后因战乱不断，陷入停滞状态乃至倒退，战后略有恢复，但不久又因内战而中断。总体看，这一转型取得了一定成就，体现在经济、文化教育与社会生活等各个方面，尤其在经济市场化、水利与交通建设、社会事业以及人的素质诸方面，表现得相当明显。令人扼腕的是，1937年七七事变后日本帝国主义的全面侵华以及随后的国共内战，彻底打断了这一发展进程。1949年中华人民共和国成立后特别是改革开放以来，鄞西地区逐步走出了一条与区域禀赋相适宜的现代化之路，并取得了显著的成就。

　　传承历史，开创未来。历史富含智慧，历史昭示未来。通过这样一次历史之旅，必将加深人们对鄞西区情地情的了解与把握，为制定与完善鄞西的发展路径及其政策措施提供重要的依据与参考,并让人们从中得到一定的启示与教益。同时有助于加强旅外鄞西籍人士的文化认同,激励人们更好地投身区域现代化建设事业。

  正值本书即将付印之时,宁波市正在进行新一轮行政区划调整。历史上曾经是宁波发祥地的鄞西划归宁波市海曙区,这将大大拓展海曙区的发展空间,也将推动鄞西地区进入一个崭新的发展时期。展望"十三五",鄞西地区定能充分发挥文化灿烂、物产富饶以及交通便捷等诸多优势,将自身的秀美山川、深厚文化、美丽城乡打造成为最富魅力的品牌,全面提升区域经济社会发展水平,不断增强人民群众的获得感和自豪感,开创更加美好的未来。

导　论

第一节　选题背景与研究意义

"问渠那得清如许，为有源头活水来。"任何文化的发展都是循序渐进的演变过程，也都存在着继承和创新的问题。现实问题的挑战往往需要我们回顾过去，希望从历史变迁中寻求现实的路径与依据，并从中得到某些启示，正所谓"一切历史都是当代史"。诺贝尔经济学奖获得者、制度经济学创始人诺斯认为社会路径或曰发展道路的选择与其文化传统有关。他说："我们不知道自己是如何走过来的，就不知道今后前进的方向。"[1]从这个意义上看，历史研究的虽然是历史上发生的问题，但其与现实密不可分，而关注现实与未来乃是历史研究的意义所在，进行近代鄞西社会变迁研究即是如此，这也是本课题的宗旨所在。

需要说明的是，本书说称的"近代"，根据学界普遍做法，时间涵盖鸦片战争至中华人民共和国成立。"社会变迁"是指一切社会现象发生变化的动态过程及其结果，包括自然环境、经济、社会结构、社会价值观念和生活方式，以及文化的变迁。近代鄞西社会变迁内容丰富，几乎涉及以上的所有方面，但限于史料等原因，本书将主要涉及经济、社会结构、社会事业以及社会价值观念诸方面。

在当代宁波30多年开发、开放的大浪潮中，在许多地方"体无完肤"的背景下，鄞西则是一片不可多得的"净土"。在此情况下，如何传承与弘扬传统文化、推动人与自然的和谐发展、促进区域经济社会的可持续发展，是一个现实的挑战，也是历史赋予我们这一代人的使命与责任。

---

[1] 沈祖炜主编：《近代中国企业：制度和发展》，上海社会科学院出版社1999年版，第2页。

相对于持续热门的江南区域研究，以宁波为核心的浙东地区一直没有引起学术界应有的关注，以县以下的区域为单位的小区域研究更是少见。作为宁波重要组成部分的鄞西地区，历史上曾是鄞县乃至宁波的发祥地，其中心城镇鄞江镇是一座浙东重镇，素有"四明首镇"之称。近代鄞西是近代宁波发展与变迁的缩影。近代宁波开埠后，这一地区受到外来世界的影响，传统与现代以及中西文明的对接与碰撞都由此展开。本课题拟通过挖掘第一手文献史料，力图在系统梳理鄞西地区近代历史变迁的基础上，全面解读鄞西一地社会经济在近代中国社会历史发展条件下的演变、转型及其困境，以便为深入研究近代中国提供一个区域个案，并为当代中国城镇化与新农村建设提供若干启示，同时为百姓了解鄞西、品味乡愁提供素材。

第二节　研究地域范围

鄞西是本课题研究涉及的地域范围,即所谓的鄞县西乡。著名的民国《鄞县通志》对鄞县西乡的地理环境是如此阐述的:西乡西凭四明山,迤逦而下,扩大为大平原。东则鄞江南来,北则姚江东流,三大河横贯其间,绿野平畴,弥望皆是。[1] 鄞县以奉化江为界,天然地分为鄞西与鄞东南两大部分,鄞西即奉化江以西部分,包括鄞西、鄞西南地区。因晚清民国时期,鄞县政区多有调整,各地区范围也多有变化。清末鄞西主要包括同道乡、鄞江乡、西成乡、桃源乡、章远乡。1919年,改"乡"为"区",具体名称不变。1930年,鄞县在乡村设置5个区,并以序号为区名,其中第一、第二区为鄞西地域。1932年,全县改为10个区,下辖351个乡镇,其中第六、第七两区为鄞西范围,第六区包括49个乡镇,即集士镇、高桥乡、卫民乡、柳堰乡、青湖乡、横街头镇、横涨镇、上王乡、鹤山乡、丰惠乡、孚惠乡、秀水乡、九龙乡、太平乡、石碶镇、栎社镇、龙化乡、月塘乡、新民乡、清道乡、段塘镇、西徐乡、溪渡乡、同仁乡、韧元乡、桂林乡、明农乡、西山乡、三成乡、象南乡、殷浦乡、古林乡、布政乡、狮岭乡、雷庄乡、澍水乡、后仓乡、两湖乡、武陵乡、凤岙镇、望春乡、塘南乡、惠济乡、镜水乡、北渡乡、碧水乡、保佑乡、镇源乡、葑里乡;第七区包括43个乡镇,即鄞江镇、悬慈乡、蕙峰乡、百梁桥乡、仁里乡、芦泾乡、马湖乡、前虞垟镇、蜃蛟乡、青阳乡、长青乡、梅园乡、民益乡、民正乡、力义乡、镇宁乡、大众乡、中兴乡、光溪镇、宝峰乡、三平乡、芝象乡、月山乡、锡麓乡、章水镇、崔岙乡、梅峰乡、周许乡、蜜岩乡、鲸山乡、大皎乡、小皎乡、界姚乡、梅溪乡、俞山乡、新周公乡、鹤

---

[1] 张传保、陈训正等:《鄞县通志·政教志》,成文出版社1973年版,第363—367页。

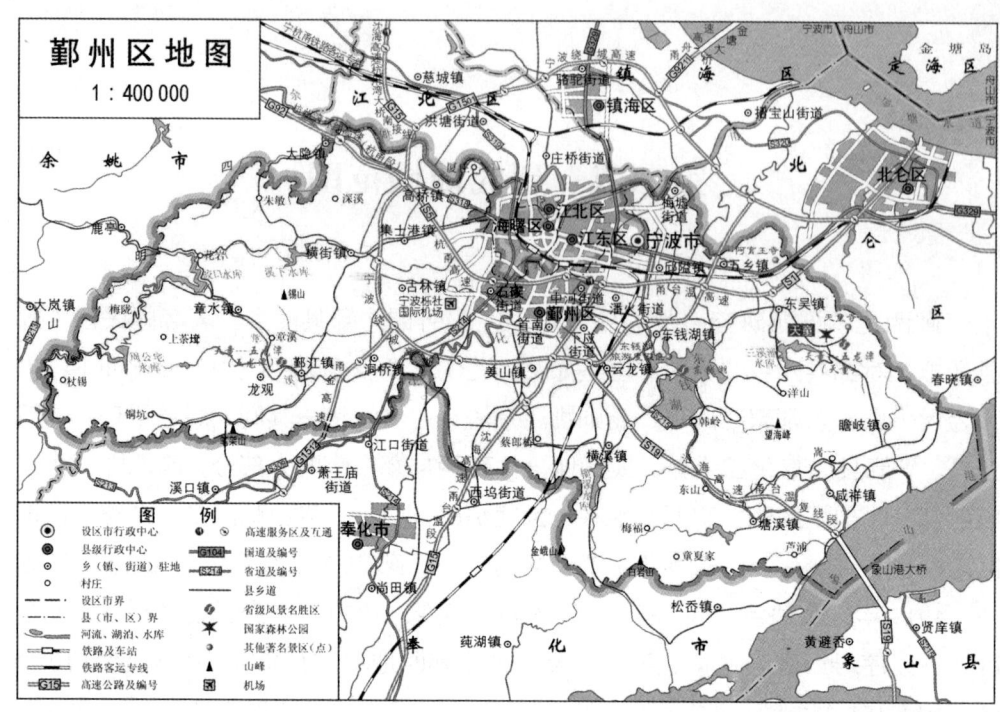

今鄞州区地图

岭乡、环溪乡、龙谷乡、清源乡、自新乡、作新乡、朱汤乡。[1]1946年，全县又划为6个区71个乡镇，其中鄞西区、四明区为鄞西地域。

总体来看，近代鄞西地域相当于今鄞州区横街、章水、龙观、鄞江、洞桥、石碶、古林、集士港、高桥及现划入海曙区的望春等范围。

---

[1] 《民国二十一年区乡镇区划表》，张传保、陈训正等：《鄞县通志·舆地志》，成文出版社1973年版，第186—191页。

第三节 相关研究综述

一、关于近代江南区域研究

早在20世纪的二三十年代，我国著名学者陶希圣、全汉升、鞠清远、吴景超等就在《食货》杂志上开始了中国古代城市和市场的研究。30年代，作为江南经济主干的桑蚕业衰败导致江南地区普遍的萧条，引发了学者对于农村社会变迁的未来是城镇化还是城市化这一议题的讨论。此后对于江南地区的研究，一直受到学术界的关注。特别是自1964年著名经济史学者傅衣凌发表《明清时代江南市镇经济的分析》一文以后，有关江南地区的学术研究经久不衰。其研究成果覆盖了经济、文化、社会生活、地方自治、近代化等各个方面，学术成果相当丰硕。

当代关于近代江南区域研究的成果中最引人注目的当属包伟民主编的《江南市镇及其近代命运1840—1949》（知识出版社，1998）一书。该书将研究的方向拓展至了近代，对于后来研究者有着重要的启示意义。作者在书中提出了江南地区范围逐渐扩展的问题，认为江南地区的范围到了近代已经向东南延伸，建议将浙东沿海的宁绍平原也包括进去。该书着重回答了"江南市镇有否或者在多大程度上被纳入到了中国社会近代转轨过程中"这一问题。内容涵盖镇区形制特征、社会生活、社会结构、生活水平以及人口城镇化等方面，还以蚕桑改良运动为个案来讨论市镇近代化的作用和地位。李学昌的专著《20世纪常熟农村社会变迁》（华东师范大学出版社，1998）、《20世纪南汇农村社会变迁》（华东师范大学出版社，2001）以大量的田野调查、民间文献以及档案等第一手资料为基础，考察了江浙沪地区典型的农村社会的变迁，尤其对于农村社会转折过程中城市化、工业化等过程进行了详细的描述。马学强的《从传统到近代：江南城镇土地产权制度研究》（上海社会科学院出版社，2002）对近代江南城镇土地产权问题做了详细的分析。郎友兴的《从传统走向现代：一个江南市镇社会结构在近代的嬗变》[浙江大学学报(人文社会科学版), 2005年第3期]一文,通过研究南浔的社会结构(职业与阶层、家庭结构和社会组织)在近代中国所发生的变化,揭示传统江南市镇在中国近代转轨过程中的面相。赵世瑜和孙冰在《市镇权力关系与江南社会变迁——以近世浙江湖州双林镇为例》(近代史研究,2003年第2期)一文中,透过考察浙江湖州双林镇在1900年3月发生的"东岳会风波",来探寻一个江南小镇在社会变迁过程中的权力关系,这篇文章可以称得上是江南市镇政治研究的典范。

在长时段研究江南的论著中,以美国学者施坚雅的研究成果在中国影响最大,其代表作《中华帝国晚期的城市》一书,大量运用了历史学、经济学、社会学、地理学等学科理论和方法,对明清时期中国城市特别是江南各个城市进行了深入研究。该书由16篇论文组成,分为三编,施坚雅为每编都作了长篇导言。该书内容丰富,主要侧重于三个方面:城市的建立与扩展,影响其形式与发展的原因;城市之间以及城市与乡村间的联系;城市内部的社会结构。陈国灿、奚建华的《浙江古代城镇史研究》(安徽大学出版社,2003年)搜集大量浙江城市史的历史资料,发掘出许多史料,特别是宋代以前的资料,比较系统地梳理了浙江古代城镇发展的历程。陈忠平的《宋元明清江南市镇社会组织述论》(中国社会经济史研究,1993年第1期)一文就宋元明清时期江南市镇社会组织的三种主要类型——市镇政权组织、宗族组织以及帮行组织,其内部结构关系及其对市镇社会经济的影响进行了讨论。作者从社会组织形态方面切入,探究江南市镇的变化与发展,为江南市镇研究提供了一个新视角。

江南地区研究的成果,有宏观的整体性研究,也有微观的个案研究。研究对象已从单一的区域经济逐渐扩展到整个区域的政治、经济、社会、文化等各个层面。还有将江南地区与华北地区进行比较的研究,比如王玉茹和郭锦超在《近代江南市镇和华北市镇比较研究》(江苏社会科学,2003年第6期)一文将发展最完善的江南市镇与中国历史上市镇体系形成较早的华北市镇放在一起进行比较,从市镇发展情况、市镇分布格局、市镇的经济功能等方面研究两者的差异,进而探讨华北市镇近代发展落后、江南市镇近代发展兴盛的原因。台湾学者范毅军也对江南市镇的研究做了学术史回顾,在《明清江南市场聚落史研究的回顾与展望》(新史学,1998年第9期)一文中,他认为江南市镇研究"大体归纳成五大探索趋向:市镇的起源与定义;关于江南市镇在明清两代盛衰起伏的时序及数量上的变动；江南市镇的地理分布趋势，网络与层级的关系；市镇的类别、功能与活动内容；市镇在明清社会经济发展史中的作用与意义"。

几十年来，对于江南地区变迁的研究不断借鉴其他学科的理论模式和研究方法，如社会学、经济学、政治学、地理学、人类学等。总之，江南地区研究取得了丰硕的成果,可谓是百花齐放、成绩斐然,但是依然存在着一些缺陷和不足。综合以上的研究，从时间段上来看，关于明清时期的研究相对较多，文章的质量和深度也相对较高。而近代的江南地区研究却刚刚起步，成果相对较少，难以全面展现江南地区发展的全貌。这一问题的产生主要与史料的挖掘程度有关，明清的史料比较集中，而近代的史料则相当分散。从研究的领域来看，学者大多数都是从经济史的角度入手，而对政治、社会、文化等层面的研究就薄弱许多。无法从多个层面全方位地对江南地区进行研究，也就无法全面地展现江南地区在中国历史发展过程中的作用和地位。从研究的地区范围来看，也由于受到史料的局限，江南地区的研究一般都局限在苏、松、太、杭、嘉、湖地区，而对于上海周边的市镇以及江宁、常州、镇江等地，研究数量不多，成果也较少，至于宁绍平原地区则更加缺乏，这就造成了江南内部区域研究的不平衡。从研究的选题来看，虽然都是对江南地区的研究，但是大多数的文章还是选择一些大的区域作为研究对象，而且主要集中在南浔、乌镇等明清以来名闻遐迩的大市镇。

综上所述，对于本课题涉及的内容，学术界还缺乏应有的关注，有的尽管有所涉及，但也是刚刚起步。为此，推进相关研究，实现区域经济社会可持续发展，为区域发展与进步提供文化力量和学术支撑仍有待于多方的努力。

二、文献综述

由于学术界对本课题的研究还属于拓荒阶段，文献资料的收集整理无从谈起，只能从头开始。本课题研究是一项史学研究，文献是本课题得以进行的前提条件。其文献资料来源，主要可以分为以下几种类型。

1. 报纸杂志类

近代报刊的兴起为记录历史变迁提供了重要的载体，它往往以图文并茂的形式为我们认识过去、建构历史提供了可能,是我们解读过去、认识历史的重要途径。报刊史料具有综合性、动态性、立体性的优点。由于宁波开埠较早,近代传媒较为发达,报业兴盛,历史上有大量报纸杂志问世。与本课题有关的主要有《申报》《上海宁波日报》《宁波市政月刊》《宁波日报》《四明日报》《时事公报》《五味架时事公报附刊》《宁波民国日报》《浙江省建设月刊》《合作月刊》《中外经济周刊》《工商半月刊》《浙江民政月刊》《宁波社会科学杂志》《宁波旅沪同乡会月刊》。其中《申报》《上海宁波日报》《时事公报》《五味架时事公报附刊》《宁波民国日报》《宁波日报》是本课题资料的主要来源,这部分报纸涉及鄞西地区资料较多,面也最广,从生活琐事到社会经济都有报道,其他一些报刊主要是针对某一方面的内容,如《合作月刊》对鄞西地区合作事业方面的报道内容较多,是我们考察民国时期鄞西合作事业的重要材料来源,《浙江省建设月刊》则是我们考察鄞西水利事业的重要材料之一。

2. 地方文献资料类

地方文献主要是地方志类的资料,2014年由中华书局出版的《鄞州山水志选辑》收录的宋魏岘《四明它山水利备览》是我国第一部水利志著作,清姚燮的《四明它山图经》是以图为主或图文并重的方志著作;另有《小溪志》是鄞江镇的旧志,也是清代中期的作品。

长期以来,有关的鄞县志书保存了大量鄞西的材料,特别是光绪《鄞县志》、民国《鄞县通志》《鄞县志》(中华人民共和国成立后)。其中民国《鄞县通志》,涉及内容最多最广,是本课题不可或缺的资料。光绪《鄞县志》和《鄞志稿》中则有较多的关于水利工程的内容。另外一些地方文献如30年代编辑的《鄞县县政统计特刊》《鄞县建设》《鄞县教育年鉴》也是本课题资料的重要来源。

3. 著作类

关于宁波地区的各种著作较多,其中涉及鄞西地区的有周时奋的《风雅南塘》《故土家园》等,而更多的内容散见于其他著作中,这些资料也为关于本课题的展开提供了支持,但需要通过大量阅读才能得以利用。另外值得一提的是,现在对鄞西地区市镇的一些当代参考书也有一定的参考价值,如陈思光编著的《它山堰》《鄞江桥》小丛书等。其他地区市镇和水利的研究也为本课题的开展提供了借鉴，如樊树志的《明清江南市镇探微》、刘石吉的《明清时代江南市镇研究》、费孝通的《江村经济——中国农民的生活》、小田的《江南乡镇社会的近代转型》、包伟民的《江南市镇及其近代命运1840—1949》、[美]林达·约翰逊的《帝国晚期的江南城市》、陈晓燕和包伟民的《江南市镇：传统历史文化聚焦》、李伯重的《多视角看江南经济史》，等等。

4. 档案及其他

包括鄞县在内的近代宁波的档案资料散佚情况相当严重，即使三四十年代有所保存，也是残缺不全的，涉及本课题内容的更少，仅有零星的卷宗可资利用，时间则以抗战胜利后为主。但保存在档案馆的一些文献倒很有价值，如30年代国民党中央政治学校学员在鄞县经过4个月左右调查后所作的《鄞县社会经济调查报告及其意见》，相当全面客观地记述了30年代初鄞县一地政治、经济、社会各方面的情况，是了解当时鄞县县情不可多得的第一手资料。

学术界对于鄞县和宁波地区的研究论文多涉及鄞西地区，这也为我们的研究提供了线索与参考，当然也包括其他地区的研究文章，如李国祁的《清代杭嘉湖宁绍五府的市镇结构及其演变初稿：1796—1911》、陈晓燕的《近代江南市镇人口与城镇化水平变迁》、陈倩的《1843—1938年间杭嘉湖地区市镇经济的变迁》、陈学文的《明清时期杭嘉湖市镇的发展与城市化的道路》、郎友兴的《镇政的现代化：南浔政治结构在近代的演进》和《从传统走向现代：一个江南市镇结构在近代的嬗变》、王玉茹和郭锦超的《近代江南市镇和华北市镇的比较研究》、汪效驷的《江南乡村社会的近代转型研究》等。

另外，近年鄞州区档案馆编订的《近代鄞县史料辑录》有诸多关于鄞西地区社会经济的内容。此外，近代以来所留下的关于鄞西地区的照片以及实物本身、关于鄞西社会经济生活的回忆性文章，也是我们课题展开的材料来源，这些文献的运用往往使得本课题的内容更加充实、直观和真实。

第四节　研究思路与研究方法

一、研究思路

本课题以历史学的研究方法为基础，即确立研究方向与宗旨后，进行文献史料的收集、整理、解读，从而得出相应的结论，而非先有结论，再设法找史料加以证实；同时在研究过程中借鉴相关的经济学、社会学、政治学等学科的理论和研究方法，并辅以田野调查等手段，从它山水利文化与鄞西地区近代转型的角度考察在近代化的浪潮中这一区域的历史变迁。需要指出的是，本课题研究是一项史学研究，而史学研究是一项实学，是以史料文献为基础进行的，因此本课题最大的难点在于史料的充分占有。有关鄞西的史料基本分散在报刊、地方志等处，而且本书涉及鄞西的政治、经济、社会诸多方面，涉及面广，有些史料相当缺乏，难以完整地反映历史面貌，有的甚至不得不付诸阙如。如何尽可能地占有史料将是本课题的最大挑战。

二、研究方法

1. 实地调查法

通过实地踏勘和走访，系统搜集与近代鄞西社会变迁有关的历史背景材料，综合运用历史法、观察法等方法以及谈话、个案研究等方式，进行有计划的、周密的和系统的调查，并对调查搜集到的大量资料进行分析、综合、比较、归纳，从而形成规律性的知识。

2. 文献研究法

通过收集与调查获得第一手文献资料，并进行比较与辨别，在此基础上加以梳理与研究。

3. 跨学科研究法

近代鄞西社会变迁研究是一项综合性课题,涉及历史学、地理学、文化学、经济学、社会学、建筑学和管理学等多个学科,要运用多学科的理论、方法和成果,力图全方位地解读近代鄞西社会变迁。

4. 个案研究法

通过对近代鄞西变迁中的某一特定现象,进行专题调查分析,弄清其特点及其形成过程。个案研究从三方面进行:(1)人物调查,即对近代鄞西变迁中的某一代表人物进行专题调查研究;(2)团体调查,即对近代鄞西变迁中的某个组织或团体进行专题调查研究;(3)问题调查,即对近代鄞西变迁中的某个现象或问题进行专题调查研究。

5. 经验总结法

通过对近代鄞西变迁的历史考察,进行系统化、理论化总结,将历史现象上升为经验和理论。总结近代鄞西变迁的历史经验和启示,为当今社会经济发展提供精神文化动力和历史借鉴。

第五节　研究内容与研究路径

蓝天白云下的它山堰

本书除进行文献综述外，主要分以下七部分对主题展开研究。

导论：主要是明确本书编纂的目的与意义。

第一章：主要阐述近代鄞西变迁的历史背景，即由它山水利引发的鄞西水利沿革、鄞西传统市镇的发展与停滞，以及宁波开埠之后西方文明涌入所带来的机遇和挑战。

第二章：主要梳理近代鄞西农业与手工业、商贸业、近代工业、水利与交通事业以及新型经济组织——合作社的发展与变迁，探究在西风东渐的情形之下，鄞西地区在经济诸领域所发生的嬗变，特别是传统经济如何在新的挑战下生存并发生改变，以及在近代化中所产生的新行业与经济组织的情况。

第三至四章：主要是对近代鄞西地区社会结构、社会组织、公益事业加以分析考察，探讨近代鄞西社会在近代冲击下的变迁及其局限。

第五章：探讨鄞西市镇风貌、社会习俗与信仰在近代的变与不变。主要从社会生活层面入手，研究在西风东渐的影响下，鄞西地区在社会生活方面的变迁。

最后一章：对近代鄞西历史变迁与转型进行总结，分析其成就与不足及其对当代的启示。

第一章　近代鄞西变迁的历史背景

社会变迁是一个前后相继、不断演进与发展的历史过程。在考察近代鄞西社会变迁时，我们应该了解这一地区近代前的状况，这是其近代变迁得以展开的基础与条件。因为区域社会的变迁犹如一条流淌不息的历史长河，近代不过是历史长河中的一个时段。

一部鄞西史实际上是一部水利开发史。依托于发达的水利灌溉和水运系统，唐宋时期鄞西地区后来居上，社会经济有了很大发展，特别是到了明清时期，商品经济向纵深发展，广大乡村与商品经济联系日益密切，农产品商品化倾向加强，带动了农业的商品化和家庭手工业的专业化与市场化，传统市镇的发展达到鼎盛。19世纪中叶以后，随着鸦片战争的枪炮声，西方文明开始全面影响这一地区，尤其在经济活动中，江南市镇被卷入国际市场体系。近代鄞西变迁的序幕就是在这样的社会历史背景下拉开的。

第一节　传统水利事业之沿革

鄞西地区水利开发与建设起步于晋至唐的这段时期。此后至清末的千年岁月里，鄞西人民在治水斗争中创造了辉煌的历史。据资料显示，晋时，鄞县一地就已经有"遏长川以为陂"[1]的简单水利工程，南朝时规模进一步扩大，至隋唐时

---

[1] 陆云：《答车茂安书》，俞福海主编《宁波市志外编》，中华书局1998年版。

期水利建设有了明显的进步。隋唐时期是中国历史上一个大一统的时期，社会的稳定、经济的发展为水利事业的大规模兴办奠定了基础。其间，鄞西地区水利工程建设全面展开，尤其是著名的它山堰的兴建，有力地促进了鄞西地区的经济发展。对此，后人称颂道："由是溪江中分，咸卤不至，清甘之流，输贯诸港。入城市，绕村落，七乡之田，皆赖灌溉""民食之所资，官赋之所出，家饮清泉，舟通货物。公私所赖，为利无穷"。[1] 同时，广德湖也是鄞西地区水利史上的重要篇章。据文献记载，广德湖东起望春桥，西及林村，南过鄮蛟，北至高桥，其面积为当今东钱湖的3倍，蓄水量则是其5倍，成为当时宁波农业生产的重要水利枢纽，也是鄞西人赖以繁衍生息的母亲湖。唐大历九年（774），鄞县县令储仙舟对该湖进行疏浚整治，正式命名为"广德湖"，可以灌溉农田400顷。至唐大中元年（847），灌溉农田达800顷。除此之外，广德湖在泄洪调蓄、供水、渔业等方面也发挥着重要作用。此外，修筑于唐大和六年（832）的仲夏堰也是鄞西重要的水利工程项目，其位置在鄞县西南40里处，为唐刺史于季友"于四明山下开凿河渠，引山水流入诸港，置堰蓄之，溉田数千顷"。[2] 不过，自它山堰建成后，此堰就被辟为河流。可见，晋至唐期间，鄞西地区水利事业有了一定发展，直接推动了本地区的开发进程。

鄞西水利开发的第二个重要时期是宋代，尤其是迁都临安后的南宋。这一时期，主要对它山堰、广德湖等原有工程进行大规模维修、整治、疏浚，并兴修了配套设施，使其日渐完善。例如，北宋建隆元年（960），明州知州钱亿聚集民夫万人浚修广德湖，于农闲之际，分十队，各以官吏督率。疏浚后的广德湖周长12871丈，为鄞西大片农田的灌溉提供了重要保障。再如，熙宁元年（1068），广德湖重新修浚，历时四月，共用民工82792工，筑环湖长堤9134丈，堤宽1丈8尺，堤高3尺，建水闸9座，筑堤堰20座，并在堤上遍植榆柳，又用多余的材料在堤上建了两座亭子，在白鹤、望春西山上建了两座祠庙，其中一座祭祀历代主持修浚广德湖的官员，一座纪念历代修浚中有功的民间人士，据说从此西乡之田不再

---

[1]（宋）魏岘：《四明它山水利备览》卷上，《四明丛书》第三集，张氏约园刊本。

[2] 宁波市鄞州区水利志编纂委员会编：《鄞州水利志》，中华书局2009年版，第497页。

惧旱，西行之舟不虑水涸。[1]
公元1117年，具有良好水利灌溉条件的广德湖流域曾以每亩相当于今天647斤的单产，创下了当时全国水稻亩产的最高纪录。[2] 这一时期，作为它山堰配套工程的一些设施也陆续兴筑。北宋熙宁年间，知县虞大宁在北渡附近修建风棚碶。淳祐二年（1242），庆元知府陈恺为防止内港淤积，在它山堰上游150米处修建三孔回沙闸。宝祐四年（1256）吴潜主政宁波，到任当年即在今鄞江镇东首修筑洪水湾塘，成为阻隔江河洪水之巨防，并修砌长10余公里的"吴公塘"，后又在鄞县四乡全面整治碶闸堰坝。[3]

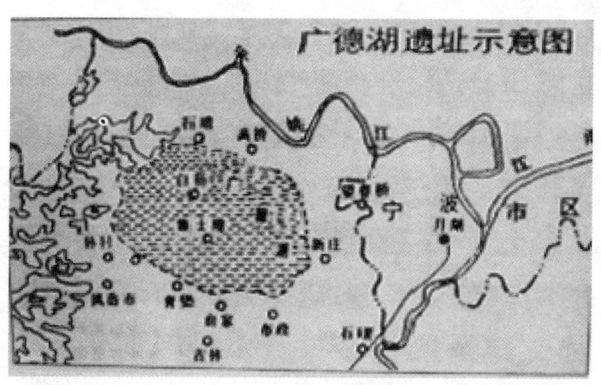

广德湖遗址示意图

由于水利设施的完善，这一时期鄞西地区的农业生产已从依靠陂塘、湖水水利向依靠设有碶闸节制的人工河供水的广泛农业发展。不过这一时期鄞西水利建设也有反复甚至倒退，其中广德湖的废弃就是鄞西水利的痛事。其实，关于鄞西地区废湖之争在唐朝就已出现。由于鄞西人口在区域开发中不断增加，粮食需求增大，对耕地的需求也随之增大。唐大中元年（847）时，就有人上书要求废湖为田。这说明当时人口与土地的矛盾在鄞西地区已经出现，进入宋代更是愈演愈烈。北宋淳化二年（991），当地农民"资湖为田"，久不能禁。至道二年（996）宋太宗诏令"禁民废田者"，但到了咸平年间，官方自破禁令，以西山百顷沿湖之治为田，赐给官吏作为职田，得田官吏"又益取湖以自广"。于是天圣、景祐年间"民复相率请湖为田"，致使湖面不断收缩。政和七年（1117），鄞县人楼异在

---

[1] 鄞县水利志编纂委员会编：《鄞县水利志》，河海大学出版社1992年版，第247页。
[2] 周时奋：《话说鄞州》，浙江摄影出版社2010年版，第126页。
[3] 《它山堰：阻咸引淡的水利工程奇迹》，《中华建筑报》，2014年8月22日。

赴隋州任前向皇上辞行时，奏请垦湖为田，以增加税收，用于招待贡使。翌年广德湖就被填平，全部辟为农田。围湖造田虽使得土地面积扩大，一时粮食产量增加，但此后鄞西大片田地灌溉无源，后果非常严重。史称"七乡之田，无岁不旱，异时膏腴，今为下田，废湖之害也"。[1] 清初鄞县学者万斯同在《鄮西竹枝词》中对此也是耿耿于怀："湖开罂胆匹东湖，谁把长陂决作田？却恨宣和楼太守，屡教西土失丰年。"[2] 事实上，广德湖废弃留下的后遗症远未结束。

明清时期，随着社会经济的发展，鄞西地区水利事业也得到了一些发展，不过这一时期水利工程地方化、小型化倾向相当明显。如西乡小溪柴河附近的"田万余亩，灌溉胥赖是河"，但因年久失修，河道淤塞，影响农业生产。为此明朝立国后即予以兴修。就鄞西地区看，这一时期水利工程主要有明成化年间（1465—1487），石碶附近的王师堰、北渡附近的何家小碶、横涨附近的杨睦坝（又作杨木堰）相继建成。明嘉靖三年（1524），为使它山堰增加泄洪量，同时阻止泥沙入港，避免阻塞南塘河，修建了官塘。万历间（1571—1619），知县沈犹龙主持将长春土塘改为石塘，并于洋河另筑石塘，俗称沈公塘。司李魏复琦在已废的风棚碶址筑成风棚石塘，又称魏公塘。

到清代，鄞西土地开发已至极限，这推动支流流域相关小型水利工程的兴建，其中碶闸有百梁的章家碶，其余均为堆土截流的堰坝及江塘，有城郊的万金塘，段塘的小涨堰坝，石碶的下陈堰坝、芦荪堰和泗洲塘，北渡的北渡坝，横涨的长堰塘、杨木塘、万工塘，百梁的杉木堰。此外，还有一批由乡民自发修筑的土堰或闸，如龙王塘、潘家耷碶、小碶、新碶等均是清代修筑的。清康熙十年（1671）县令朱士杰因行春与积渎两碶之间的旧筑土堤受水流侵蚀，时常损坏，于是主持修筑了狗颈石塘。显然这些碶塘的修建主要围绕它山堰而进行，即这一时期没有新的大规模水利工程的出现，在水利建设技术、建筑材料等方面也没有大的变化。不过，其间出现了一个较为重要的现象，就是随着社会经济发展，以绅商力量为代表的社会力量崛起，并参与到水利工程建设上来，水利工程组织与管理趋向民间化。至

---

[1] 鄞县水利志编纂委员会编：《鄞县水利志》，河海大学出版社1992年版，第248页。
[2] 周时奋主编：《鄞县志》，中华书局1996年版，第2171页。

鄞西地区河流灌溉示意图

清代，乡村中形成了乡民、乡绅、地方官员鼎足的水利共同体；城区则以邻河市民、绅商、地方官组成治水组织。据光绪《鄞县志》记载，道光年间，鄞县一地由乡绅、乡民出资的水利工程就有 23 处。到了清末，这一趋势变得更为明显。

值得一提的是，其间除了大型的湖泊和引水排灌工程之外，鄞地先民充分发挥民间智慧，根据本地实际与水利条件，因地制宜，兴修了一大批堰、埭、碶、闸、浦等小型水利工程，以控制涝旱，成为宁波水利工程的一大特点，也是中国水利史上的不朽篇章。这类水利工程往往规模不大，费工少，但其作用不可小觑，往往有阻挡江潮、护卫河流之效，如东钱湖 7 堰 4 闸，"水入则蓄，雨不时，则启闸而放之"。河网上的堰闸除蓄泄有时外，还能截断倒灌内河的海潮，"得淡水，迎而用之；得咸水，闸坝遏之，以留上源之淡水"。[1] 明代徐光启对这种水利设施大为赞叹："职所见迎淡水而用之者，江南尽然，遏咸而留淡者，独宁绍有之也。"[2]

---

[1]（明）徐光启：《东钱湖浚议》，《农政全书》卷三十六，岳麓书社 2002 年版。
[2]（明）徐光启：《玄扈先生旱田用水疏》，《农政全书》卷十六，岳麓书社 2002 年版。

这些小型水利工程对鄞西的农业生产发展发挥了不可忽视的作用。一些工程经过历代的维修，直到当代仍在发挥作用。

进入近代特别是民国以后，以官府主导的传统水利因政府执行力与资源的衰竭而走到尽头。北洋时期，军阀混战，地方财政枯竭，本应担当水利建设重任的地方政府无心也无力承担起这一职责。例如1913年，鄞县财政收入仅131457元，同年财政支出高达133591元，其中全县水利经费仅500元，修理碶、闸、堰、坝补助费也只有500元。[1] 如此情况下，传统水利事业陷入了困境。与鄞县东乡农田由于东钱湖灌溉有资形成鲜明对比的是，这一时期鄞西农田由于水利工程荒废，泥沙淤积，农业灌溉得不到保障。诚如鄞西乡绅张申之所言："盖西南水利之失修者二百余年矣。"[2] 而近代鄞县城乡所流传的"儿要亲生，地要东乡"的说法，也说明由于水利失修，鄞西土地价值与鄞东相比大相径庭，传统水利对鄞西农业生产难以起到有效的保障作用。传统水利的变革与转型已经迫在眉睫。

---

[1] 张传保、陈训正等：《鄞县通志·政教志》，成文出版社1973年版，第363—367页。

[2] 杨贻诚：《鄞西七乡治水碑记》，载于《宁波市水利志》编纂委员会编著：《宁波市水利志》，中华书局2006年版，第535页。

第二节　传统市镇的发展与停滞

历史上市镇是乡村社会的中心，因此市镇的兴衰在相当程度上代表了乡村社会的变迁。长期以来，随着水运条件的改善，加之商品经济的发展，鄞西地区出现一批颇具规模的市镇[1]，如鄞江、黄古林、栎社、凤岙、高桥等，其中鄞江的发展尤具代表性。

鄞江之地称"四明锁钥"、"四明首镇"，为鄞西南山区与平原商品交流的重要集散地。特别是唐太和七年（833），郧县令王元暐筑它山堰后，鄞江水系得到有效整治，使鄞江更加繁荣发达。据鄞县水利史专家缪复元先生研究，当时鄞江有两个货物集散地：一是它山堰一带，山民们将山区经济特产，用竹筏、小滩船运至堰上，海船将平原粮食、工业品运至堰下进行交易。其时的繁荣景象从堰上回沙闸柱中众多纤绳擦痕和它山堰面多个系船孔可见一斑。另一处在洪水湾上游竹场头地方，山民们将树木、毛竹、薪柴等编筏漂流至此进行交易。这里有木行、竹行等经纪人，从事买卖和中介。山区与平原的交易买卖，通过集市、庙会形式进行。[2]

从地质史上看，脱离海侵后，人类往往开始在依山傍水的滨海地带营居活动，其后平原逐渐成陆，人居随之向平原一带发展。因此，山口一带村落、集镇的形成早于平原地区，特别是水陆交通比较便捷的山口发展更快。古代交通不便，山区与平原经贸往来，多在山口集镇处进行。鄞江如此，其他早期集镇也如此。凤岙等称市的集镇也处在山口与平原交界处。以后因平原地区进一步开拓繁荣，水陆交通更具优势，平原集镇的数量与繁荣程度逐渐超过了山口集镇。[3]

---

[1] 关于市、镇的关系与区别有一个演变的过程，一般"以市况较盛者为镇，次者为市"。参见包伟民《江南市镇及其近代命运 1840—1949》，知识出版社 1998 年版，第 32—35 页。
[2] 缪复元：《河埠集到三江都市》，《宁波晚报》，2009 年 9 月 27 日。
[3] 缪复元：《河埠集到三江都市》，《宁波晚报》，2009 年 9 月 27 日。

明清时期的宁波，社会经济已经有了相当程度的发展，资本主义的萌芽也在蓬勃的发展当中。开埠前夕，鄞西经济商品化已发展到一定程度，到了清乾隆年间（1736—1795），鄞西地区集市多达 12 个，占当时全县 23 个集市的 52%；[1]还出现了黄古林、鄞江桥、凤岙市三个著名的市镇。

表1　历史时期鄞西集市变迁情况

年代	个数	集市
南宋（宝庆）（1125—1127）	2	小溪镇、林村市
明（成化）（1465—1487）	5	小溪市、林村市、栎社市、西郭八市、西郭市
清（乾隆）（1736—1795）	12	栎社市、石碶市、小溪市、林村市、凤岙市、黄公林市、高桥市、卖面桥市、石塘市、西郭市、望春桥市、十字港市

资料来源：周时奋主编《鄞县志》，中华书局1996年版，第734页。

一方面，这一时期鄞西集市的数量逐渐增多。到了传统社会末期，商品经济有着较大的发展，资本主义萌芽开始勃兴。鄞西作为沟通山区和城市的要冲地带，地理位置优越，河网纵横，交通便捷，所以集市数量有了较大增加。从表1可以清楚地看出，鄞西的市镇发展到清代中期，其数量较之明代已经多出一倍有余。市镇数量的增多，是鄞西在传统社会末期经济发展的一种表现形式，反映了鄞西商业经济的活跃。另一方面鄞西市镇规格逐渐提升：一是固定集期的形成。集市开市的频率反映了市镇发展的质量。随着商品经济的发展，到了明清时期鄞西的集市形成了固定的集期。清初，鄞西小溪市即鄞江桥逢三、七日有市；望春桥市逢二、七日有市；高桥市逢四、八日有市；黄公林市逢二、八日有市；凤岙市逢二、八日有市；十字港市逢一、五日有市。[2]固定集期的出现是鄞西市镇质量提升的一个重要标志。二是专业性市镇的出现。到了清代，鄞西地区形成了一些专业性的市镇，如鄞西的小溪市和林村市就成为专门的丝织品集市。小溪市的妇女大多从事蚕丝业，织成的成品丝都拿到专门的集市上出售。光绪《鄞县志》对此记载道："出售于市，率以五鼓

---

[1] 周时奋主编：《鄞县志》，中华书局1996年版，第734页。
[2] （清）戴枚修，张恕、董沛等纂：光绪《鄞县志》卷二《市镇》，清光绪三年刻本。

往，日大明而散。"[1] 樟村、黄古林则以季节性的贝母、席草交易形成专业集市。三是贸易中转中心的出现。鄞西的鄞江、凤岙等形成了专门的货物转运集市。其间鄞西地区各个市镇之间，以及与其他地区之间的经济联系越来越密

风貌依旧的鄞江古桥

切，其中凤岙市和鄞江桥逐渐发展成为比较大的贸易中转中心。

商品经济的发展推动了市镇经济的繁荣，反过来市镇经济的繁荣也促进了农业和手工业的商品化程度。进入传统社会末期，鄞西地区的商品经济已经发展到一个相当繁荣的阶段。尽管如此，明清时期鄞西市镇的发展仍基本处于比较低级的水平。特别是与杭嘉湖相比较，其商品经济发展程度并不高。尽管明清时期鄞西一地集市的数量发展较快，镇却相当稀少。这表明当时鄞西商品经济发达程度不如杭嘉湖地区，这对集市的专业化与繁荣程度也势必带来一定的影响。其中的原因，除了自然条件变化、贸易地点变迁与交通路线变化外，自给自足的自然经济仍占主导地位，是制约鄞西商品经济进一步发展的根本原因。由于鄞西地区的农业生产与家庭手工业基本上以一家一户为单位，经营规模比较小，经不起天灾人祸，阻碍了农业与手工业的进一步发展，从而不可能给商品经济的发展提供足够的物质基础。进入近代，人口迁徙与传统经济衰退而导致的购买力削弱，也是传统市镇的发展呈现停滞状态的一个原因。

---

[1]（清）戴枚修，张恕、董沛等纂：光绪《鄞县志》卷七十四《土风》，清光绪三年刻本。

第三节　近代宁波开埠及其影响

近代伊始，宁波成为中国首批向西方国家开放的通商口岸城市，经济活动开始纳入到世界资本主义市场体系。城乡商品经济的发展，特别是清末民初浙东一带相对和平的社会环境和宁波帮的崛起，造就了近代宁波社会的空前繁荣。

五口通商后，上海以其优越的地理位置和宽广的腹地为依托，迅速发展成为全国对外贸易与经济中心。上海的崛起使宁波相形见绌。"自上海发达，交通日便，外人云集，宁波之商业遂移之上海，故向以宁波为根据从事外国贸易之宁波商，亦渐次移至上海。"[1] 以后随着温州、杭州口岸的相继开放，宁波口岸腹地进一步缩小。宁波从历史上长江三角洲主要港口下降为以浙东为腹地的地区性港口。

尽管如此，由于宁波传统的贸易与航运地位以及对外开放的牵引作用，其港口贸易毕竟保持了相当规模，特别是与上海之间的转口贸易久盛不衰。19世纪60年代中期以后，宁波对外贸易有了明显的回升，尤其是一些适应国际市场需求的产品与行业在外贸需求的带动下有了强劲的发展，如浙东重要经济作物棉花的出口自60年代起一直呈增长态势。"由美国内战引起的棉花价格高昂，对本省棉花的种植是个刺激……1860年价格突然大涨——从每包9元涨至每包28元，使种植者受到极大的震撼而放弃了其他作物的种植"。[2] 出口需求推动宁波各地棉花种植的扩大。到1886年，从宁波出口的棉花（原棉）已达66万磅，次年猛增至138万磅，一年之内增加了一倍多。到90年代，受日本对中国棉花的需求刺激，浙东植棉规模进一步扩大。杭州湾南岸一带农民几乎"皆植木棉为业"。[3] 这种增长

---

[1] 杨荫杭：《上海商帮贸易之大势》，《商务官报》，1906年第12期。

[2] 章有义：《中国近代农业史资料》第1辑，三联书店1957年版，第396页。

[3] 章有义：《中国近代农业史资料》第1辑，三联书店1957年版，第396页。

19世纪70年代停泊在江北岸的外国轮

势头一直保持到20世纪30年代抗战爆发。此外作为宁波传统手工业的草编业也快速增长。1930年鄞县、余姚两地编织女工约占全省总数的44.87%，产值约占总数的54.6%，为全省的中心。[1] 与此同时，洋货特别是棉布、煤油、锡铁制品、玻璃、火柴等进口数量也从70年代起大幅增长，以至80年代，洋货充斥宁波城乡。"巡行百里，不闻机声，耕夫村妇，周体洋货。"[2] 正如日本著名学者斯波义信所说："虽然，宁波作为一个远洋贸易中心的重要性下降了，但它又作为一个区域中心而繁荣起来……由于宁波慢慢变为经济上依附于上海的一个新的区域性职能的经济中心，它享有一个能支持生气勃勃的区域开发的大量贸易。在十九世纪下半叶，诸如编帽、刺绣、织棉制品、织渔网、裁缝等这些农村手工业扩大了。与上海定期班轮的开航和当地运输效率的适当改善，提高了宁波腹地内进口商品的比例和促进了农业的商品化。"[3]

---

[1] 复兴经济委员会调查浙江经济所编:《浙江沿海各县草帽业》，1931年印。
[2] 张传保、陈训正等:《鄞县通志·博物志》，成文出版社1973年版，第85页。
[3] ［美］施坚雅主编，叶光庭等译:《中华帝国晚期的城市》，中华书局2000年版，第482页。

表2 19世纪70—90年代主要洋货输入表

品名	单位	1875年	1880年	1885年	1890年	1895年	1896年
洋布	匹	721566	536729	590688	749952	788447	918655
煤油	加仑	98020	871820	1135510	2038950	2513585	2411600
锡	担	26658	15052	20060	28241	32934	36328
蓝靛	担			5509	5970	18588	16884

资料来源：张传保、陈训正等：《鄞县通志·食货志》，成文出版社1973年版，第107页。

港口贸易的兴盛使原本发达的宁波商业更加繁荣，并带动近代工业的产生与发展。光绪《鄞县志》说，宁波"旧称鱼盐粮食码头，及西国通商，百货咸备，银钱市值之高下，呼吸与苏杭、上海相通，转运既灵，市易愈广，滨江列屋皆廛肆矣"。[1] 进入民国年间，宁波一地商业益盛，在国内也有相当的知名度。到20世纪二三十年代，时人称宁波为"东南之一大都会，浙东物产以宁波为集散中心"。[2] 其中城区东大街、江厦街、江东百丈街、江北岸、西门外等都是商店密集的闹市。据统计，1931年，城区经工商登记的商店有5599家，资本总额1452万元，年贸易额3000万元以上。[3] 又据《鄞县通志·舆地志》统计，1932年，鄞县一地仅乡村商户就有3200余家。[4]

近代宁波钱庄业也相当发达，号称百业之首。清末时任鄞县县令的段光清曾提及"宁波生意，钱业最多，亦惟钱业最大，钱业一行书捐已不下十万串。"[5] 其间钱庄业尽管在1911年辛亥革命前后有过动荡，但随后的发展相当稳健。至20年代，"总计甬市钱商有一百余家，每年营业约自一千五六百元万乃至二千万

---

[1] 光绪《鄞县志》卷二，风俗。
[2] 张其的：《敬告宁波商界》，《时事公报》，1927年6月1日。
[3] 俞福海主编：《宁波市志》，中华书局1995年版，第1432页。
[4] 周时奋主编：《鄞县志》，中华书局1996年版，第801页。
[5] 贺师三主编：《宁波金融志》，中华书局1996年版，第80页。

元"。[1] 1929 年,宁波城区有钱庄 95 家,至 1933 年增至 115 家,年盈利 124 万元,居全省各地之首。[2]

自 1887 年著名商人严信厚投资 5 万两在北门外创办通久源机器轧花厂——浙江省第一家有一定规模的近代企业后,宁波近代企业从无到有,逐渐发展起来。特别是辛亥革命以后,宁波一地掀起了振兴实业的热潮,仅 1912—1921 年 10 年间新创立的工厂就有 35 家,较 1887—1911 年 25 年还多一倍。[3] 特别是棉纺织业在民国初年得到了较快的发展,其中和丰纱厂 1919 年、1920 年盈利分别高达 140 余万元和 152 万元。[4]

近代宁波商帮的崛起也有助于造就近代宁波社会的繁荣。宁波帮形成于明清时期,到清末民初,已俨然成为国内第一大商帮,称雄商界达半个多世纪。到 20 世纪 30 年代,仅旅沪宁波人即达五六十万。其中多数从事工商业,而豪富有大小数百人,资本自数十万到数百万不等。[5] 活跃于各地的宁波商人不仅使宁波一地人员、货物进出十分频繁,而且使宁波一地积聚了大量财富。仅每年流入的养家费(宁波旧称烟囱钱)一项就相当可观。据民国《定海县志》载:"光宣以来商于外者尤众,迩年侨外人数几达十万家,资累巨万者亦既有人,均平计之,人岁赡家二百金,十万侨民岁得二千万,故风习于焉丕变。编户妇女珠翠盈颠,城市郊野第宅云连,婚丧宴会之费,辄以千计。"[6] 偏僻的定海县尚且如此,整个宁波可见一斑。

在此值得一提的是开埠对近代宁波社会变迁的影响。宁波一地素有对外开放的传统。唐宋以来,宁波一直是我国重要的中外交往与对外贸易口岸,与海外和全国其他地区有着密切的经济文化联系。

进入近代,宁波社会的这种开放性由于开埠而更加扩大和深入。伴随着西

---

[1] 张其昀:《敬告宁波商界》,《时事公报》,1927 年 6 月 1 日。
[2] 贺师三主编:《宁波金融志》,中华书局 1996 年版,第 125 页。
[3] 乐承耀:《宁波近代史纲》(1840—1919),宁波出版社 1999 年版,第 301 页。
[4] 乐承耀:《宁波近代史纲》(1840—1919),宁波出版社 1999 年版,第 302 页。
[5] 唐力行主编:《江南儒商与江南社会》,人民出版社 2002 年版,第 239 页。
[6] 张传保、陈训正等:《定海县志》第 2 册,1924 年,第 16、30 页。

方势力的大量进入，西方文化以前所未有的幅度深入宁波城乡各地，由此有力地影响近代宁波社会的变迁进程。这其中，西方传教士扮演了重要的角色。近代伊始，西方教会就捷足先登，在宁波开展大规模的传教活动，使近代宁波成为基督教、天主教在华活动的一个中心。早在1844年10月，美国长老会在华传教士就在澳门的会议上决定"占领宁波，以作为我们国外传道部在中国的主要总堂，即主要的布道会"。[1] 西方传教士把宁波看作是"一个在高尚居民中进行安然的传教工作的最有希望的地区"而刻意加以经营。[2] 到1893年，宁波地区已经有基督教堂30所，外籍传教士20人，天主教堂及传教所12个，外籍教士20人。[3] 到20世纪30年代，仅鄞县一地，就有天主教徒2300余人，新教教徒2000余人。[4] 而在定海，据20世纪20年代统计，信西方宗教人数已超过传统宗教，居全县之首。据该县县志记载，1924年时，信天主教、基督教者2948人，信佛教者仅249人。[5]

传教士在传播、宣传西方宗教教义的同时，也传播了许多新知识、新观念，特别是西方教会在宁波兴办了一大批学校、医院、报刊、书局等文教与慈善事业，从而深刻地影响了近代宁波社会。如我国第一所女子学校与浙江省第一所男子新学堂分别于1844年、1845年在宁波创办。1845年，美国长老会传教士将原设澳门的印刷所迁至宁波，并定名为华花圣经书房，1860年迁沪以后易名为美华书馆。从1844年到1860年，西方传教士在宁波出版的西书有106种。[6] 宁波最早出版的近代报纸《中外新报》，也是外国传教士在华首批创办的中文报纸之一。至于教育事业，西方教会特别是基督教会成绩更为显著。据统计，到1908年，宁波一地共有由基督教、天主教创办的教会学校20余所，在国内各大中城市中名列前茅。

对于西方传教活动对近代中国社会变迁的影响，台湾学者李国祁先生认

---

[1] 顾卫明：《基督教与近代中国社会》，上海人民出版社1996年版，第243页。
[2] 马士著、张汇文译：《中华帝国对外关系史》第1卷，人民出版社，1999年，第44—45页。
[3] "中央研究院"近代史研究所编：《教务档》，第560—591页。
[4] 张传保、陈训正等：《鄞县通志·政教志》，成文出版社1973年版，第1261—1262、1370—1376页。
[5] 张传保、陈训正等：《定海县志》第2册，1924年，第429—431页。
[6] 张仲礼主编：《东南沿海城市与中国近代化》，上海人民出版社1996年版，第767页。

为:"西教的输入造成两种巨大的影响,一是信教者在思想观念上的改变,由纯粹中国式的家族伦理道德观,而逐渐或多或少地转变为个人伦理道德观,因之对祭祖等习俗、个人价值观念、平等的标准均有不同的看法。二是新式文教事业的兴办,输进新知识,为中国训练或培养了新的人才,自对中国现代化产生莫大的助力。"[1] 以宗教为核心的西方文化的进入对近代宁波社会有着多方面的影响,从长远看,这种影响以积极的居多,特别是输入了许多新观念与新知识,对社会的变迁与进步有推动作用。

与此同时,作为西方文明集中展示点的江北外人居留地的存在也是影响近代宁波社会变迁的重要因素。外人居留地是指通商口岸外人享有一定特权的贸易、居住区域。鸦片战争以后,英法等西方列强根据不平等条约,在宁波江北岸取得了"外人居留地"管理权。随后他们利用太平天国占领宁波之际,巩固并扩大了这一特权,并仿照租界的形式进行市政建设与管理。1898年,经浙海关外籍税务司提议,设立江北工程局,由中外董事组成董事会,负责道路、卫生、电气、水道等公共工程的建设与管理。在此前后,体现西方文明的各种市政设施被移植到这里。江北岸宽敞的马路、整洁的街面以及洋房、教堂等建筑物,与宁波老城区形成鲜明的对比。而居留地的管理方式、西方人士"自由、平等、博爱"的基本价值观念,以及他们对公共事务高度重视的态度,都与传统中国迥然有别。这都促使宁波人进行观察比较,并进而模仿学习。显然,外人居留地已成为近代宁波人了解观察外部世界与西方文明的窗口。而有别于租界的华洋杂处的居留地居民居住模式也有利于中外文化的交流。和平的交往无疑使中外双方都从中受益。对此,1855—1857年间担任英国驻宁波领事后任清政府海关总税务司的赫德在1857年的一篇札记中写道:"作为外国人的居留地,宁波似乎在各方面都很好适应。气候有益健康,供应丰富,居民友好,乡村宜人,没有更多的东西可要求了……人们非常友好,从来没有无礼举动,他们总是恭恭敬敬的。能够说他们那种语言的人都可

---

[1] 李国祁:《中国现代化的区域研究·闽浙台地区(1860—1916)》,"中央研究院"近代史研究所丛刊(44),第135—136页。

以发现他们相当开朗,生活愉快。到各处旅行,不用担惊受怕……"[1]

与外部世界的联系与接触,使近代宁波社会保持了相当程度的开放性,各种宗教与文化的相互激荡与频繁交流又造成近代宁波人的宽容心态与宗教意识的淡薄,这都成为推动近代宁波社会变迁的重要力量。正如1916年8月孙中山在视察宁波时所言:"宁波开埠在广东之后,而风气之开通不在粤省之下。"[2]而1901年前后,时任宁波浙海关税务司的余德在给海关总税务司的报告中也欣喜地写道:"在与外国人交往中取得了长足进步的浙江人,他们所具有的保守性比其他地方的人少得多。无疑西方继续不断的努力促进了本口岸和本省的发展,从这一点看,我们很幸运,能在本口岸居留,在各处都能看到发达的工业,受到本地人的友好接待,我们衷心地希望宁波将会变得更加和平、更加繁荣。"[3]

总而言之,开埠之后,近代化的浪潮不仅为鄞西社会经济的变革与转型提供了难得的机遇,也对鄞西传统的经济发展道路带来了挑战,即因技术、制度、文化等各个方面的落后,导致鄞西地区经济在国际市场竞争中处于弱势地位。

---

[1] [美]F·布鲁纳等编,傅曾仁等译:《步入清廷仕途——赫德日记》,中国海关出版社2003年版,第188—189页。

[2] 《孙中山先生发展宁波之演说》,《上海民国日报》,1916年8月25日。

[3] 陈梅龙、景消波译编:《近代浙江对外贸易及社会变迁》,宁波出版社2003年版,第82页。

第二章　近代鄞西经济变迁

长期以来，地处水乡的鄞西地区自然条件优越，河网密布，水利设施发达，进入明清时期，鄞西传统经济有了较大发展。近代以后，受外力冲击与影响，加之自身发展的推动，鄞西经济开始走上一条曲折而缓慢的近代化之路。其中得力于鄞西独特的山水与外部市场，鄞西蔺草、贝母种植业迅速发展起来，并带动相关手工业与商贸业的发展，进而造就鄞西市镇的繁荣。以此为基础，近代工业与金融业也纷纷进入鄞西，交通业更是借助水利之力而大展身手，并呈现出新旧并存、新旧相间的局面。

第一节　农业与手工业的进步

区域农业与手工业的发展状况很大程度上取决于本地自然条件与环境，正如台湾学者王树槐先生所言："居民之所以能致富，乃地利使然，尤其工业技术尚未发达时，则全视地利而定。气候不仅影响植物的生长，更影响人的思维活动，太冷太热，皆非所宜；地理位置，交通条件，又影响手工业的发展，而商业不全是现代化的一项刺激因素，其发展与否，多由该地区之交通与产品而定。"[1] 近代以来，在外国资本主义工业文明的冲击下，鄞西地区传统的以耕织结合的自然经济逐渐解体，传统农业和手工业日益卷入国际市场而凤凰涅槃，近代化的努力也由此展开。

---

[1] 王树槐：《中国现代化的区域研究·江苏省（1860—1916）》，引自小田：《江南乡镇社会的近代转型》，中国商业出版社 1997 年版，第 14 页。

一、农业

以水利为基础，鄞西地区形成了较为发达的农业生产和农业经济。大批农田因"前、后、中、西、南各塘河，以资灌溉，故物产以稻谷为大宗"。又鄞西多山，竹木等物产丰富，特别是樟村一带独特的土壤条件，使贝母成为其特产，黄古林一带则以种植席草而著名。天然的自然资源使鄞西地区物产丰富，而鄞西发达的水路条件又便利了农产品的运输，由此奠定本地农业经济的基础。随着近代社会经济的变革，在承袭传统生产的基础上，鄞西农业出现了农场、合作社等近代生产组织形式，近代灌溉工具和农业机械也开始出现，农业生产商品化程度进一步提高并明显受国际市场影响。尽管近代社会变迁促使一部分乡民离乡离土，但从事农业生产仍是多数乡民的选择。

（一）水稻

水稻是鄞西传统的农作物。《鄞县通志》载："本邑沿鄞江两岸，土地肥沃宜于稻禾。"[1]经过乡民长期的精心培育，适应鄞西地区独特自然环境的水稻品种颇多，仅糯稻就有早糯、赤糯、黄糯、白糯、丁香糯、鼠牙糯、虎皮糯、麻糯、杭州糯、九日糯、青挹糯11个品种。水稻一般分早晚两季。早稻在四月初下种，成秧后即种田间至七月间收获。"每亩约可获三百余斤，间亦有叫火稻的，这是在收早稻以前就成熟的，在九、十月间所收入的有二种，一种收'夜稻'，一种收'糯稻'，夜稻和早稻同亩而植，统称为'粳谷'，也可收获至三百斤，糯稻约有五百斤，这不过是普通情形。若遇丰年荒岁，那就要或增或

山水相连的鄞西地区

---

[1] 张传保、陈训正等：《鄞县通志·文献志》，成文出版社1973年版，第2631—2632页。

减了。"[1]得益于优厚的自然和水利条件,加上农业技术的改良、谷物商品化的加强,鄞西水稻种植面积、产量持续增加。1946年8月3日《时事公报》报道说:近来"阴雨连绵,水稻甫于日前收割完竣,鄞西全境农户种水稻者,为数不多,今年收获量,最高每亩二百四十斤,最低八十斤,平均在一百五十斤左右。近日早稻(早色)亦开始收割,多者每亩达三百斤,少者百余斤,平均在二百斤以上。又迟色早稻,数日内亦可开始云"[2]。在整个鄞县水稻种植中,鄞西占有重要地位。

表3 鄞县各区农田收获量一览（1930年）

区别	农田面积（亩）	百分比（%）	收获量（斤）	百分比（%）	约值（元）	百分比（%）
第一区	207121.63	27.64	85840573	23.26	3887933	28.12
第二区	96099.85	12.82	102931021	27.86	2118186	15.32
第三区	157397.98	20.95	71543722	19.38	3294515	23.83
第四区	111049.98	14.87	43003216	11.65	1423636	10.29
第五区	177396.93	23.72	65720757	17.85	3102093	22.44
总计	749066.37	100	369039289	100	13826363	100

资料来源:张传保、陈训正等:《鄞县通志·食货志》,成文出版社1973年版,第7页。

从上表可以看到,尽管鄞西（第五区）多山,但农田面积仍达到177396.93亩,在各区中位居第二,占全县农田总面积的23.72%。需要说明的是,人多地少,粮食生产的不足仍是鄞西社会经济发展过程中的重要制约因素。由于水稻种植仍是大部分鄞西农民作物种植的大宗,因此在有限的土地上精耕细作、防治农业灾害的发生、提高生产效益就成为鄞西农事活动的重要内容。

在近代,尤其是进入南京政府时期,农业技术与灾害防治出现专业化、规范化、组织化的趋势。随着政府对农业生产的重视,专门的农业技术人员开始出现,如

---

[1] 杨荫深:《各地农民状况调查:鄞县南区（浙江省）》,《东方杂志》,第24卷16号。
[2]《西乡早稻收成》,《时事公报》,1946年8月3日。

"鄞西钟村耕读园聘请农业导师，工作每日八小时，待遇月薪一百元"[1]。按当时币值，这一报酬是相当高的，由此也可见农业科技在当地受到高度重视。当地政府也在乡村设立专门的农业指导机构和人员。

其间，稻虫对农业生产的危害相当严重，三四十年代有

20世纪30年代的稻虫防治实施区

关虫害的报道不时见诸报端。如"鄞西栎社乡属北渡地方一带农田，去岁螟蝗为害，经冬仍未减迹，今春新耕，虫卵续有发现，为数非少，而尤以沿鄞奉公路一带稻田为甚。该处农民莫不忧形于色，惶骇万分，且近多有蜕化为幼虫者，若不及早扑减，后患不堪，至盼政府当局及早注意，迅予扑减"[2]。一旦防治不及时灾害严重，"鄞西章远乡农田，自本年插秧时，遭受螟蝗虫蛀蚀后，目下为害尤烈，虽经该乡农会分别指挥防治，仍无效果，一般农民，莫不叫苦连天，纷请乡农会救济云"[3]。

为此地方政府高度重视，治虫活动可谓大张旗鼓，不仅进行广泛的宣传发动，而且采取各种措施，开展防治虫害工作。1929年1月，依省颁县政府治虫委员会章程，鄞县成立治虫委员会，在西乡设有乡防治所，设治虫员、宣讲督促员、治虫巡查队，并设立稻田实验区，购置诱蛾灯、捕虫网。[4]当年鄞县举办治虫讲习会，各村里长副及农会干事等一百余人参加。为了督促乡民防治虫灾，各地还经常举办治虫宣传活动，如1931年4月鄞江桥举行的春季治虫宣传周场面可谓浩大：

鄞江桥昨举行春季治虫宣传周，会址假第二区公所，到者有悬

---

[1]《鄞西钟村耕读园聘请农业导师》，《时事公报》，1941年2月6日。

[2]《鄞西北渡螟灾》，《宁波日报》，1948年5月18日。

[3]《鄞西章远乡螟蝗为害愈烈》，《时事公报》，1948年6月22日。

[4] 鄞县建设科：《农村概况》，《鄞县建设》第一辑，鄞县建设科发行，1934年，第76—77页。

慈村、鹤岭村、第二区公所、培才小学、钟家潭小学、养正小学、保安队保卫团、公安分局、县政府代表鲍匡国等。行礼如仪，主席吴一雄，司仪俞乾一，记录叶剑秋，首由主席宣开会词，演说有县政府代表鲍匡国、朱区长，又悬慈村村副刘寅甫、县立钟家小学俞乾一（词略），呼口号散会，后出发游行。[1]

鄞西在鄞县各地率先开展虫害防治工作，1931年就开始设立稻虫防治实施区，用于防治的经费也最多。[2] 通过各方努力，治虫活动取得了一定效果。兹将30年代初鄞县各地防治虫害情形，列表于下：

表4　30年代初鄞县防治虫害成绩统计

事项＼年份	1931年	1932年	1933年
区数	一	一	二
地点	西乡新庄等十四村里	南乡共和等十二村里	东乡姜龙等四乡 南乡共和等八乡镇
面积（亩）	32310	27266	13800　13600
时间	四月初至九月底	四月初至十月中	四月至年底
燃点汽油灯总数（以灯一只点一夜为一盏）（盏）	3669	4213	2463　2439
秧田改良率（%）	72	93	90　95
比较区外增收稻谷总数（担）	3900	3500	4100
支出经费（元）	5089	2798	3022
附注	内三千余元系购置汽油灯及木桶之用		

资料来源：《20年代末30年代初鄞县建设概况》，《近代鄞县史料辑录》，天津古籍出版社2013年版，第297—298页。

---

[1]《鄞江桥举行春季治虫》，《宁波时报》，1931年4月15日。
[2] 鄞县建设科：《农村概况》，《鄞县建设》第一集，鄞县建设科发行，1934年，第77—78页。

限于当时的农业技术条件,水稻虫害往往难以根治,有关虫害防治工作也持续进行。在政府和农会的帮助下,乡民纷纷开展防治虫害的工作,当地妇女也加入这一行列。如1948年6月,"鄞县望春区鄮湖乡第八村妇女会在十二日接到乡政府的除虫通知后,由妇女会主任杨爱菊召集全村妇女到会,讨论这次除虫办法,最后决定动员妇女会员带头捕虫,大家一致表示赞成,并提出口号,向村农会挑战,并做到不破坏一棵稻。结果议成二队(每队三组),第二天出发时共计人数一百九十五人(内妇女一百一十一人,儿童二十四人,村干农民六十人),经二小时的捕捉,共捕到蝗虫二四一只,蝗卵四十六只,稻椿虫五三零只,蚱蜢一七九二一只,其他虫二四三只,全村以妇女华婷连最好,共捕七五二只,这消息传到了各村妇女会,提出要向八村妇女学习"。[1]

尽管如此,虫害的防治成绩仍相当有限,尤其是螟虫相当猖獗,经常死灰复燃,严重影响鄞西农业收成。如1948年"夏秋两季,有几乡稻作穗子被稻蝗咬下来了,有的稻秆给螟虫蛀枯掉,不能结实了,为害程度甚深而普遍。本县虽发起减除螟蝗运动,已收相当效果,但农民的损失已是很多。而去秋天气再度亢旱,河塘干枯,稻田龟裂,晚禾收成减少,更是农民一个大大的打击,即使农民和虫旱战斗能有一部分收成,那也是血汗换来的,真是粒粒皆辛苦"。[2]

在农业生产中,水资源的利用是不可或缺的环节。鄞西地区水利资源丰富,但水中杂草特别是浮萍的大量繁殖有碍农田灌溉与江河交通运输。早在清末时,这一问题就已经显现,"宁波各河,每当夏末秋初,麦芝萍涌丛生无际,而以西南乡为尤甚,蔓延河面,几于篙楫难施,且浮萍之性甚寒,扊入田中亦于禾稻有碍"。[3]因此,捞除水草一直成为鄞西乡民的重要"功课"。对此地方政府也高度重视,经常予以督促,如光绪年间"鄞县徐邑尊出示晓喻,责成各乡地保,督率农民限一月内一律刈除,听候委员下乡查验。倘敢偷安观望,或出而阻挠者,许即

---

[1] 《妇女会参加除虫》,《时事公报》,1948年6月20日。
[2] 《鄞西的农村》,《宁波日报》,1949年5月16日。
[3] 《古董新闻》,《申报》,1891年8月7日。

指名禀县，从重究惩"[1]。进入二三十年代后，随着乡村组织的建立健全，捞除水草的工作呈现组织化的趋势。如1936年3月间，望春乡农会鉴于附近各河道水草丛生，不特有碍交通，且河道渐被淤塞，有害于农田水利，开会议决捞除水草办法：除由本会会员努力捞除外，并请乡公所通告全乡乡民共同捞除，并请乡公所通告渔民，不得将河边水草耙入水中。[2]

（二）农村副业

除了稻谷种植外，农村副业在鄞西农业中也占有重要地位。在传统小农生产中，经营副业是农民维持生计的重要手段，这在农田面积有限又多山的鄞西尤其如此。如"周公、自新等乡玉黍番薯在他处为副产，该乡视为正粮"，每年"收量极巨，每乡约千担"。[3] 在鄞西，乡民农业生产中，除了稻作之外，便是麦黍、豆菽、瓜果、蔬菜等副产了。而在近代，因受市场影响，农民收入"多系入不敷出，所以各农户以副业所入，补偿生活之不足"[4]。除了贝母和席草的种植外，鄞西地区种植业主要有豆菽类，有蚕豆、大豆、豌豆等；薯芋类，有荠芋、马铃薯、甘薯等；蔬菜类，有茭白、白菜、油菜、芥菜、雪里蕻、菠菜、葱、蒜、冬瓜、南瓜、苦瓜、菜瓜等；果实类，有桃、李、梅、西瓜、葡萄、杨梅等。

鄞西地区有广阔的丘陵高山，是全县毛竹和毛笋的主要产地。比如"雷庄三成两乡农民副业以种竹为大宗"。[5] "鄞江桥属之大皎、小皎、雪里岙等处万山重叠，所植毛竹到处皆是。"[6] 所谓靠山吃山，靠水吃水，毛笋等成为鄞西农民重要收入来源。1921年4月23日《时事公报》报道了鄞西毛笋丰收的消息："上年底起天气不甚严寒，今春雨水又极调匀，因之各山所产之笋较往年约增倍蓰，现当毛笋旺发时，每百斤售价竟贱至七八角，较之上年价值（每百斤一元五六角）不

---

[1] 《古董新闻》，《申报》，1891年8月7日。
[2] 《鄞望春乡农会饬会员捞草》，《时事公报》，1936年3月26日。
[3] 张传保、陈训正等：《鄞县通志·博物志》，成文出版社1973年版，第23页。
[4] 《鄞县之物产及农村状况》，《近代鄞县史料辑录》，天津古籍出版社2013年版，第55页。
[5] 张传保、陈训正等：《鄞县通志·博物志》，成文出版社1973年版，第23页。
[6] 《毛笋有年》，《时事公报》，1921年4月23日。

啻有天壤之别,故各村农民莫不喜形于色云。"[1]《鄞县通志》曾记载鄞县毛笋的产量,虽未直接表明鄞西地区的情况,但鄞西在其中占据大半当无疑问。

表 5　30 年代鄞县农产统计表

	种植面积（亩）	产量（担）	地点
毛竹	10000	1000000	西乡及东南乡
毛笋	10000	100000	西乡及东南乡

资料来源:张传保、陈训正等:《鄞县通志·博物志》,成文出版社1973年版,第24页。

鄞县一地蚕桑种植也主要集中在鄞西樟村一带。《鄞县通志》载:"本邑蚕桑素不著称,惟樟村一带农民多有以育蚕为业者,所出丝绢往昔亦不负盛名。"[2] 鄞西蚕桑种植多有嫁桑,惯用桑籽播种,樟村、鄞江一带则多有桑贝套种的间作桑,每亩植桑 50～100 株,采取中高干养成。据资料显示,鄞江周家村一株乔木桑,年产量最高达 250 余公斤。[3] 桑树因而成为这一地区农民重要的经济作物。"惜其饲畜方法墨守陈规,器具设备因陋就简……故成效颇微,特别是在洋布涌入后,更难有多少种植蚕桑的农户。"[4] 这样,以前本是供自身养蚕的种桑农户纷纷转向售卖桑叶而不再养蚕。不过也有例外,1881 年 6 月 4 日《申报》报道说:"宁郡自入夏后天气寒燠不常,近复时遇风雨,各乡饲蚕之家辛苦备尝,而作茧未形旺色,甚有不食而僵者。闻西乡后山下陈姓植桑有千余株之多,往年并不养蚕,叶皆出售,约可得价三四百千,今岁忽然变计不卖叶而养蚕,不意叶将饲尽,蚕俱僵死,大费人力,一无收成,懊悔无及云。"[5] 鄞西地区蚕桑种植衰落已成事实,而这一现象产生的原因除来丝布的出现致传统手工作坊倒闭、原料需求减少外,自身缺乏技

---

[1] 张传保、陈训正等:《鄞县通志·博物志》,成文出版社 1973 年版,第 23 页。

[2] 张传保、陈训正等:《鄞县通志·食货志》,成文出版社 1973 年版,第 17 页。

[3] 周时奋主编:《鄞县志》,中华书局 1996 年版,第 376 页。

[4] 张传保、陈训正等:《鄞县通志·食货志》,成文出版社 1973 年版,第 17 页。

[5] 《蚕事减产》,《申报》,1881 年 6 月 4 日。

术改良也是重要原因之一。有识之士为此大力呼吁，以为"欲图挽救，自非积极改良不为功"[1]。为此1926年间鄞县在鄞江筹备设立蚕业传习所。5月16日《时事公报》报道说"鄞县公署昨为筹设议设立蚕业传习所事，致函县参事会云，查鄞邑鄞江、章远两区，蚕业尚盛"，决定"就蚕户较多之鄞江乡，创设蚕业传习所，开办期以三月为限，经费依照固定，开办费不得过二百元，经常费不得过一百元，现在阅时较久，物价日昂，情形微有不同，开办费拟暂仍旧，经常费预算年支二百八十元"[2]。政府对桑蚕业的改良取得了一定成就，特别是30年代鄞县政府加大对桑蚕业的改良工作与投入，情况较前有所好转：

> 鄞县政府划定月山、章水、梅岙、朱汤、周许、崔岙等六乡镇，为改良桑区，设立蚕业指导所，劝育改良种，共同催青饲育，并代办蚕室器具消毒，及饲育上□簇采□等事宜。又以试办伊始，农民信仰未深，特购改良种五百张，无偿发给饲育，计承领者百八十户，结果收获鲜茧一万另百七十六斤，平均每张在二十斤以上，较土种受益岁多三倍，蚕户自缫上丝，约购七斤六两，得丝一斤，惜农民狃于旧习，对于指导工作，未能尽量遵行，□成□因之褪色。同年秋间，推行秋蚕，发给改良种三百张，承领者八十九户，结果获鲜茧六千三百六十八斤，平均每张二十三斤。县政府因产量不多，未行统制收买，由蚕户自行采制，约鲜茧九斤，得丝一斤。查丝一项，为吾国大宗出口货之一，农民生计，国民经济皆利赖之。幸政府积极提倡指导，不折不懈，以臻有成也。[3]

当然，名闻遐迩的贝母和蔺草是鄞西农民最重要的经济作物，值得大书特书。时人称"鄞县最具生产价值的植物产品，当推贝母与蔺草"。当时报纸报道

---

[1]《20年代末30年代初鄞县建设概况》，《近代鄞县史料辑录》，天津古籍出版社2013年版，第299页。

[2]《筹设鄞江乡蚕桑业传习所》，《时事公报》，1926年5月16日。

[3]《鄞县樟村一带蚕桑调查》，《宁波民国日报》，1935年8月1日。

成熟的贝母

说："假使你到过鄞江桥、樟村、蜜岩等几处地方,觉得最奇怪的,就是拿你眼中所见到的,除了山水之外,那田里所种植的都是贝母、桑树、茶树,却很难见到种稻的水田。因此,在那里的人民,每家都以种贝母为生了,更以茶丝为副业。若是在战前,一家的生活也算勉强维持了。"[1] 近代鄞县有农谚曰"草席一甩,下饭一篮""水稻是米缸,席草是钱庄""一袋贝母一船谷"。足可见两者在鄞西农村经济中的地位。

贝母是治肺结核的良药。初在宁波象山多有种植,俗称"象贝",亦称"浙贝",后成为鄞邑樟村特产。[2] 贝母分"元宝贝"和"珠贝"两种。大者对半分开,形如元宝,故名"元宝贝";小者不分,粒粒如珠,故名"珠贝"。贝母种植前虽在象山较为发达,后却在鄞西地区最为繁盛,年产多达8000担(每担一百斤),高者"每年约有一万担之产额,每担售价六十五六元,约有六十万元之价格"[3]。鄞西贝母种植以樟村一带最为繁盛,这与本地独特的自然环境有关。"樟村一带之地形,皆两壁岩山高峻,中夹一溪清流,风景颇佳,惟因溪源甚长,发源于四明山,每当山洪暴发,则饱挟上游之泥沙而下,是以两岸皆成沙质土壤之冲积地带,除栽桑外,其他

[1] 双华:《今日的樟村》,《上海宁波公报》,1942年10月21日。
[2] 叶枚:《鄞县樟村之贝母》,《近代鄞县史料辑录》,天津古籍出版社2013年版,第51页。
[3] 《宁波之经济状况》,《近代鄞县史料辑录》,天津古籍出版社2013年版,第240页。

农作物则不丰焉,惟于种植贝母特为适宜,因此该处遂成为浙贝之特产地矣。"[1] 繁盛时期,鄞江桥一带约有五千户人家种着五千余亩的贝母,年产干贝母八千担。特别是蚕桑业衰落后,贝母的地位更为重要。"樟村一带本是蚕桑区域,素以产丝绸闻,贝母仅为农家副产而已。近年以来,我国蚕丝业一落千丈,该处之丝绸业亦每况愈下,而农产物之最大收入,则独赖贝母,因此贝母之重要性,遂由副产品之地位,一跃而为主要农产品之地位矣。"[2] 贝母产地多集中于鄞江桥一带,特别是樟村地区,云山、大雷等地也有少量种植,分布在东西约八十里,南北约二十里的范围内。"樟村一带约占五分之四,此外不过五分之一,惟樟村之地亩,大都专供培植种子之用(做货地亩,多向外面临时租来)。"[3]

表6 1934年贝母亩数与产量表

种类	亩数(亩)	产量(担)	地点
贝母	2700	8000	樟村一带

资料来源:张传保、陈训正等:《鄞县通志·食货志》,成文出版社1973年版,第10页。

在正常情况下,每亩贝母产量大致为鲜贝母一千二三百斤,鲜子三百余斤,可制成燥货一百斤(指外贩租种之地,即完全制成燥货)。

席草是鄞西另一重要经济作物。鄞西地区独特的气候和水文条件,使得该地蔺草长势旺盛。在"黄古林一带及栎社、石碶等地水田内,溪旁及阴湿地也有野生的,产量惊人,鄞西农村因此繁荣不衰"[4]。席草主要有野生和人工种植两种。席草俗称灯草,古称蔺,又称"开宝本草""虎须草""碧玉草""草丝""无节草"等,属多年生沼泽草本植物。茎直立,单生细柱形,无节、叶片退化,茎

---

[1] 《蓳江贝母运销合作社概况》,《近代鄞县史辑录》,天津古籍出版社2013年版,第42页。
[2] 《蓳江贝母运销合作社概况》,《近代鄞县史辑录》,天津古籍出版社2013年版,第42页。
[3] 叶枚:《鄞县樟村之贝母》,《近代鄞县史料辑录》,天津古籍出版社2013年版,第51页。
[4] 张传保、陈训正等:《鄞县通志·博物志》,成文出版社1973年版,第17页。

茂盛的席草

内充满白色髓心，坚韧而有弹性，适于编席、制帽，其中植物的髓（即灯芯）可用于点灯照明及药用。鄞西广德湖滨一带盛产蔺草，供给乡民编织席帽，为鄞西一大特产，农民若"无田以耕，无钱以商者，莫不仰食于此"。[1] 据俞舜民在《鄞州草席史话》一文中的记载，鄞西地区草席种植历史悠久，可以追溯到春秋战国时期。宋宝庆《四明志·叙产章·草之品节》载："江东（今鄞县西乡——笔者注，下同）多席草。"元至正《四明续志》载："甬东里多种席草，民以织席为业，计所赢优于农亩。"明朝成化《四明郡志》载："甬东多种席草，民以织席为业，著四方，曰明席。"近代以前及开埠后的一段时间内，席草一般为本县所产，后因编织产品需求扩大，席草多有进口。为区别进口之材料，后多称本地所产席草为本草。本地席草在每年八月间开始播种，农人主要将"草子种"下种于稻田里。"普通下种于早稻和夜稻田里的，不使它开花结子，二三月间，就锄去插秧了，下种于糯稻田里的，那就使它结子了，至明年四月间，就开花结子，这所结的子，就

---

[1] 杨古城：《广德湖的兴废和湖区文化遗迹考》，中国水利协会水利史研究会、浙江省鄞县人民政府编：《它山堰暨浙东水利史学术讨论会论文集》，中国科学技术出版社1997年版，第128页。

所谓草子种。"[1] 大部分的席草种植一般是在十月，次年五月收获。

从种植产量情况看，"席草、蒲草均产于西乡黄古林等村，种植约有一万数千亩，每亩产额自三百斤至五百斤，每百斤售价自七元至十元；今以一万五千亩，每亩产四百斤，每百斤售八元计算，约有六万担之产额四十七八万元之价格"。"据称其年产量可达15万至20万把。"[2] 资料显示，清光绪年间，鄞县蔺草种植面积为1.2万亩，平均亩产500公斤，总产0.6万吨，1932年鄞县种植2.14万亩，平均亩产750公斤，总产量1.6万吨。不过抗战爆发后，因草席滞销，席草种植面积锐减，1943年为0.6万亩，总产量仅0.3万吨。虽然战后经济开始恢复，席草种植回升，但到1948年仅有1839亩，总产也只有0.1万吨。[3]

20世纪30年代，地方政府对鄞西茶叶种植也进行了改良，一定程度上推动了本地茶叶的种植。鄞西本地茶叶种植颇为可观，至1932年，全县有茶园2000亩，以西乡为多，东乡次之，南乡最少。到1940年，全县有茶园5937亩，集中在樟村、蜜岩、大皎等地，产茶3800担。[4] 但茶叶出口同样受到国际市场的严峻挑战，"查茶叶一项，本为我国大宗出口，因国人对于采制方法，太不讲究，且掺杂着色，以致品质日劣，销路日蹙，价格惨跌，良堪痛惜"[5]。这一困境引起地方政府和有识之士的关注，他们积极采取措施加以改良。1935年间，鄞西大岚山一地茶叶谋求改良：

> 本县虽非产茶之区，惟就调查得，大岚山一地种茶地田，不下二三千亩，如能祛除掺和煤磐之弊，并积极改良采摘方法，则销路自然畅旺，价格自然提高，于农村经济未始无多少裨益。至改良采摘方法有二，第一要提早摘叶，茶叶最适当之采摘时期，是在叶子长到第三片之

---

[1] 杨荫深：《各地农民状况调查：鄞县南区（浙江省）》，《近代鄞县史料辑录》，天津古籍出版社2013年版，第62页。

[2] 《宁波社会经济概况》，《近代鄞县史料辑录》，天津古籍出版社2013年版，第231页。

[3] 俞舜民：《鄞州席草史话》，宁波市鄞州区政协文史资料委员会编：《地雄东南》，宁波出版社，2012年。

[4] 周时奋主编：《鄞县志》，中华书局1996年版，第371页。

[5] 《大岚山一带种茶应积极改良》，《宁波民国日报》，1935年5月1日。

茶叶种植地

时，如一旗一枪，固然太早，不大经济，而该处茶农每俟茶树有四五个叶子时方行采摘殊属太迟。第二要会期采摘，先采二叶一苞，留下第三片新叶，再苞新芽，俟芽苗第四叶时，则摘芽尖月上片时子，留根芽一叶，新芽长到三叶时，则摘顶端一叶，取下二叶留柄，以为后日发芽地步，再过十余天，枝间小芽发生，又可采摘，如此不独老嫩可分，复可则带数势，以养生机。虽每次摘叶数量，不及目标为多，但采摘次数增多，价格增高，两相比较，合算多多，合亟划一且布告该处茶农一体知照，切实遵行为要。[1]

此外，鄞西"乡村农户，多有以养蜂及育蚕为副业者，或冬季结队行猎，至如畜鸡鸭鹅牛豕羊之类家畜，什有其九"[2]。但它们在本地经济中似无足轻重，如养

---

[1]《大岚山一带种茶应积极改良》，《宁波民国日报》，1935年5月1日。
[2]《鄞县养蜂事业之调查》，《近代鄞县史料辑录》，天津古籍出版社2013年版，第64页。

蜂业："邑人对于养蜂事业，素鲜注意，更无大规模之经营场所，乡间数十百群者已甚寥寥，且皆墨守成法，不知改良，而观庙寺院之畜有三五蜂群者，则几为普遍现象。"[1]"鄞县东西两乡，多山岭，傍山居民，每于农樵之余，成群结队，围猎山谷之间，名曰上会山，其偕三数人乘夜行猎者，曰捉夜猎，又有绍籍渔民，荷猎枪，乘小舟，逡巡江湖间，以猎取禽兽者，曰打鸟船。每岁入冬以后，从事狩猎者，凡千余人，若终岁以猎为生者，则未满百人"。[2]

（三）农具

从清末开始，西方工业文明开始影响宁波城乡，但在农业生产工具上，近代鄞西地区并没有发生多大的变化，仍旧以传统的生产工具为主，时人称"在农业毫无进步的中国，想大都与国内各地、本省各县一般农民所使用的大致相同，都是一类旧式的家伙"[3]。农具主要有耕种用具（犁、锄、耙、铲、麦菓等）、灌溉用具（有车，即龙骨车与手牵车两种）、收藏用具（稻桶、稻床、稻蓬、镰刀、箩、簸箕、扁担等）、调制用具（磨、风箱、筛、碓臼、石磨、碾子）。"以上各种农具，除人力外，都用牛力，故宁波人对于牛非常重视，不吃牛肉；牛死后，也像人一样葬埋起来。"[4]

需要指出的是，在农田水利灌溉方面也开始使用近代新型的工具，30年代鄞县政府为"调查国内制造之灌水机及新式农具，经试有成效者勒令农民采用，一面督促农民组织利用合作社逐年进行，以期推广"。[5]在部分地区，新式的水利灌溉工具和农具开始出现，成为推动近代鄞西农业变化的因子之一。同时化学肥料也开始在农业生产中得到运用。"近年以来沪埠外商时以化学肥料来甬兜售。"[6]不过，广大鄞西地区更多的仍使用传统的农家肥来使土地增肥。

---

[1]《鄞县山乡狩猎事业之调查》，《近代鄞县史料辑录》，天津古籍出版社2013年版，第66页。
[2]《鄞县山乡狩猎事业之调查》，《近代鄞县史料辑录》，天津古籍出版社2013年版，第66页。
[3]《浙宁波农业调查》，《近代鄞县史料辑录》，天津古籍出版社2013年版，第37页。
[4]《浙宁波农业调查》，《近代鄞县史料辑录》，天津古籍出版社2013年版，第38页。
[5]《提倡机器灌溉及采用新式农具》，张传保、陈训正等：《鄞县通志·工程志》，第22页。
[6] 张传保、陈训正等：《鄞县通志·食货志》，成文出版社1973年版，第11页。

(四)农业变革

其间,鄞西农业引人注目的变化与进步是以集约经济为特点的植牧公司、农场、合作社以及农业学校的出现,这无疑是对分散的传统小农经济的重大变革。美国学者施坚雅曾言:"一个传统市场体系的近代化,只有在经济效益较高的运输设施将它与具有同样经济效益的外部生产体系连接起来时才能够开始。"[1] 而鄞西具备了这一条件,尤其是发达的水路交通使鄞西具有良好的运输条件。志书称:"西乡一、二两区山岭重叠,产量较丰,每藉河塘之利,于春冬时编筏运输,似较便利。"[2] 特别是近代以来,鄞县城区建设的开展以及人口的聚集,使人们对农产品需求日益扩大,推动一批商人在此设立农业公司、农场等经济组织,提高农业产量。如在1921年,鄞西南乡蜜岩地区,"应家山地方有山一块,周围数十亩许,最宜种植。三年夏间,岑赵夏诸绅商协议办理植牧公司,嗣因夏赵诸君游津沪等处,议遂中辍。现在省令对森林颇为注意,闻有某商人已与秦润卿、周仰山诸君为发起人,设立植牧公司,即向该地主购就,闻办有头绪……"[3] 随后农场纷纷在鄞西出现,如20年代初鄞西北渡开设了农事试验场,"系旅沪巨商孙梅堂所创办,成绩卓著,经农商部给奖有案"。为了节约成本,后农场"变更组织,向设场长、技师各职,一律裁撤,改归启贤学校派员办理,以节经费"[4]。通过改革农场管理结构,推动其事业发展。有的农场还颇具规模,如1925年5月,鄞西"王家公民王宝堂等十三人鉴于中华农国一蹶不振,国计民生大受影响,深引为憾,曾于五月十七日在王祠开会讨论,拟组织大规模农林公司,当由众推王银富、陆文豪为筹备员,计划一切。兹悉该二筹备员对于一切进行方法,业已就绪。闻其农务分为六部,一稻作,二果艺,三烟茶,四牛羊,五鸡豕,六药草及花草。办事人员除董事六人外,设总理一名,纠察一名,会计兼庶务一名,技师一名,技工二名,工人二名,练习生四名。闻业经昨日第二次筹备会通过,预定资本一万元,每股作为五百元,并拟招股七股,合发起人十三股(各

---

[1] [美]施坚雅著,史建云译:《中国农村的市场与社会结构》,中国社会科学出版社1998年版,第95页。

[2] 张传保、陈训正等:《鄞县通志·食货志》,成文出版社2013年版,第27页。

[3] 《将发起植牧公司》,《时事公报》,1921年4月3日。

[4] 《北渡农场变更组织》,《时事公报》,1925年1月6日。

第二章
近代鄞西经济变迁 045

水稻与蔺草连成一片的鄞西农田

认一股），共二十股云"。[1] 再如1936年春，"鄞西王山头地方，土地肥沃，适宜种植，宁波巨商华某等有鉴及此，拟在该处设立良乡农场，现已组织公司，购田四十余亩，并托该地士绅积极筹备。据云，该公司资本充足，规模宏大，对于农作物之种植，具有实验性质，将来造福桑梓，当非浅鲜云"。[2]

在当时鄞西各类农场中，由于城区人口的需求增加，水果类的农场颇受欢迎，因而也有较好的效益。如1925年7月20日《时事公报》报道说："鄞县鄞江桥鲍家礉华通林牧场，组织历有年所，出产桃梅李等各种鲜果，向来驰名。今年该乡雨水调匀，年成比去年丰盈，如水蜜桃小数已见成熟。该场主鲍存□摘取数盒作为样品，昨日亲自上甬，向各水果行兜售，闻已与大成、荣昌两行接洽就绪，归为专销云。"[3] 三四十年代，农场的经营模式在鄞西一地持续实行，如1947年5月后塘乡旅沪绅商朱传芳"为改良乡村农业，以求发展计，特在该乡望春桥附近购田百余亩，建立大规模农场一所，预定资金五亿元，业已筹集三亿元，待

---

[1]《鄞西组织农业公司》，《时事公报》，1925年5月30日。
[2]《鄞王山头将设立良乡农场》，《宁波民国日报》，1936年3月11日。
[3]《华通林牧场之成绩》，《时事公报》，1925年7月20日。

秋收后建筑"。[1]

其间，地方政府对农场及合作社的设立也相当积极，多方予以促成，并鼓励林地、沙田等的开垦。30年代初鄞县政府"就本县境内择一适宜之地点，依照省颁县立农业改良场规程，创办农业改良场一所，就本县大宗农作物稻棉两种，从事实验改良，次及其他，并令各区乡镇公所保送农家子弟为练习生，到场实习，俟总场办有成绩后，再视各乡村情形，酌量设立分场，以资普遍"。[2] 为了增强实力，发挥综合效益，当时地方政府还注重山区林业的联合，据此成立鄞西林业公会，指导相关林业活动，如自1932年起筹备迁移乡村苗圃，凡有适于造林场地之村里，由县政府随时督促，依照浙江省暂行林业公会章程，组织林业公会，共同经营保护森林，发展林业。[3] 而1946年11月创立的仲夏合作农场更是政府大力支持的产物，当年《宁波日报》报道说：

> 鄞县西乡桃浦仲夏大畈，据田六千余亩，以水利不兴，致十年之中，收成不过二三年，且较东乡之收获量，仅及三分之一，非潦即滞，情至可怜。然土壤甚佳，地形亦胜，俗称"鬼叫畈"者，实属地未尽利之故。本邑士绅陈如馨、吕志伟、郭东明、卢□迈等，有鉴于斯，特会同中国生产促进会技术专员郑南森，设计组织仲夏合作农场，以合作组织之力量，应用机械，请求行总工赈，从事集体耕作，藉增生产而改善民生。经数旬之热心筹备，业已于昨日举行创立会。陈县长，沈书记长，沈省参议，吕校长，胡理事长，汪科长，张指导员一行，联袂乘车前往参加。当由桃浦乡长吴有志，副乡长谢蔓生、马立品，及乡代表等率同各小学师生在李家欢迎。当时虽秋雨潇潇，然与会人士精神奋发……[4]

---

[1] 《鄞西规模农场》，《宁波民国日报》，1936年5月19日。
[2] 张传保、陈训正等：《鄞县通志·工程志》，成文出版社1973年版，第21—22页。
[3] 鄞县建设科：《鄞县建设》，鄞县建设科发行，1934年，第11—12页。
[4] 《鄞西仲夏合作农场昨日召开创立会》，《宁波日报》，1946年11月9日。

1933年宁波青年会干事合影

值得注意的是，20年代鄞西一地开始设立农业学校，"志在普及教育，灌输农业知识，改良乡村社会"。1926年3月5日《时事公报》报道说："鄞西黄古林青华农业学校，由该地公民施文阆等倡办以来，一切进行业志本报。兹悉该校已于十八日行成立纪念及开学礼。学生三十余，及教员各董事代表学生家属等百余人，由施振芳主席，略谓今日是本校行成立礼及开学礼，荷蒙诸董事诸父兄降驾观礼，本校荣幸之至。同人倡办斯校，志在普及教育，灌输农业知识，改良乡村社会，故议决免收学费，以达目的。但开办伊始，一切设备，不免有不完全地方，望在座诸君鼎力指引，更望协力相助，共襄义举，使斯校为乡明灯，是所厚望。兹将次序列后：1.振铃宣开会词，2.国歌，3.向国旗行礼，4.校歌，5.谒圣，6.致颂，7.演说，8.师长致训，9.学生对师长行礼，10.同学行相见礼，唱尽力中华歌而退。"[1] 限于资料，我们对该校后来的情况不得而知，但农业人才的培养对鄞西农业与乡村变革无疑具有重要的意义。

而30年代宁波基督教青年会的作为更是为鄞西乡村带来一股清新之风。1929年，宁波青年会择定鄞西高桥郭家庵等地为"农村服务处"地区。由青年会全国协

---

[1]《青华举行开校礼》，《时事公报》，1926年3月5日。

会介绍苏州青年会农村干事陈儒珍前来担任干事，内设游艺、阅览、医疗、儿童游戏场、浴室等。陈儒珍利用自己在农村的社会基础，召集郭阿青等 30 余名农民，成立鄞县农村第一个农民合作社，又向宁波中国农民银行贷款购买骨粉、豆饼等肥料，扩大合作社的影响。其后又把合作事业向集士港、童家横推广。未及一年，先后组织成立 10 余个合作社，第三年又增至 20 余个。其时中国银行增设农贷部，各合作社向两行贷款，得由宁波青年会担任贷款的保人。服务处还深入到生活各个方面，如为农民治疗红眼、疮毒、感冒等疾病。后又请华美医院每月派公共卫生护士到服务处施诊，遇有重病号由服务处介绍到华美医院减费医治。春节期间组织农民观光队，到宁波市区观光的住宿膳食由宁波青年会承办，到上海观光的由上海青年会招待。1938 年，又在樟村崔家祠堂设立青年会农村服务处，由方耕山任干事。1941 年宁波沦陷后，农村服务处工作在无形之中停顿。

二、手工业的进步

进入近代后，手工业作为我国传统经济的重要门类也开启了艰难的转型历程。在这一过程中，鄞西手工业出现分化，有的在近代工业冲击下走向衰落，有的却以此为契机逐渐发展起来，有的手工业因其生产的特殊性，仍保持了原有的生产方式。

近代以前，我国广大农村地区，"以从事手工纺织为家庭副业者甚多，农家男女农事之余，类多从事斯业。"[1] 鄞西地区也一样，历来就有纺织业。农户多自养、自缫、自织，一台缫丝车一天产量大约 0.7 公斤，织机则有 1.7 米。纺织手工业多分布在鄞西樟村、鄞江一带，生产的"土绸即土绢，鄞江乡产量以樟村为最多，樟村农户植桑饲蚕为其中心商业，向称勤奋"。开埠前的鄞西"樟村一带本是蚕桑区域，素以产丝绸闻，贝母仅为农家副产而已"[2]。传统家庭手工业生产

---

[1] 黄其慧：《湖南之棉业》，湖南省银行经济研究室编印：《湖南经济》，1947 年，第 106 页。
[2] 牧锡璋：《董江贝母运销合作社概况》，《近代鄞县史料辑录》，天津古籍出版社 2013 年版，第 42 页。

目的主要是满足家庭需要，但对于鄞西地区来说，其商品化程度较高，因为"西乡多山，山陵起伏，林木苍翠，故农民副业多趋向于采办"[1]。这就使乡村与集市间的关系更加密切，使鄞西部分手工业产品在市场上颇受欢迎，时人称"西乡樟村一带，其地宜桑……故农户多育蚕、织丝、织绢，所产之丝绢，往昔颇享盛名"[2]。

也正由于鄞西地区手工业与市场的密切联系，故宁波开埠后，随着洋纱洋布的大批输入，这一地区的纺织手工业受到了严重破坏。"甬埠自五口通商以来，外货侵销日见膨胀，在生产本少发达之县，坐是土货出量益遭排斥。"[3]虽然，历届政府也采取了一些措施，如奖励手工生产，鄞县妇人王氏就因制作著名的甬布，而"得五品顶戴之颁赏，并专利十五年"[4]。但传统的手工业毕竟难敌近代机器生产，而鄞县城区机器纺织业的兴起更加速了鄞西传统手工业的衰落。清末起，宁波就出现了使用大机器生产的纺织企业，加上19世纪20年代后"我国蚕丝业一落千丈，该处之丝绸业亦每况愈下"。[5]由于鄞县地区丝织业主要集中在鄞西地区，所以鄞县地区丝织业的变化可以作为反映鄞西地区该项手工业变化的重要指标。

表7　鄞县1926年至1931年蚕苗丝绸产量统计（数量单位:担，货币单位:关平两）

年份（年）	家蚕茧		烂蚕茧		绸缎		白丝		丝棉杂货	
	数量	价值	数量	价值	数量	价值	数量	价值	数量	价值
1926	632	99856	386	22777	162	132840	—	—	—	—
1927	1136	219396	168	9107	444	510600	45	20250	—	—
1928	522	62640	266	14541	228	285000	—	—	—	—
1929	266	32253	149	7720	195	187323	—	—	4	2198
1930	397	54091	7	416	274	326811	—	—	—	—
1931	147	19945	186	9685	229	246917	—	—	—	—

---

[1] 陈宝麟:《鄞县之物产及农村状况》,《近代鄞县史料辑录》,天津古籍出版社2013年版,第57页。
[2] 陈宝麟:《鄞县之物产及农村状况》,《近代鄞县史料辑录》,天津古籍出版社2013年版,第57页。
[3] 张传保、陈训正等:《鄞县通志·食货志》,成文出版社1973年版,第122页。
[4] 张传保、陈训正等:《鄞县通志·博物志》,成文出版社1973年版,第82页。
[5] 《堇江贝母运销合作社概况》,《近代鄞县史料辑录》,天津古籍出版社2013年版,第42页。

续表

年份(年)	白厂丝 数量	白厂丝 价值	乱丝头 数量	乱丝头 价值	蚕茧衣 数量	蚕茧衣 价值	丝绣货 数量	丝绣货 价值	其他蚕绸 数量	其他蚕绸 价值	未列名丝产品
1926	—	—	30	960	19	836	—	—	—	—	—
1927	92	64400	—	—	—	—	—	—	—	—	297
1928	—	—	53	1060	3	189	—	—	—	—	—
1929	—	—	36	1395	—	—	—	—	—	—	197
1930	—	—	22	3960	—	—	—	—	—	—	—
1931	—	—	—	—	—	—	105	147207	63	31500	4074

资料来源：张传保、陈训正等：《鄞县通志·食货志》，成文出版社1973年版，第141、147页。

从上表可以看到，从20年代中期到30年代初，鄞县多数丝绸产品产量呈现明显下降趋势。造成鄞西传统丝织业衰落的重要原因在于外来洋纱洋丝的冲击，鄞西传统手工业又未能及时改进技术，"因品质不知改良，更受洋货侵入，历年衰落，现几湮没无闻"。又"故步自封，殊少进展，桑与蚕种均粗劣，丝之品质自然原逊湖产，况出于土法缫制，更不能成精良之织物可知也"[1]。当然这一传统手工生产也并非完全崩溃，据30年代鄞县国情调查记载，"鄞县丝产为鄞江桥樟村等处，品质尚佳，可用以织绸，每年可额产5万担"。[2]可见，传统手工业生产仍占有一定份额，近代工业化并没有将传统手工业完全吞噬。尤其是鄞西一些交通不便地区，传统的手工业仍占有相当重要的地位。"此项织物多为家庭工业，在山乡僻壤中有此习化，非一朝一夕所能致。"[3]普通乡民对此仍旧有很强的需求。毕竟，"穿洋布的主要是城镇的商人和富裕阶级，贫苦的城市贫民和乡下居民都穿土布"[4]。此外，"段塘石碶一带妇女多以结网为业，其原料以麻为之，岁产七八千

---

[1] 戴鞍钢、黄苇主编：《中国地方志经济资料汇编》，汉语大词典出版社1999年版，第293页。
[2] 孙善根：《二十世纪三十年代鄞县奉化县情调查资料辑录》，宁波出版社2016年版，第98页。
[3] 张传保、陈训正等：《鄞县通志·博物志》，成文出版社1973年版，第82页。
[4] 姚贤镐：《中国近代对外贸易史资料》，中华书局1962年版，第1354页。

顶，每顶值银十余圆至三四十圆不等，皆售诸渔人"[1]。

与纺织业的命运截然相反的是，鄞西席制品手工业因开埠而兴盛起来。"家庭工业自洋纱输入，家庭纺织破产以后，吾甬最普遍之妇女家庭工业，厥惟编帽与织席。"[2] 由于鄞西独特的地理地貌，以及有制作草席的传统，乡村制席手工业一向较为发达。草席编织较为简单，可由2人在家对织，从业人数难以统计，盛时席业从业人数则在5万人以上。开埠后，随着国内外市场的扩大，草席业遂成为鄞西重要的支柱性产业。据业内人士估计，"抗日战争前夕，草席业仍较兴盛，仅黄古林街上就拥有席行二十余家，行商捎客百余人"[3]。

草席是由手工或机器编织而成的草制品，为人们夏日生活所必备。鄞西草席以花色品种多、面平直、编织紧密、经久耐用等特点而闻名于世。草席一般分为普通草席（四尺至六尺，宽自二尺五寸至五尺）、床席、地席、船舱席等，品种达百余种。有"中国草席之乡"和"中国蔺草之乡"美称的黄古林，其草席品种繁多，著名的有白麻筋席、络麻筋席和单草花席，其中白麻筋席最负盛名。草席由于编织手法独特，工具简单且成本低，成为鄞西地区家庭手工业之重要成分，在开埠前一般为妇女农闲时所做之活，开埠后因国外市场的扩大，编织席草成为许多乡村妇女的职业。有耕地的种席草、织席子，自种自织，没有耕地的则以排席、刷席、烘席、打席捆为业。

就生产方式看，鄞西地区席制品主要以手工生产为主。"以西南乡所产为多，用木机制造，每机二人，一司机，一加草，机皆就地自制，仅需工料费四五元，每机每日约出一二条，工资每人约三四角，每条重量自二斤至八斤，价值自二角至二元不等。改良席又曰花席，原料在甬地出产甚多，俗名三棱草，又有龙口草者，产自温州，其质品较西乡产者为软，亦以木机制造，机分床席、枕席二种。"[4] 后来在城区设立工厂，采用机器生产，"初创办者为翔熊软席厂，设立传习所，广授学生。现在继续成立者，有天成草料纺织公司、华丰软席厂等两三家，出

---

[1] 张传保、陈训正等：《鄞县通志·食货志》，成文出版社1973年版，第61页。
[2] 张传保、陈训正等：《鄞县通志·食货志》，成文出版社1973年版，第57页。
[3] 俞舜民：《鄞州草席史话》。
[4] 张传保、陈训正等：《鄞县通志·食货志》，成文出版社1973年版，第60—61页。

传统织席工艺（图片来源：杨古城、曹厚德：《四明寻踪》，宁波出版社2002年版。）

编织席草的乡下妇人（图片来源：哲夫：《宁波旧影》，宁波出版社2004年版。）

品有各种床席、舱席、枕头席、台椅席等，其他地席（与地毯同）、炕席均能定织"[1]，但一般说来机制品质不如手工生产。最初，从业者用由脚踏木机生产纱经双草枕席，后改用直立式织机。使用直立式织机时，二人盘坐机前，共同编织，一般一天可编成2到3条草席。"短而狭者，每日可编两条，普通者日编一条，加阔加长者二日或三日编一条。"[2] 据30年代史料记载，鄞西地区一直以来"都以生产短尺码和40码的长尺码的席子为主，输出香港、澳门方面作为垫席。几年前，日本商人计划把它输入到日本，作为榻榻米的表席以后，其尺寸逐渐发生了变化。现在一些短尺寸的席子与榻榻米的表面尺寸相一致，品质也得到了提高，另外，眼下有商人计划向美国输出大尺寸的席子，宁波草席业将来最有希望成为引人注目的行业"[3]。

据30年代统计，鄞县地区旧式织席人员，就有10万人。[4] 一般织席工人工资平均

---

[1]《宁波之经济状况》，见宁波市鄞州区档案馆《近代鄞县史料辑录》，天津古籍出版社2013年版，第242页。

[2]《宁波之经济状况》，《近代鄞县史料辑录》，天津古籍出版社2013年版，第242页。

[3]《宁波社会经济概况》，《近代鄞县史料辑录》，天津古籍出版社2013年版，第231页。

[4] 实业部国际贸易局：《中国实业志（浙江省）》庚编，1933年，第355页。

琳琅满目的席草产品

每人每日四五角，制造软席工资为每条九角，织边每条五角，补织每条二角五分，磨光剪清工资每条二角，抽草、刮草、破草、纺草、摇草，以重量计算工资，每席约工资一元六角。随着开埠后出口量的增加，鄞西地区草席加工技术得到改善，"有仿照新式机械所编织之草席，则以木机用人工织成之，即仿照日本双花席之出品也"[1]。城区草席厂的建立更是吸引了诸多乡民从事草席行业，"西南两乡农村女子多以织席、编草帽为主要职业，所产之草席，每年可出二百余万条，值钱百余万元，以百分之八五运销国内各省及日本、南洋等处；草帽出品，每年约三百万顶，运销英美法等国"[2]。另据海关1925年统计，旧式草席出口，共二百二十九万七千一百五十六条，每条平均价格以大洋五角计之，即有一百十四五万元之谱。原料与人工之价，各得其半，即各有五十余万元巨额之收入。[3] 仅1922年草席出口就达600余万条。可见，与多数传统手工业的悲惨命运

---

[1]《宁波之经济状况》，《近代鄞县史料辑录》，天津古籍出版社2013年版，第242页。
[2] 陈宝麟：《鄞县之物产及农村状况》，《近代鄞县史料辑录》，天津古籍出版社2013年版，第57页。
[3] 俞舜民：《鄞州草席史话》。

不同，近代贸易的兴起反而为鄞西席草手工业生产提供了发展的历史机遇。

受外贸需求的拉动，席草手工业的生产结构也开始发生变化，主要体现在由传统的生产草席的单一模式，转向生产帽子、工艺品等的多元生产模式。最为明显的是，在开埠初宁波地区很少生产草帽，19世纪70年代后草帽生产量大幅增加，相反草席则减产很多。[1] 草席生产已完全受国际市场的牵制，如1914年世界大战爆发就曾使其"市价大跌"。当时《申报》报道说：鄞县西南乡民人多织席为业，每年运往外埠者不下百万元。近以欧风吃紧，南北交通阻梗，香港、东粤、牛庄、青岛等处纷纷来函止办，以致市价大跌，每条与平日相去角许，各机户大受影响云。[2]

与草席编织一样，草帽编织业也是鄞西地区的重要副业，开埠后特别是进入20世纪后有了很大发展。据1930年的一份调查，"草帽一项，为近年来出口货之大宗。编结草帽，乃妇女之重要家庭工业。查宁波一带，去年输出之草帽，总值洋约一千万元。收买草帽之行，约百五六十家，贩户在三千人以上。编结工人，不下十万余名。其营业之大，关系民生之巨，于此可以想见"[3]。在20世纪20年代以前，鄞西本地草帽编织原料为本地所产，即土产的席草和荒草。因品质不好，这些原料多为本地农民使用，使用规模不大，农民多用于编织草席。而在20年代以后，随着国外编织技术的传入和国外席草的进口，鄞西草帽手工业开始使用金丝草、玻璃草、麻草等，产品样式多为国外款式。因"外人知我国工资甚轻，乃利用土产衰弱之际，以外国原料，发给我国女工，编结草帽，数年之间，蒸蒸日上"[4]。根据不同的草帽种类，鄞西地区形成了以金丝草、玻璃草、麻草、藤草及本草为原料的五种编织形式，及多品种的生产结构，这有效地满足了国内外不同市场的需求，鄞州草帽编织业获得了长足发展。

其原料价格情况，据当时文献记载为：金丝草产于马尼剌，每开罗值银四两至二十两不等；玻璃草产于瑞士、德意志，每开罗售银十二三两；麻草来自小

---

[1] 姚贤镐：《中国近代对外贸易史资料》，中华书局1952年版，第1450页。

[2] 《席业受亏》，《申报》，1914年9月4日。

[3] 《宁波一带草帽业之调查》，《近代鄞县史料辑录》，天津古籍出版社2013年版，第9页。

[4] 《宁波一带草帽业之调查》，《近代鄞县史料辑录》，天津古籍出版社2013年版，第9页。

吕宋，每件计重二百磅，值银一百三十两，唯编结前须经过粘麻手续，藤草之来源及市价，因行家严守秘密，无从调查；本草即普通席草，出产于鄞西黄古林一带，每二十五斤，仅售洋五角。[1] 自国外草料进入后，本地席草种植面积受到一定影响，但由于本地产席草价格低廉，为普通民众所青睐，在产品种类上也有增加。"近年来，出现了用蔺草制成手提袋和草鞋，草鞋以每双四五钱的低廉价钱销售，经上海输出到日本和其他海外各国，可以推测其数目也是相当巨大的。"[2] 夏季使用的女士帽子，劳动者也使用较多，特别是"制作所谓的巴拿马帽，成为当地农家妇女、儿童从事的最为重要的副业"[3]。商户一般把收购的原料贷给产地附近的农家，再教给他们制作的方法，逐渐扩张形成家庭作坊，其工资依据帽子的种类和精致的程度而定，同时受国际市场需求情况影响，一般麦秆帽每顶10钱至20钱，蔺草帽每顶7钱至12钱。[4]

表8　1930年鄞县草帽名称和价格情况一览

草帽名称	每千顶估价（关平两）	草帽名称	每千顶估价（关平两）
金丝帽	六五〇	粗三丝帽	一二
白麻帽	三五〇	高单帽	二〇
卷绳帽	三五〇	金丝夹人造丝帽	一、三三五
温州帽	七〇	全色草帽	三〇
色草帽	二五	色圆麻帽	五〇〇
高单帽	二五	半人造丝帽	七五〇
半椒帽	二〇	卷花帽	四五
全椒帽	一六·五	厚玻璃草帽	七〇〇

资料来源：《宁波一带草帽业之调查》，《近代鄞县史料辑录》，天津古籍出版社2013年版，第9—10页。

---

[1] 《宁波一带草帽业之调查》，《近代鄞县史料辑录》，天津古籍出版社2013年版，第9—10页。
[2] 《宁波社会经济概况》，《近代鄞县史料辑录》，天津古籍出版社2013年版，第233页。
[3] 《宁波社会经济概况》，《近代鄞县史料辑录》，天津古籍出版社2013年版，第232页。
[4] 《宁波社会经济概况》，《近代鄞县史料辑录》，天津古籍出版社2013年版，第233页。

相比草席编织，草帽编织较为简单和灵活，一般练习半个月左右就可以编织。时人称鄞西"次于草席者为草帽编，是项原料为蒲草，亦系女工手编，与草席同，在西乡各村落一带，每年亦有数十万元之贸易；花边一项，乡间编制者亦甚伙"[1]。"至于应用工具，则惟立体圆木一块，且花色不多，故易于学习。"[2] 编织草帽，精于编结者，每 5 天可出帽 1 顶，普通每月亦能编 3 顶。"故宁波一带，中产以下之妇女，几无不编结草帽者，倘能推广销路，设法维持，诚最善之家庭工业也。"[3] 产品的原料主要是由编者自备或行家发给。由于编织草帽没有特定的技术要求，"盖无论何人，于家事之外，皆可编结。既无钟点之拘束，又不必出外上工，且于妇女应行之烹饪哺乳诸事，无甚妨碍"[4]，故深受鄞西家庭手工业者的欢迎。草帽编织收入也颇为可观，"编结工资，依草帽之种类而别，金丝草每顶需用原料约五百格兰姆，工资洋三元八角；玻璃草每顶需用原料约二百格兰姆，工资洋四元；麻草每顶需用短麻千根，或长麻五百根，工资洋三元；本草每顶约需原料四两，工资洋二分"。[5] 此外鄞西地区还存在着以麻草为原料的粘麻工作。麻草分长短二种，长麻四十八英寸，短麻自二十英寸至二十四英寸不等。据悉，"宁波一带之粘麻工场及发行所，不下数百家，而粘麻工人，亦在数千人以上"。麻草由工场发给女工，"工资，长麻每千根大洋一角二分，短麻大洋七分，法以细麻（即小吕宋字麻）数条，用熔化之鸡脚草粘成，然后扎为小束。长麻每五十根为小束，每十小束为一大束，每十大束为一捆。短麻每百根为一小束，每十小束为一大束，每十大束为一捆。市价每万根自大洋一元六角至三元。唯工资所入，不及编结之厚。盖粘工每月所入，多者不多十一二元，少者仅四五元，至于编结女工，则少者月约十元，多者二十余元"。[6] 资料显示，从 1868 年到 1877 年不到十年的时间内，宁波草帽出口量增长了 425%。

---

[1] 《宁波之经济状况》，《近代鄞县史料辑录》，天津古籍出版社 2013 年版，第 243 页。
[2] 《宁波一带草帽业之调查》，《近代鄞县史料辑录》，天津古籍出版社 2013 年版，第 10 页。
[3] 《宁波一带草帽业之调查》，《近代鄞县史料辑录》，天津古籍出版社 2013 年版，第 10 页。
[4] 《宁波一带草帽业之调查》，《近代鄞县史料辑录》，天津古籍出版社 2013 年版，第 10 页。
[5] 《宁波一带草帽业之调查》，《近代鄞县史料辑录》，天津古籍出版社 2013 年版，第 10—11 页。
[6] 《宁波一带草帽业之调查》，《近代鄞县史料辑录》，天津古籍出版社 2013 年版，第 11 页。

表9　1868年到1877年间宁波草帽出口量一览

时间	出口量（万顶）	价值（百两）
1868	约4	约4
1873	123.9	124
1875	409.8	5100
1876	344.44	460
1877	1372.5	1830

资料来源：姚贤镐：《中国近代对外贸易史资料》，中华书局1962年版，第1448—1449页。

宁波草帽出口大部分来自鄞西地区，因此此表在一定程度上反映了近代开埠以来鄞西该类手工业发展状况。从表中，我们可知开埠后鄞西草帽业发展较为迅速，虽然1876年比前一年有所下降，但一年后出口量即突破1000万顶，达到1372.5万顶。从草帽价格来看，其单价也是逐年增高。可观的经济效益吸引了鄞西地区诸多乡人从事制草手工业，也带动了席草的种植。宁波其他地区也加入这一行业，原本席草编织"只限于宁波西乡，逐渐推及县境各乡，及慈溪镇海诸邑。今则余姚、海门二处，营业极盛，大有后来居上之势。查宁波本地及其邻县出产草帽，以玻璃草制成居多，余姚则以金丝草编结占大部分，海门则多数皆系麻草"。[1] 如表所示，1927年鄞西草帽业遭到邻近余姚、海门两地的有力竞争，产值减少。

表10　1927年宁波、余姚、海门草帽出口情况

地区	出口额（万两）
宁波	300
余姚	250
海门	150

资料来源：《宁波一带草帽业之调查》，《近代鄞县史料辑录》，天津古籍出版社2013年版，第9页。

---

[1]《宁波一带草帽业之调查》，《近代鄞县史料辑录》，天津古籍出版社2013年版，第9页。

当然，市场在外的草帽业自然免不了受国际市场剧烈波动的影响。到30年代，草帽业受世界经济危机冲击，"兴衰相去奚止倍蓰，而妇女所得之工值，昔年平均在四元以上，今则编织最精之帽亦不过一二元左右"[1]。

除了以上这些手工业生产外，鄞西提花手工、酿造业、小木作、漆作以及打铁业等亦占相当地位。其中酿酒一业，据《鄞县通志》载："鄞邑樟村地方酿酒户复兴干记、复兴专记等约有二十余家。"[2]据宁波乡土学者周时奋记载，鄞地酿酒业与它山堰密切相关：宁波的酿酒业是较为有名的，还凭借"它山泉"做文章，宁波酒客也吃这一套，所以"泉酒"一直名扬城乡。在南塘河里，流淌的就是这"它山泉"，民国时期的南郭就有一家"张信茂"的酿酒厂，1932年的营业额达到17000大洋。[3]据说在当时的南塘河周边分布着众多的酒坊，在黄古林、望春等西乡各地亦有小酒坊大量存在。但由于缺乏技术革新，鄞地"有酿酒酿酱及造豆腐等作坊，酒酱二项作业皆墨守旧法，绝少进步，出品远不及他县，独豆腐出品超绝远近各地，盖其造法积历年经营与竞争之结果，近益变化改良，非外帮所能比也"[4]。

此外需要提及的是，鄞西南塘河上的造船手工业历史悠久，进入近代仍经久不衰，享有盛名。据光绪《鄞县志》记载："鄞西段塘善造南北商用蛋船及江河行走百官船、乌山船。"[5]大概与此相关，"段塘石碶一带妇女多以结网为业，其原料以麻为之，岁产七八千顶，每顶值银十余圆至三四十圆不等，皆售诸渔人"[6]。

在一个时期中，乡村手工业在地区经济总量及家庭经济中的地位迅速上升，这在很大程度上改变了乡村手工业依附于农业的自然经济状态，使其与工业化建立了更密切的关系。以草帽业为例，据统计，鄞县西乡、南乡和余姚、慈溪、宁海等

---

[1] 张传保、陈训正等：《鄞县通志·食货志》，成文出版社1973年版，第58页。
[2] 张传保、陈训正等：《鄞县通志·博物志》，成文出版社1973年版，第84页。
[3] 周时奋：《风雅南塘》，宁波出版社2012年版，第173页。
[4] 张传保、陈训正等：《鄞县通志·博物志》，成文出版社1973年版，第84—85页。
[5] （清）戴枚修，张恕、董沛等纂：光绪《鄞县志》卷二《风俗》，清光绪三年刻本。
[6] 张传保、陈训正等：《鄞县通志·食货志》，成文出版社1973年版，第61页。

鄞江传统打铁场景（图片引自《手工打铁》，《宁波通讯》，2014年总第394期，第63页。）　　打制完成的铁农具（图片引自《手工打铁》，《宁波通讯》，2014年总第394期，第63页。）

地，盛时从事草帽编织的妇女达到10万多人，其中从事外销的就达3000余众，价值达1000余万，尤以1927年最高。该年达到87000户，105690人，厂（场）家达到170余家。[1]但是，受世界经济危机影响，近代中国乡村手工业大体在20世纪30年代出现了明显的衰退，有些地区的衰退时间出现得更早。"其表现主要是生产萎缩、产量剧减、从事手工业的人数相应下降。"[2]对市场特别是国际市场的过度依赖导致鄞西手工业难以独立存在和发展。事实上，19世纪80年代后草帽业利润就开始下降。进入20世纪20年代后期，由于世界经济危机的冲击，国际市场严重萎缩。"近来该业（草帽）日渐衰落,销路滞钝,大有一蹶不振之势。"[3]其缘由一为"在三十年前，已知编结草帽，不过原料皆采自本地，品质亦粗陋不堪。降及近年，舶

---

[1] 俞舜民:《鄞州草席史话》。
[2] 彭南生:《论近代中国乡村"半工业化"的兴衰——以华北乡村手工织布业为例》，《华中师范大学学报（人文社会科学版）》，2003年第5期。
[3] 陈宝麟:《鄞县之物产及农村状况》，《近代鄞县史料辑录》，天津古籍出版社2013年版，第57—58页。

来品之草帽盛行,土产草帽之营业,遂致一落千丈。"[1]时人认为,"手工业因为技术的缺乏科学基础,生产的不经济,制品之缺乏标准,就造成其本身的不健全,年来之衰落,实由于此"[2]。有学者指出:"相对机器工业而言,乡村手工业虽是一种落后的工业形态,但在政府的主导下,通过地方精英们的努力,完全可以不断改进。可惜,近代中国内外战乱不断,乡村手工业缺乏一个长期发展的有利环境,加之政府主导不力、地方精英缺乏,乡村手工业的改造未能完成,抗风险的能力不足,因此,在危机的冲击下步入衰退也就难以避免了。"[3]

---

[1]《宁波一带草帽业之调查》,《近代鄞县史料辑录》,天津古籍出版社2013年版,第9页。
[2] 顾毓泉:《手艺工业与农村复兴》,《东方杂志》,1935年4月第7期。
[3] 彭南生:《半工业化:近代乡村手工业发展进程的一种描述》,《史学月刊》,2003年第7期,第106页。

第二节　近代工业的出现及其影响

在传统乡村社会，经济结构是以自然经济为基础，即"以农村家庭工业和农业相结合为前提"[1]的。到了明清时期，江南市镇出现了被诸多学者所认为的资本主义萌芽，但是并未真正出现近代化的资本主义经济，也未能打破既有的社会经济结构。真正打破这一结构的是近代外力的楔入，即近代西方工业，这种结构的打破并非自身经济发展的结果，而是被迫出现的变革。[2]近代中国工业起步于洋务运动时期，特别是清末新政以来，兴办实业成为一股潮流，宁波地区纷纷出现了近代工业，并扩至乡村地区，由此改变了本地区社会经济结构。尽管相对于城市来说，乡村工业的数量和规模非常有限，但它所具有的意义却不可低估。如果说近代鄞西农业和手工业的进步主要反映了本地走向开放的过程，那么近代工业在本地的出现意味着本地经济社会结构的缓慢变革与进步。

一、近代鄞西工业的出现

从现有资料看，乡村工业在近代鄞西经济结构中，所占比例较小，数量少，规模不大，但具有特殊的历史意义——近代工业的出现表明鄞西已经不只有原有的生产方式，而开始缓慢走上了近代化的道路。这一时期，鄞西地区的近代工业主要有打米厂（碾米厂）、织布厂、采石厂、电灯厂、印染厂及织席厂、草帽厂等。

打米厂是采用机器进行谷物脱皮的企业，与传统的舂米手段相比，其工作方便且效率高。近代浙江采用机器碾米最早出现于宁波。1911年，鄞县城区泰康、泰

---

[1] 马克思:《资本论》第3卷，人民出版社1975年版，第896页。
[2] 彭南生:《论近代中国农家经营模式的变动》，《中国近代史》，2006年第6期。

记两家碾米厂先后创办。到 20 年代，鄞县、余姚两地碾米企业如雨后春笋般涌现，相继开设的碾米厂达 40 余家，其中鄞县碾米厂资本额占全省的 21%，碾米机占 31%。[1] 城区碾米厂的建立直接推动了鄞西乡村碾米厂的设立。据记载，鄞西最早开始创办碾米厂始于 1925 年。当年 2 月《时事公报》刊文称，"鄞县西乡一带，米肆林立，均赖石头舂成白米，向无打米机器，颇觉困苦。兹有黄古林商人俞某，鉴于近日工价日高，出米无多，拟开设打米厂一所，闻日前邀集各米商妥议招集股本，从事进行，一面另请俞君赴申购办机器，一面筹商相当地址云"。[2] 两个月后，黄古林也开始筹备建立打米厂，"鄞县西乡黄古林镇商民林九春、周宾楚□就地食米，均雇佣临工，发时□钱，特邀集同志，向申江购办打米机器一具，在该镇□家后门，开设打米厂一所，定名为古林机器打米厂，已于昨日开厂，就地各户运谷赴厂者，大有应接不暇之势云"。[3] 机器打米带来的实际效果是显而易见的，故大受乡民欢迎，乡民纷纷要求在附近地区设立打米厂。就在当年年底，鄞西凤岙市也设立了打米厂。报道说："鄞邑各乡，迩来机器碾米厂接踵发起，营业均甚发达，居民亦极感便利，惟西乡为出米之处，反无设立。兹已由公民董剑青创设组织，就地士绅当纷纷认股，业已凑足资本五千金，实行成立，定厂名为祥泰，地址择定凤岙市镇，一面已向沪购定机件，闻不日即可开幕云。"[4] 资料显示，1930 年时集士港有民生碾米厂，鄞江镇则建有鲍家磡五星禾记打米厂，鄞西横街头建有集成米厂。此外，利用发动机进行碾粉的工具也开始出现在乡村之中。

为了避免全县米厂设置过多，造成无序竞争与资源浪费，30 年代初，鄞县建设局会同县党部、县政府制定并颁布《鄞县县政府管理机器碾米厂暂行规则九条》，具体规则为：

第一条，本规则凡在本县境内以机器碾米为营业者均须遵守。第二条，凡欲在本县境内开设机器碾米厂者必须开具下列各款，呈请县政府核准备案：一、厂名，二、地址，三、组织方式，四、厂主或经理姓名，五、资本总额，六、工人

---

[1] 王慕民编：《宁波通史》（民国卷），宁波出版社 2009 年版，第 289 页。

[2] 《鄞西拟办打米厂》，《时事公报》，1925 年 2 月 29 日。

[3] 《黄古林打米厂开幕》，《时事公报》，1925 年 4 月 23 日。

[4] 《鄞西凤岙市设立打米厂》，《时事公报》，1925 年 12 月 17 日。

数目，七、动力机器种类及部数，八、米车种类及部数。第三条，碾米厂呈请地址如有下列情形之一者，不准开设：一、同一区域内已开设有碾米厂足以供该区域需用者，二、有碍公众卫生者，三、有碍公众安宁者，四、有其他妨碍者。第四条，县政府据设立人之呈请后，经审核查明而无上三条各款规定情形之一者，准其设立，如已经呈准请求迁移者亦同。第五条，凡呈准设立之机器碾米厂，由县政府给予营业执照，始准营业。第六条，县境内原有机器碾米厂经申请本政府登记，并经审核查明而无违反第三条各款之规定者，准给营业执照。第七条，前两条规定之营业执照，每厂应缴费一元。第八条，违反本规则任何一条者，本政府将依法处罚或勒令停业。第九条，本规则经县党部县政府会同议决通过后由县政府公布施行，并呈报建设厅备案，其修正时亦同。[1]

当然政策的出台需要实践的检验，当实际情况发生变化后也应进行调整。如《鄞县县政府管理机器碾米厂暂行规则九条》施行5年后，考虑到实际情况有变，于1936年3月由当局明令予以废止。[2]

纺织、编织业是近代鄞西重要的手工业，进入民国后这一领域也出现了一些采用机器生产的工厂。如1925年底，"鄞西西乡新庄地方，元利酒栈，近因营业失败，业已停开，所有房屋数十间，现由万缆桥商民朱茂生纠集资本数千金，即在该处开设织布厂一所，定名曰美纶，业已招集女工于昨日开机，所出布扣子，闻甬上各布庄均甚欢迎云"[3]。采用机器生产的草席厂也在鄞地出现，"自民国四年抵制日货，邑人始有新式工厂之创设，织制之术亦见改进，兹可分为土席、改良席、软席三种"[4]。还有1925年3月间"鄞县西乡商民张石棠鉴于本乡所产之席草，价廉物美，用以制席，获利必丰，特于前月间组织制席公司一所，定名宴安。兹悉该公司筹备业已就绪，定于本月十八日开始制造，此亦实业界之好消息也"[5]。进入30年代，鄞县县政府鼓励乡村各地设立工厂，"督促各村里委员会劝导资方投资，就各

---

[1]《鄞县境内新订管理规则九条》，《宁波时报》，1931年4月16日。
[2]《鄞执委会同意废止管理碾米厂办法》，《时事公报》，1936年3月28日。
[3]《鄞西新庄开设织布厂》，《时事公报》，1925年12月23日。
[4] 张传保、陈训正等：《鄞县通志·食货志》，成文出版社1973年版，第60—61页。
[5]《鄞西草席组织公司》，《时事公报》，1925年3月14日。

采用新式电动机的碾米工具（中间安置有电动机）

该村所有手工，为编草帽、织席、织帽、毛巾、织布等，聘用技师加以指导改良，设立小规模工厂，务须普遍于全县，以利贫民生计而增生产"[1]。"就鄞县东南西三乡各设立工厂一所，定名为鄞县县立第几工厂，酌量地方情形、经济状况分别先后成立。"[2] "工厂开办费由各该乡地方人士筹募，其常年经费由县政府在新增建设经费项下通盘筹划。"[3] 此外鄞西一度设有造纸厂，据《鄞县通志》记载："鄞江桥有人设厂制造，纸质颇佳，但因受东洋纸影响，销路停滞，先后闭厂，为可慨也。"[4]

石料、矿石开采在鄞西历史悠久，进入近代也开始使用机器开采。鄞西多山多石，特别是著名的石料开采地鄞江。《鄞县通志》载："鄞邑产建筑石材之处则有数处，就中以鄞江桥镇附近采石最盛，名曰小溪石，离鄞江桥十余里之梅园山，产者名曰梅园石。"由于小溪石材质良好，"故工程经济，石料便宜，旧宁属以此铺路及充坟料者极多，产量可见一斑。梅园石色棕灰，质细密，多用作雕刻碑碣等细工材料"[5]。鄞西地区所产石料主要是小溪石。小溪石是火山碎屑岩，难觅大块石料，大多凿成长条石、方石板之类，作为修建甬城宅第、桥梁等的建筑用材。

1947年初，刘师尊曾对鄞西岩山的石料开采有这样的描写：

---

[1] 张传保、陈训正等：《鄞县通志·工程志》，成文出版社1973年版，第24页。

[2] 孙善根：《二十世纪三十年代鄞县奉化县情调查资料辑录》，宁波出版社2016年版，第237页。

[3] 孙善根：《二十世纪三十年代鄞县奉化县情调查资料辑录》，宁波出版社2016年版，第237页。

[4] 张传保、陈训正等：《鄞县通志·食货志》，成文出版社1973年版，第28页。

[5] 张传保、陈训正等：《鄞县通志·食货志》，成文出版社1973年版，第73页。

第二章
近代鄞西经济变迁

岩山是有名的小溪石产地。谁也不会想到采取石块会是一件困难而危险的工作。岩山远远地望去像张着大口的野兽。走近山岩，一种原始的恐怖射来，山岩仿佛要倒下来的样子。但不能喊"危险"，开岩的人禁忌这个不祥的名词。走进岩里，里面布着黑暗，在黑暗中眼睛失去了作用，长久长久，方始看清那是怎么伟大的成就，开岩的人费去毕生甚至数代的气力从事这项工作。四五条柱脚支持了无可估计的负荷，撑起开岩人的生命。凿石的金属声叮当，就在那样的声音中填没了他们宝贵的年华。寥寥的几个开岩人穿着过分厚的布衣，连胶带腿部包起来，那是用来接受石片的飞来，铁锤在石块上射出火星，原始的人和自然搏斗的成绩惊异了多少都市人士。据说石块的最大用处是"作寿域"，但是现在不好了，有钱的老板也做不起了，八年战争逼着开岩人改行。他们说：从前开岩的人才多哩！似有不胜今昔之感。岩山的黄金时代已过去了。[1]

这多少让我们看到了传统的石料开采场景，当然这里我们关注的是近代石料开采方式的变化。早在1910年，鄞西一地就采用机器排水，开采矿石。1910年10月1日《四明日报》报道说："鄞江桥地方有悬磁岩，石质良美，雇工开琢，获利不啻数倍。嗣因开宕之后，深逾十丈，以致积水不少，前用田家牛车出水，耗费颇巨。现经朱君珊笙邀集就地绅董，筹集股款，购用机器车。据闻以此车出水，既可省费，而且收效较速云。"[2]据30年代鄞县社会经济调查资料，机器的使用为鄞西石料业带来了较好的效益。"鄞县工业之中石料亦为出产之一，以产地言为鄞江桥、梅园等处；以品质言，为工业中之最优者，且优于其他各处石料；以产额言，年可值二十万元；以用途言，为建筑材料中之最佳者。"[3]相比石料开采，鄞县地区金属矿产相当稀少。"县东东钱湖福泉山龙潭坑地方产有少量的黑色页

---

[1] 刘师尊：《鄞西的岩山》，《时事公报》，1947年2月12日。
[2] 《鄞县改用机器车出水》，《四明日报》，1910年10月1日。
[3] 孙善根：《二十世纪三十年代鄞县奉化县情调查资料辑录》，宁波出版社2016年版，第98—99页。

清末鄞江采石场遗址（黄友平摄）　　1870年前后停泊在鄞江桥河边运输石料的木船

岩，因其色黑似煤，有人认为煤矿，其中虽有几许炭分，但未可充作燃料"。但在鄞西地区却有几处，随着机器的使用，开采量较大，"在县西南五十里的锡山曾产锡，县西南六十里的银山曾产银，均无矿苗可找，且银实为方铅矿之误（因其色黑相近）"。[1]

时至20年代末，印染厂这一现代工业也出现在鄞西南塘河上。1929年9月创办的"恒丰染织厂"，兼营染布和织布，以生产布匹为主，系宁波颇具规模的早期股份制企业。工厂的颜料来自德国和英国，纱线来自上海，年产布匹72000匹，在1932年营业额已达100万光洋，有工人453人。[2] 其中"识字工人只有100名，文盲却有353名"[3]。值得关注的是，在恒丰染织厂经营过程中出现的"三年一次提盈余，十分之四按工资额分配"的分配制度。对此曾长期担任当代股份制企业高管的周时奋颇为激动，他说由于文献的缺乏，我们不清楚这一提成到底在一个什么样的范围内实施，但决不是股东的分红。[4] "能够将40%的盈余利润拿出来作奖励式分配，这确实是一项十分人性化的管理措施，甚至现在的企业都

---

[1]　《鄞县概况》，《近代鄞县史料辑录》，天津古籍出版社2013年版，第347页。

[2]　周时奋：《风雅南塘》，宁波出版社2012年版，第178页。

[3]　周时奋：《风雅南塘》，宁波出版社2012年版，第178页。

[4]　周时奋：《风雅南塘》，宁波出版社2012年版，第178页。

达不到这个比例。"[1]他认为这一举措的出现正是30年代经济危机后全球达成善待职工这一共识的表现。

其间,鄞西还建有电灯厂、药棉厂、布厂等近代企业(详见下表)。其中电灯厂,1925年前后鄞江一地即设有两家。据1926年6月3日《时事公报》报道,鄞江绅商鲍存羊出资四千四百元,于1925年成立电灯公司,厂址设于鄞江苏家某店旧址。[2]1926年,鉴于绅商鲍存羊创建电灯公司发展良好,绅商朱晋卿、王智武等40余人,在自治公所开会,拟筹集八千元,在鲍家岙五星禾记打米厂内设立明光电灯股份有限公司,并准备在中秋前开业。[3]

表11　鄞县乡区工厂一览表(1932年)

厂名	地址	出品种类	资本额	产量
纬新布厂	莫枝堰	棉布	5000元	10000锭
韩岭烟厂	韩岭时	卷烟	2000元	150箱
渭丰布厂	西乡白龙王庙	线尼高布	5000元	1500箱
露香食物分厂	横溪	罐头笋	—	—
付祥记布厂	姜村	棉布	—	—
洽成纱罩厂	周韩	纱罩	—	—
东吴绷布厂	东吴	绷布	—	—
明光电灯厂	鄞江桥	电灯	—	—
志成药棉厂	鄞江桥	药棉	—	—
成生布厂	姚家浦	布	—	—

资料来源:张传保、陈训正等:《鄞县通志·食货志》,成文出版社1973年版,第54—55页。

从表中可以看到,即使是整个鄞县乡村,不仅乡村工业数量较少,规模和资本也较为有限。就当时宁波范围内看,近代工业结构、数量和规模也是如此。不过近代工业的出现对鄞西发展的意义值得关注,正如学者小田所言:"从机器的

---

[1] 周时奋:《风雅南塘》,宁波出版社2012年版,第178页。
[2] 《鄞江镇将办电灯厂》,《时事公报》,1925年12月27日。
[3] 《鄞江桥亦将开办电灯》,《时事公报》,1926年6月3日。

使用开始,工业劳动组织、工业结构乃至整个经济活动方式都会发生演变,现代化设计由此产生。"[1]鄞西经济近代化正是由此迈出坚实的一步!

二、近代工业的影响

虽然近代工业对鄞西经济带来的影响比较有限,却让乡民真切感受到了近代工业文明所带来的冲击,最为明显的是碾米工厂的出现。事实胜过雄辩,机器碾米的快捷方便与价格优势使人们纷纷采用。"开车碾米厂完价食谷每担中储币三元五角,沙口每担百斤四元,较木砻为便宜,致客户纷集。"[2]而当人们逐渐接受这一切的时候,就难以离开它了。这从1942年10月间鄞江桥伟源碾米厂停业引发的不安中可见一斑。该厂"向用柴油引擎,后因柴油来源断绝,停业许久,遂将机器拆运至甬全通机器厂,改制木柴引擎,本可于早稻时装置完成,但因某种机件须待沪废购配,致延迟达数月。一般农户因米厂停业,甚觉不便,该地农民,莫不仰首以待,早日复业……各客户无不望米机而兴叹"[3]。

由此可见近代工业给人们带来的生活便利感,当人们逐渐接受他们时,无形之中已经难以回到原有的生活状态中去了。近代工业的出现,对于传统经济特别是手工业的破坏是无可争议的事实,尽管它也给传统手工业带来了某种生机,但近代工业推动下的贸易关系使得手工业常常受到市场的影响,表现出明显的波动,原来固守乡村的乡民不得不离开故土寻求谋生之技。"随着农业劳动的剩余产品迅速接近于零,他们就会把劳动力转移到更多的生产领域,乡村工业正好提供了这样一个机会。"[4]需要说明的是,鄞西本地工业不可能吸纳这么多乡民,更多的人走出鄞西,赴城区或外埠就业。

鄞西近代工业的出现使乡镇社会原有的经济结构开始发生变化,同样重要

---

[1] 小田:《江南乡镇社会的近代转型》,中国商业出版社1997年版,第73页。

[2] 《鄞西伟源碾米厂机器一度修竣》,《上海宁波公报》,1942年10月16日。

[3] 《鄞西伟源碾米厂机器一度修竣》,《上海宁波公报》,1942年10月16日。

[4] 彭南生:《半工业化:近代乡村手工业发展进程的一种描述》,《史学月刊》,2003年第7期,第106页。

的是随近代工业出现而形成的工人群体。据《鄞县通志》对30年代鄞西地区第六、第七两区人口职业的统计，当时这一地区工人数量达到1万5千多人。这意味着原先与乡土联系紧密的劳动力开始向新式工业转移。"农业部门的劳动生产率一般低于非农业生产部门，劳动力从农业转移到非农业部分，意味着产业结构的高度化，农业经济必然较快增长。"[1] 由于鄞西地区人多地少，土地的产出量是有限的，而能从事手工业的人数亦是如此，因此这部分劳动力转移的意义在于创造出新的社会价值。正如学者小田所言："劳动力的转移，并不影响产出总量；劳动力转入工业的产出，必然增加乡镇社会的经济总量。"[2] 伴随着这一变化更重要的是人们思想观念与生活习惯的变化。这种影响可以说超过物质层面的影响。限于史料的不足，我们难以全面了解近代工业对鄞西人观念的重大冲击与改变，这里不妨借用周时奋评价南塘河工业兴起后对南塘人家影响时的一段话，以窥其一斑："我们之所以要提那一段历史，是想说明历史的南塘河也随着中国近代化的步伐，一点都没有落下。也就是从那时候起，南塘人家的作息起了变化，有人开始改变了两千年'日出而作、日落而息'的习惯，融入了'三班倒'的程序。也有些，南塘人家开始有上下班的概念。"[3] 可见工业文明对人们千百年来的习惯与观念造成的冲击是强有力的，当然鄞西如此，其他地方也如此！

一般来说，一地工人的工资主要由本地经济发展水平、供需关系等因素决定。"从工人工资看，与上海相比，宁波劳动者的工资十分低廉，因为当地工业不发达，劳动力供给比较充裕，尤其是妇女劳动力。"[4] 相对来说，城区工资较乡区为高，为此我们转录和丰纱厂的工资标准以作为鄞西地区工人工资水平的参照系。

---

[1] 小田：《江南乡镇社会的近代转型》，中国商业出版社1997年版，第105页。
[2] 小田：《江南乡镇社会的近代转型》，中国商业出版社1997年版，第106页。
[3] 周时奋：《风雅南塘》，宁波出版社2012年版，第178页。
[4] 《宁波社会经济概况》，《近代鄞县史料辑录》，天津古籍出版社2013年版，第235页。

 鄞江安心药水棉花厂旧址
 鄞江纬泰轧米厂旧址

资料来源：陈思光编：《历史名镇：鄞江桥》续编四，地方掌故参考资料，第47、49页。

表12　和丰纱厂工人工资表

性别	年龄	熟练程度	日工资
女	12岁至15、16岁	进公司一年左右	1角5分
	15、16岁至20岁	几年工龄、熟练	2角—2角5分
	20岁以上	相当工龄、熟练	2角5分—3角
	20岁以上	连续多年工龄、熟练	3角5分、3角6分
男	15岁以下		2角
	15岁以上	相当工龄、熟练	3角
	20岁以上	连续多年工龄、熟练	4角5分

资料来源：《宁波社会经济概况》，《近代鄞县史料辑录》，天津古籍出版社2013年版，第235页。

除了固定性工资外，一般工厂还会根据每个人的勤奋和懒散情况，发放若干奖金。另外，伙食费一般由职工自己负担，茶水由公司供应。[1] 就鄞西米厂工人工资看，原先"工人等所取工资价目，分为两种，闲期（正、二、三、四、五）五个月，每日定大洋二角四分，忙期（六、七、八、九、十、十一、十二）七个月，每日定大洋二角六分"。[2] 根据物价水平，米厂工资也会作相应调整，特别是20世纪30年代乡村危机爆发后，经常发生工人要求涨工资的事件，工资也有提升。如1925年8月间，西乡米工"为百物昂贵，度日维艰"，集议要求"自本年忙期为始，每日增加工资大洋六分（每日大洋三角二分计算）"。[3] 差不多与此同时，西乡米工崇义会纬字分会代表徐厚春等，"前日具呈县公署，请加工资以保生计"。[4] 最后在官府的协调下，此次加薪以工人要求得到满足而告结束。

进入南京政府时期，鄞西诸多米厂都加入同业公会，故工人的雇佣及工资的数额等问题均需要工会与同业公会开会决定。如1947年7月间，鄞县碾米业职业工会与粮食同业公会，双方为临时雇工用法及工资案，"屡经县政府召集协议，……决定各米厂商，如因一时工作忙碌，会员不敷分配时，可嘱头脑酌雇临时工人。惟事先须向工会办理登记手续，如头脑无法介绍，须报请工会介绍，倘工会无法介绍时，得由厂方自行雇用，亦须向工会办理登记，惟其工作时间不得超过一个月，有特殊情形者不在此限，工资由劳资双方自行协定后，呈报备案"。[5]

---

[1] 《宁波社会经济概况》，《近代鄞县史料辑录》，天津古籍出版社2013年版，第235页。
[2] 《米工请加工资不准》，《时事公报》，1925年8月13日。
[3] 《米工请加工资不准》，《时事公报》，1925年8月13日。
[4] 《请求加资之再接再厉》，《时事公报》，1925年8月24日。
[5] 《米厂临时雇工案县政府昨重行会商》，《大报》，1947年7月31日。

第三节　商贸业的繁荣与嬗变

近代以来，鄞西乡村经济商品化水平日益提高，并与国际市场密切关联。与市场尤其是区域外市场的高度依存是近代乡村商品经济发达的一个重要特征。受内外因素影响，近代鄞西与宁波其他地区一样，市镇得到了较大的发展。据研究，仅19世纪下半叶宁波的腹地中就新设了几十个定期集市，一个稠密的集镇网已经扩展到了整个宁波平原。[1] 毛泽东在论述外国资本主义入侵对我国传统经济的影响时提出："一方面，破坏了中国自给自足的自然经济的基础，破坏了城市的手工业和农民的家庭手工业；另一方面，则促进了中国城乡商品经济的发展。"[2] 市镇经济的兴衰是外国资本主义对我国传统经济作用的一个指示器，因为在传统社会经济结构中，市镇是面向本地乡镇的经济中心，主要面向上一层次的区域，且限于国内。而到了近代，乡镇经济更多的是被融入国际市场，与口岸城市建立了较为直接的贸易关系，上一层次区域的兴衰必然影响下一层次区域的经济情况，最为典型的就是通商口岸地区乡村商贸业的变迁。

一、近代鄞西市镇变迁

一般来说，市镇发展状况直接体现了城乡关系以及农村经济发展状况。在江南社会，市镇这一中间市场因有较为发达的水系和陆路运输，在近代社会环境中较早与国内、国际市场发生关系。在这一过程中，市场的活力尽可能地被激活，同时"市镇开始由以家庭手工业和简单化商业流通为特征的乡村经济中心向近代工

---

[1] 邱枫：《宁波古村落史研究》，浙江大学出版社2011年版，第145页。
[2] 李占才：《当代中国经济思想史》，河南大学出版社1999年版，第14—15页。

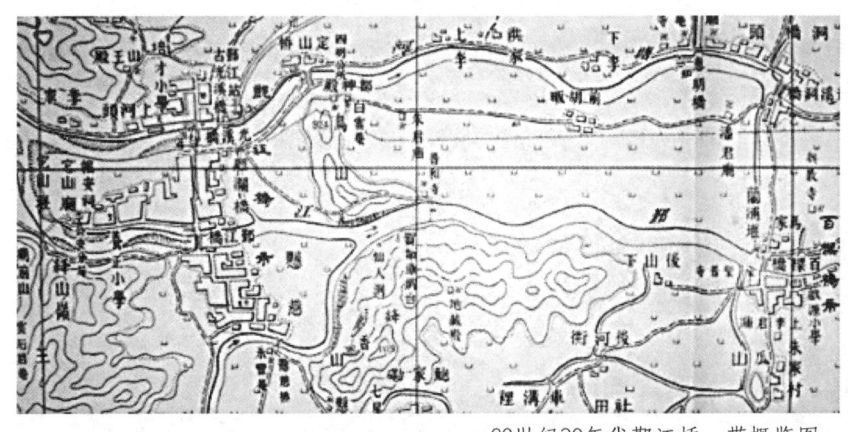

20世纪30年代鄞江桥一带概览图

商业城镇转变"[1]。近代鄞西市镇就是在这一背景下得到了较快发展。

传统江南市镇互相间具有一定的层级关系，包伟民认为，作为方圆二三十里乡区的商业中心，能够直接与更上一级市场即县邑市场（中心市场）相联系者，为中间市场（镇）；腹地较小，仅为周围数村农户交换一般生产生活资料之需的小市场，为基层市场（市）。在县邑市场（中心市场）之下，往往有数个乃至十数个中间市场、数十个基层市场。这些规模不等的商业聚落形成了一个市场网络，将江南农村的每一个角落与外部世界联系了起来。[2] 显然，广大的鄞西地区分布着基层市场（市）和中间市场（镇）。前者既可以是定期集市，也可以是村市，一般所覆盖的范围小，是最小的经济地理单元；后者则是比前者高一层次的经济地理单元中心地，而与其联系紧密的更高一层次的中心市场便是鄞县城区即宁波城了。

近代以来鄞西商业中心主要有西乡的黄古林、凤岙市、前虞埠、集士港、横街头等处，西南乡的鄞江桥、栎社、石碶等处，其中以石碶、鄞江桥、黄古林等市镇最为兴盛。

鄞江镇是鄞西地区最为重要的市镇之一，素有"四明首镇"之称。由于西

---

[1] 尹铁：《浙商与近代浙江社会变迁》，中国社会科学出版社2010年版，第198页。
[2] 包伟民主编：《江南市镇及其近代命运 1840—1949》，知识出版社1998年版，第322—323页。

19世纪70年代的鄞江一角

部山区与外联系的通道大都要经鄞江桥市，其地理位置的优越性决定了它经济腹地的广阔性。四方产品在这里汇集后通过鄞江运至县城，然后从县城运回该区需要的生产生活用品。因此，该地就成为东西平原与山区商品交流的重要集散地。市场的扩大是交易兴旺的结果。"西部山区的天顺、周家、陈家、邵家、恒村、大庄、王家潭村、后朱村、后隆街、庙根村、樟村街以及周围的村落，都在其市场区域内，其腹地之广大在鄞县各集市中首屈一指。"[1] 此外，除樟村每年有一个廿六市外（农历十二月廿六），鄞江以内龙观、章水两乡镇以及余姚市大岚、中村等地的一百多个大大小小村庄近万户人家，一年到头没有一个集市，山农的竹木山货、农副特产，必须要到鄞江销售，人们的生活和生产资料、日常用品大多数要来鄞江采购，鄞江自然地形成了一个商品集散中心和贸易市场。鄞江除定期集市外，尤以庙会集市著名。它山庙庙会的形成，吸引了鄞西各乡镇乃至邻近各县乡民商贩前来赶集求利。

黄古林地处鄞县西南乡平原地带，河港纵横，四通八达。据《鄞邑莼湖龚氏宗谱》载，清朝中叶（1800—1810）古林龚家村席商龚光昶，首先在古林开设"仁记席行"，不久其侄龚筱阳在古林开设"久康席栈"，后在上海开设"德泰席店"，生意十分红火，并用盈利在家乡创办"毓香书塾"，造福桑梓。[2] 从五港桥的东桥坡至鸭蛋桥区域是清、民国时期非常热闹的草席交易市场——席行基。每

---

[1] 陈吉光：《民国时期宁波集市研究》，宁波大学硕士学位论文，2011年，第38页。
[2] 俞舜民：《鄞州草席史话》。

逢农历三、七、十集市，方圆几十里的席农，半夜鸡叫出门，肩背席子，手提灯笼，绕着弯弯曲曲、高低不平的羊肠小道，匆匆赶赴集市。至拂晓，集市早已人群簇拥，人声鼎沸。对于昔日黄古林集市的兴旺景象可以当时民谣为证："十日三市闹猛多，鸭蛋桥头挨过，席子卖掉现钞过，买鱼买肉回家驼（拿），有囡要放黄古林，放在宁波差不多，年老顶好囡屋里，市集如过小生日。"[1]

至今席行凉亭石柱上仍刻有"橡影倒映三面水，人声遥接五更鸡"的楹联，反映了当年贸易的兴旺。[2]该镇长达千米的南北街河及五港桥畔沿河石板上留存近百只带船缆孔，更见证了百年席市的兴衰起伏。光绪《鄞县志》载：鄞西黄古林，以产席著名，为开拓席业，清嘉庆三年（1798）里人施博久，助剑墩地一所（今黄古林五港桥东首），作草席交易市场（俗称席行跟），在集市设有席行二十三家，每年产席千余万条，金

黄古林兴隆席行旧址

昆房席行旧址

（图片引自：吕海庆主编：《中国席乡古林》，当代中国出版社2004年版，第38—39页）

---

[1] 俞舜民：《鄞州草席史话》。
[2] 俞舜民：《鄞州草席史话》。

额达五百余万元，每年输出为县产第一，畅销苏、鲁、皖、闽、粤等省及津、沪、汉等大城市，外销远至日本、南洋列岛及欧、亚、非各国，皆经行商收买转销各埠，营业称广。[1] 栎社也是鄞西一处重要的市镇。栎社是鄞西草席大宗出产地，每到草席收购之际，邻近妇女便负荷草席群集新凉亭市场，供沪甬客帮收购。1941年4月宁波沦陷后，栎社席市停顿，"致农村经济备受摧残，为谋复兴农工业，发展农村经济计"，1945年抗战胜利后即予恢复。"经乡务会议决议,定本月八日开市,以后每逢农历五、十，为草席集市日期，仍循旧例，由织席机户，席业商行，双方自由买卖云。"[2]

乡区集市是民国时期鄞县集市的主要组成部分，其间，鄞县各地集市均有较大的发展，第6—10区在原有集市的基础上增加了20多个。其中六区当时有集市15个，七区8个，八区28个，九区14个，十区15个。[3] 因此，这几处市镇的发展程度代表了鄞西地区的商品经济发展水平。这里我们不妨看一看鄞西几处主要市镇的具体情况：

表13　30年代鄞西地区集市情况

市镇名	凤岙市	横涨桥	栎社	石碶	鄞江桥	黄古林
位置及距城里数	西乡五十里	西乡四十里	西南十五里	西南十里	西南五十里	西南三十五里
商店约数	—	三十	七十	五十	六十	八十
主要商业	竹	—	—	席草、席	蚕丝、贝母	席草、席
市集日期	—	十、四	七、二	九、五	—	十、三、七
运输方法	帆船	—	—	—	汽车、帆船	帆船

资料来源：《浙江省各县镇商业概况调查（鄞县）》，《近代鄞县史料辑录》，第139页。

---

[1] 俞舜民：《鄞州草席史话》。

[2] 《栎社恢复草席市场》，《宁波日报》，1945年6月7日。

[3] 陈吉光：《民国时期宁波集市研究》，宁波大学硕士学位论文，2011年，第17页。

值得关注的是，鄞西地区的市镇与开埠前最大的变化，即在规模和集日之外所出现的固定商铺。这是中间市场市场服务能力提升的表现，也是这些集镇城镇化发展的特征。集市中固定商铺的出现和增长，说明此时期的乡区经济已经足以维持一些固定店铺，是基层市场对乡村市场需求刺激的反应。[1] 由此，这些著名的市镇依靠便捷的内河航运发展成为商业发达的中间市场。

市镇经济的发达程度在很大程度上可以通过本地区商店数量及规模、人口消费程度、贸易和金融规模，以及从事工商业的人口数量等指标得到反映。就商业具体情况看，近代以来，鄞西地区工商业主要集中在以上几处市镇。至于商店种类最多的是饮食店与饮食品贩卖业、草席制品店等日用产品杂货店。[2] 至1932年，鄞西地区商店数目达到419家，其中西乡261家，西南乡148家，而鄞县的东乡、东南乡和南乡共有417家，鄞西占鄞县乡村商店数的一半，可见其商业发展的程度。其中樟村、鄞江、凤岙、横街、集士港、高桥、古林、栎社、石碶等20个乡村的商店都在15家以上，其中古林、凤岙、栎社、鄞江等大集镇的商店超过80家，鄞江则有160余家。具体看，西乡的黄古林有固定店铺40个，凤岙市有固定店铺34个，横街头22个。[3] 西南乡的鄞江桥固定店铺尤多，达到44个，栎社市和石碶市分别为32个和23个。[4] 逢集之时，这里的营业店铺会急剧增加，以黄古林市、凤岙市、鄞江桥市为例，集日店铺数量曾达到81家、98家和160余家。[5] 这些商店经营内容广泛，涉及饮食、医药、日用品、服装、燃料等领域。如鄞西前虞埭恒生布店、同道区上王王源兴杂货店、同道区上王王源和小店、同道区西杨张源和米店、白龙王庙后首洪凉帽行、鄞西中兴村洞桥头富康药店、樟村上街头顺丰祥洋布杂货店、童家横裕源盛米店、集士港春成拆衣铺、栎社汤宏生米店、鄞江乡梅岙周五丰布庄、鄞江桥钟家湾周家崔益大杂货号、集士港镇义南

---

[1] 陈吉光：《民国时期宁波集市研究》，宁波大学硕士学位论文，2011年，第26页。
[2] 周时奋主编：《鄞县志》，中华书局1996年版，第748页。
[3] 张传保、陈训正等：《鄞县通志·食货志》，成文出版社1973年版，第120页。
[4] 张传保、陈训正等：《鄞县通志·食货志》，成文出版社1973年版，第121页。
[5] 张传保、陈训正等：《鄞县通志·舆地志》，成文出版社1973年版，第796—797页。

1924年鄞江桥新万成洋货庄印制的新年挂历

货号、祥懋米号、复兴南货号、乐震大号、春成号、樟村街宏源染坊、石塘街宝大杂货铺、石碶吴黄林生米店、藕缆桥同德号杂货店、吴黄村吴余生米店、樟村上街头洋布杂货店等等，都曾是当地著名的商号。随着市镇商店数量的扩大，这些地区周围就形成了本地的重要商业区，这些商店不仅便利了乡民的生活，而且提升了市镇的地位，如"鄞西凤岙，市肆紧茂，商铺林立，为西乡名镇之一"[1]；又如"鄞西西乡黄古林镇，为出席要区，商业人烟，向称繁闹"[2]。

表14 《鄞县通志》有关20世纪30年代鄞西、鄞南乡镇市集数据表

区别	乡镇	市集	市集商店数（家）	常设店肆数（家）	附属村庄数（个）	户数（户）	口数（口）	集市区人口数（人）
第六区	卫民乡	望春桥	30余	11	11	371	1537	—
		石碶	75	23	12	661	2643	—
	高桥乡	高桥	30余	20	22	817	2974	—
		十字港	70	6	11	553	2311	—

---

[1] 《鄞西凤岙市况》，《时事公报》，1928年7月11日。
[2] 《黄古林鸿安轮已开行》，《时事公报》，1927年3月15日。

第二章 近代鄞西经济变迁

续表

区别	乡镇	市集	市集商店数（家）	常设店肆数（家）	附属村庄数（个）	户数（户）	口数（口）	集市区人口数（人）
第六区	月塘乡	石塘街	20余	5	39	882	3392	—
		段塘	43	14	11	1083	4583	—
	秀水乡	卖面桥	24	32	23	579	2439	—
		栎社	90余	18	6	640	2347	1747
		樟村	—	40	3	913	3780	3480
		黄公林	81	14	4	218	989	—
		横涨桥	15	22	3	349	1273	—
		横街头	28	34	—	147	462	462
		凤岙	98	8	5	729	2523	1523
第七区	蜃蛟乡	蜃蛟弄	20余	8	—	409	1534	—
		前虞垾	20余	17	—	534	1844	1844
		鄞江桥	160余	44	1	564	2144	2144
	百梁桥乡	百梁桥	22	8	8	8	1772	—
		陈婆渡	47	10	—	969	3882	—
	桃江东、西乡	桃江	45	1	—	711	2882	2882
第八区	共和乡	高塘桥	28	9	5	240	1381	—
	张黄乡	王家井头	21	—	4	546	2141	—
		姜山	118	29	—	1454	6407	6407
	群安乡	陈鉴桥	19	—	1	446	1690	1590
	定桥乡	定桥	27	—	1	411	1676	1576
		张俞	25	—	3	412	1639	—
	徐李镇	徐东埭	40	11	2	500	2097	—
		胡家坟	53	10	—	361	1442	1442
		横溪	60余	22	—	246	932	932
		甲村	56	10	2	697	2817	—
		虎啸周	18	2	2	420	1393	—
		蔡郎桥	33	11	4	857	2286	—
		董家跳	50	2	3	533	2039	2039
		走马塘	32	3	—	457	2062	—

资料来源：张传保、陈训正等：《鄞县通志·舆地志》，辰编《市集》，成文出版社1973年版。

当然，尽管当时鄞西乡村商店数量上颇为可观，但对这类商店、商铺代表的市场经济发展水平不能估计过高。总的来说，"这类市镇基本上仍停留于乡村基层商业点的水平，它们主要受所在地区农村经济的影响，外来因素所起的作用不大。其近代转型，主要表现为随着农副产品输出的增加，与外界市场的联系有所增强，因而在一定程度上获得了新的发展动力，在数量上也呈不断增加之势"[1]。

就经营资本看，鄞西地区商店既有个人出资，也有个人合股经营，也有合作社性质的经营资本，如黄古林最大的德裕席行系由俞祥绥与他人合股经营。"鄞西樟村上街头顺丰祥洋布杂货店，系里人周阿七周阿昌各出资本七百五十元创设，已历十余载，由周阿昌兼任经理。"[2] 经营资本额度一般从数百元到万元不等。就各乡镇商店情况看，数量、规模、资本等都有着一定的差异。如商店数量上，"高桥商号章永源等二十家，集士港商号桐茂号十三家，卖面桥商号坤和等十一家，黄古林商号祥泰庄等三十一家"[3]。至20世纪初，黄古林地区大小席行星罗棋布，尤以"四大家、八小家"著称。其中，"四大家"首推俞祥绥的"德裕席行"，其在上海还开设了"德大席行"；其次是施文林的"昆房席行"；再是唐宝廷的"元兴席行"及韩伯章的"韩隆兴席行"。"八小家"分别是施世法、施阿银叔侄开设的"兴隆"与"兴昶"，施茂祥的"华孚"，施阿祥的"德泰"，还有陈升昌的"升昌"，陈茂泰的"茂泰"，宋雨亭的"雨亭"和原在"元兴"当伙计翁茂根的"裕兴"，此外还有施家蒋兆麒的"信泰"，张家蚌的"乃安""衽号"，石马塘的"恒升""闻裕泰"等，达32家。[4]

---

[1] 陈国灿：《江南农村城市化历史研究》，中国社会科学出版社2004年版，第315页。

[2] 《洋布杂货店经理上甬大事批货》，《宁波民国日报》，1935年10月9日。

[3] 《鄞西商店继起反对标卖里濠河岸余地》，《上海宁波日报》，1933年12月1日。

[4] 俞舜民：《鄞州草席史话》。

表15　1932年鄞县西乡西南乡商店统计表

区域	地名	商店种类及数量
西乡	黄古林	钱庄4，箦货1，席16，南货2，碾米2，鲜咸货2，中药3，洋广货2，油酱2，油烛1，布2，纸碗1，砖瓦1
	凤岙市	钱庄5，交通业1，洋广货2，绸布4，中药3，南货3，油酱4，鲜咸货1，杂货4，瓦2，碾米1，铁器1
	前虞垟	钱庄2，油酱2，鲜咸货2，箦货1，南北货2，布零货1，碾米1，洋广货1，中药1，席1，砖瓦石灰2，板木1
西乡	集士港	钱庄1，中药2，南北货5，砖瓦2，碾米2，杂货3，香烛1，水作1，布3，油酱2，鲜咸货1
	高桥	钱庄1，包菜1，箦器1，杂货6，碾米1，鲜咸货1，油酱2，砖瓦1，南货2，水作1
	横街头	钱庄3，交通业1，南货4，洋广货1，杂货4，中药2，砖瓦1，糕点1，油酱1，零货1，水作1，绸布1
	邵家渡	碾米1，杂货1，砖瓦石灰1
	卖面桥	砖瓦石灰2，南北货2，鲜咸货2，杂货3，租赁2，油酱2，中药1
	同家横	杂货5，碾米1，绸布1，鲜咸货1，南北货1，中药1，布厂1
	石塘	箦货1，绸布1，南货1，鲜咸货1，砖瓦1，中药1
	戴家	席2，碾米1，砖瓦南货1
	半路庵	南货1，中药1
	王家桥	南货1，中药1，油酱铁器1
	西杨	碾米1
	新桥	杂货1
	白龙王庙	布厂1
	望春桥	箦器1，鲜类货2，杂货2，南货1，油酱1，砖瓦1，碾米1，零货1，中药1
	东杨	席1
	车河	席1
	孙王	杂货1
	闻江岸	席1
	蜃蛟卫	钱庄2，席2，南北货2，中药1，杂货1
	蜜岩	南货2，鲜咸货2，染坊1
	里明堂	席1
	朱家桥	席1
	吴口	席2
	新庄	砖瓦1，租赁1，鲜咸货1
	青垫	南货1，杂货2，箦货2
	布政市	钱庄1，石作1，杂货1，南货3，布1，中药2，碾米1，零货1，木器1
	陈钞堂	席2
	石马堂	租赁1，席2，中药1，杂货1，南货1

续表

区域	地名	商店种类及数量
西南乡	鄞江桥	钱庄1，油车1，南货4，洋广货2，油酱3，木3，鲜咸货8，杂货3，绸布5，中药6，糕点，箕货1，砖瓦炭1，水作1，蔬果1，电气1，菜棉1
	栎社	钱庄2，油酱3，中药，鲜咸货3，南货6，杂货6，烛箔2，布，砖瓦1，水作1，碾米1，蔬果1，糕点1，板木1，牛骨1，零货1
	石碶	箕器2，南北货2，鲜咸货4，杂货5，中药3，油酱3，木器1，碾米1，零货1，石作1
	樟村	染坊3，杂货1，南货2，鲜咸2，绸布4，砖瓦2，油酱2，中药3
	百梁桥	杂货3，鲜咸货2，南货1，中药1，碾米1
	上王	油器1，杂货1，鲜咸货1
	祖关山	毛□1
	王家车头	绸布1
	横涨桥	钱庄1，鲜咸货2，砖瓦2，席2，杂货2，南货2，木1，油酱碾米1
	沙港口	零货1
	北渡	钱庄1，牛骨1，板砖1
	仲夏	南货1，烟酒杂货2
	韩家	席2
	段塘	南货1，杂货1，砖瓦2，烟酒杂货1

资料来源：张传保、陈训正等：《鄞县通志·食货志》，成文出版社1973年版，第119—122页。

从上表可以了解，当时商店经营的商品种类主要是人们日常生活所需，服务对象是附近的农民以及本镇的居民。其中市镇的商店必须供应农户日用的商品，工匠必能提供农户自家所无法完成的手工业制作。如果附近乡村农民没有一定的消费需求与购买能力，这些商店就难以生存。1949年，署名"干戈"者曾经对鄞西地区商店经营情况做过采访，从中可见一斑：

黄古林、布政市街上新开杂货店不少，据店主自称，生意很好，利润亦厚，每天有万把元进账。在市集那里做小生意的更多，所卖的都是美孚牌火油、双铃牌香烟、火柴日用品等之类。这里的乡民，原有做草席草帽的副业，但因销路困难

图27 耕余米店招牌　　　　　图28 悬慈街源泰米店旧址

（图片引自：陈思光编：《历史名镇——鄞江桥》续编四，第18、31页）

（从前那是专销上海、南洋诸地），故已处于停滞状态。[1]

进一步分析，近代鄞西市镇虽得到了发展，但与江南其他地区市镇相比仍有一定差距。从表中可以看到，鄞西地区的市镇主要还是定期性的市集，一般一周一次，而且各乡镇轮流进行，尽管各阶段略有不同，仍以定期集市为主，交易商品以席草、席、贝母等本地特色产品居多。这说明，在鄞西地区乡（乡村）镇（市镇）之间的关系中，乡村色彩较强。

由于地方利害关系，定期集市的时间安排也会引起市镇之间的矛盾与冲突，如鄞西王家桥与洞桥头就曾因日期问题大打出手。鄞西南北渡与横涨桥也曾因此而"纠纷多时"。1935年4月10日《时事公报》报道说："鄞西南乡北渡地方，创设卖席市面，与邻近四里之横涨桥市面冲突。就地公民为顾全各地机户买卖之苦衷，及免除双方意见之争执，曾一再设法筹商。"[2] 据说此次冲突是因"鄞西南北渡向拟将兴设市集，日期为四、八两日，与邻近横涨桥镇之向有市日相冲突。兹

---

[1] 干戈：《黄古林近况》，《宁波人报》，1949年9月8日。
[2] 《北渡横涨两乡市集纠纷调处未成》，《时事公报》，1935年4月10日。

闻横涨桥镇一般机户商民，为避免危机，拟由就地人士杨品瑜等于昨日会议善后办法。"地方政府经过调查，认为"辖内横涨桥镇，每逢四、八两日，为席商集市日期，织机户及商业买卖向称便利，历史悠久。今距该镇四里之北渡乡乡长孙宗葆等，议将横涨桥法原有市集日期，改迁于北渡举行。现就地机户商民群起恐慌，恐酿成如过去王家桥与洞桥头争执时期之覆辙"[1]。此事后来纠纷多时，最后在旅沪北渡商人孙梅堂与本地著名士绅张申之调停下，才圆满解决。[2]

20世纪20年代末期起，由于世界经济危机的爆发和国内政治经济形势的变化，鄞西市镇发展受到很大影响。如1928年8月6日《宁波民国日报》以"樟村市面不景气"为题报道说："鄞县樟村商务殷繁，为本邑西乡重要地段，类年以来，因受不景气影响，以致市面一落千丈，商民已陷岌岌殆危状态，殊难支持原状，商店闭歇者时有所闻。"[3]次年3月10日该报又以《鄞西商业不振》一文报道说："鄞西地方前虞墈地方，有馀和杂货店，开张一百余年，就地人士素所信仰，今受农村经济影响，亏负二万余元。同村之互昌南货铺、洞源灰厂、松茂木行、裕丰杂货铺等共五家，亦均营业不振云。"[4]可见，受经济大环境影响，鄞西市镇趋向萧条，难以独善其身。

二、近代鄞西贸易形式与组织

"山自西来水过东，碧溪两岸一桥通，垂帘卖酒联成市，杨柳青青花自红。"这是宋代诗人描写鄞西桃源古桥的诗句，向我们描绘了鄞西水乡小桥、流水、集市这一美好的画面。[5]著名社会学家费孝通认为，"乡镇贸易区域的大小决定于运输系统——人员及货物流通所需的费用和时间"。鄞西发达的水路交通，一方面促进了本地贸易的发展，另一方面也使得本地较为明显地受到国内外市场的牵制与

---

[1]《鄞西两市集日期冲突》，《时事公报》，1935年4月3日。
[2]《鄞西北渡村市期又变更》，《宁波民国日报》，1935年7月15日。
[3]《樟村市面不景气》，《宁波民国日报》，1928年8月6日。
[4]《鄞西商业不振》，《宁波民国日报》，1929年3月10日。
[5] 杨古城、曹厚德：《四明寻踪》，宁波出版社2002年版，第92页。

第二章
近代鄞西经济变迁

依水而居、因水而市是鄞西水乡常见的风景

影响。

市镇内部、市镇之间、城乡之间是市镇贸易发展的主要形式。长期以来，鄞西地区沟通贸易往来的便是较为发达的水路运输。志书称"鄞县山区交通极不便利，林木及林产品远销均赖人力，西部山区多溪流，山区遂将竹、木编筏，运至平原或城区集散。水流平缓时节，竹筏、木筏一溜长队，越大小两皎、樟溪、鄞江（外塘河），顺流而下，曲折蜿蜒，直至宁波南门浩河头，其情景颇为壮观"[1]。在鄞西贸易活动中，谷物是一个大宗商品。由于鄞西不少地方"山多田少，产谷无多，粮食甚缺，平时惟藉运销竹笋换粮食，销路不旺，则粮食即有匮乏之虞"[2]。交易的稻米一部分为本地所产，另一部分是进口而来。进口稻米一般先由城区各米行购置，然后由市镇米行购销。由于运输成本等因素，城乡米价颇有不同。如1947年9月时，"宁波米价初售每石八十二元，未及一月，即涨至一百四十元，鄞江桥除价与甬相同，今亦不过每石一百二十元，相差有二十元之多云"[3]。但在战

---

[1] 周时奋主编：《鄞县志》，中华书局1996年版，第365页。
[2] 张传保、陈训正等：《鄞县通志·食货志》，成文出版社1973年版，第23页。
[3] 《宁波城乡米价悬殊》，《宁波民国日报》，1947年9月15日。

乱时，鄞西一地同样饱受粮价飞涨之苦，特别是在一些素不产粮之区，如1942年的樟村，人民已是粒食维艰。当时《上海宁波公报》报道说："到了现在百物昂贵米价飞涨百倍以上，在别处人民，家里若有了五亩以上的田，平时节省些，终能勉强过去，不致受饥饿。独有樟村几处人民，所种的贝母不可充饥，只好用贝母换钱来买米。但因米价高涨百倍以上，贝母的价钱却只上涨十数倍，加以种植方法不知改良，收获当然亦不能增加，茶与丝也因种植方法欠佳，销路不佳。因此人民生计更难，真是叫苦连天，较好的人家一日三餐，均以糠屑、玉蜀、番薯代替，次等人家一日只吃一餐二餐，可谓相当俭苦。"[1]

集市是乡村商业贸易开展的基础与主要形式。近代鄞西集市的发展与鄞西的自然条件和社会经济因素密切相关。优越的自然地理环境、发达的手工业、便捷的水陆交通以及浓厚的商业文化传统，促进了鄞西集市的发展。这一过程中，城乡经济互动对各地集市的分布与发展产生了重要影响。鄞西织席地区的各地集市中，如前虞垾村逢二、五、八集市，蠮蛟弄逢四、九集市，北渡逢一、六集市，凤岙逢二、八集市……均有席商、席贩前去收购草席，占农副业总收入25%～30%。[2] 显然集市的设立，既适应了当地经济发展的要求，又促进了经济的发展。

近代鄞西市镇仍然是以定期性的集市贸易为主，以集市为平台是鄞西市镇贸易最为活跃的因素。因此集市贸易的兴衰很大程度上反映了本地贸易的活跃程度。其中，以鄞江集市和它山庙会为主的集市活动颇具代表性。早在宋初，每逢农历三月三、六月六、十月十，鄞西乡民就已经举行由纪念它山堰建造者王元暐演绎而来的它山庙会，进而形成商贩云集的庙市，后一直沿袭下来。其间每当早晨庙会各柱首商酌"飘红"告众之后，商贩开始占搭帐篷，开张营业，下午庙会开始演戏。其中十月十它山庙会所演的戏称作"被戏"，全夜演戏，目的是让经济拮据的商贩节省旅馆客栈费用。这种集市活动往往将贸易与传统娱乐结合起来，因而广受欢迎，至今仍是鄞江一地商业特色。根据时节不同，集市贸易的内

---

[1] 双华:《今日的樟村》,《上海宁波公报》,1942年10月21日。

[2] 俞舜民:《鄞州草席史话》。

容也有不同,到了近代以后,集市贸易的产品与内容更加丰富。每当庙会日,商贩占摊搭篷,遍布鄞江镇要道,各类商品按地段排列,如官池墩卖竹器,苏义生路卖车板、车骨,主场卖犁椿、木料,许家桥卖陶玻璃品,桥弄屋卖旧衣料服装,庙内卖饮食、儿童玩具等。[1] 传统的庙宇周围人口聚集相对较多,因而成为很好的经营场所。如"鄞西黄古林庙首殿,向由该庙庙产保管委员租给该乡麻贩为黄古林市集,经营之场所总计不下五十余摊,每逢市集,买卖极盛,喧扰之声充溢庙宇"[2]。南京政府时期,地方政府加强对集市贸易的规范化管理,如建立检查登记制度。1948年6月间,上述黄古林庙首殿"自本月该鄞西区署进驻该庙二殿以来,因鉴于闹杂过甚,恐有歹徒乘机混入,为顾全市面繁荣及商民福利暨确保地方安宁秩序起见,特于本月廿六日(该地市集)会同鄞西警察所、古林乡公所在该庙办理麻摊检查登记,并布告各麻贩携国民身份证,向该署免费申请登记,藉以明辨良莠。闻下市起各麻贩未曾办理登记手续者,不准进庙设摊营业。"[3]

鄞西社会的商品化生产是以发达的市镇市场为基础的。"市镇市场吸引了来自各地的大批商人,他们一方面收购邻近农村的产品,使之纳入地区内部、跨地区之间和全国性的商品流通体系;另一方面又为专业农户提供所需的生活品和消费品,保证农户维持正常的生产和生活。"[4] 在近代鄞西贸易发展过程中,商行(牙行)扮演了重要角色。沟通本外地乃至国内外市场的商行,是近代鄞西贸易活动得以进行的不可或缺的环节。由此不仅与上海等大都市建立起直接的贸易联系,而且通过近代都市商行建立分行等途径,使鄞西的商业经营机制开始受到现代化因素的影响。正如一直致力于研究近代江南变迁的学者小田所言:"近代以来,特别是20世纪的商行把基于传统农业的乡村与近代工业城市联接起来,同时营业于传统的地方性市场和近代资本主义市场。它连接了两个世界。"[5] 在此,我们不妨以草帽贸易情况为例,来了解商行的具体运作过程:

---

[1] 周时奋主编:《鄞县志》,中华书局1996年版,第742页。
[2] 《古林麻贩混杂》,《宁波日报》,1948年6月28日。
[3] 《古林麻贩混杂》,《宁波日报》,1948年6月28日。
[4] 陈国灿:《江南农村城市化历史研究》,中国社会科学出版社2004年版,第228页。
[5] 小田:《江南乡镇社会的近代转型》,中国商业出版社1997年版,第158页。

草帽之销路，以欧洲各国为最。凡上海之洋商出口行，无不兼做草帽生意。就中以英商安利洋行、信记洋行，及德商鲁麟洋行、利捷洋行，四家交易为最大；法商永兴洋行，且于宁波江北岸槐花树下，设行收买。至于华商草帽行，除坤和、嘉泰直接运销欧洲外，其余皆由代理人转为兜销，代理人以住在上海者为限，一方代洋行帮向宁波定货，一方代各草帽行销售，定货者并不缴付定洋，若遇到期，不能交货，则洋商往往故意留难，任意跌价，且同业既无团结之心，而尤互相猜忌，致彼此减价廉售，外人乘之，更复吹毛求疵，以冀杀价。故近年草帽之生意，虽较从前为大，然获利已不如昔日之厚。加以贩户收到草帽，直接运往上海洋行帮，以为销售者，为数较草帽行更大。因贩户毫无开支，故成本较轻，而卖价亦较为便宜。虽洋商乐为收买，而宁波一带之草帽行，则大受其影响。至于定货付款，并无规定办法，洋商定货，多系来年预定，既不预付定洋，又不订立合同，若遇到期货已收足，往往托词退货。反之，若到期不能缴足，则要求华商赔偿，且货款非俟装船后不给，即付亦只有八成，其余二成货款，须待运到外国后再付。在洋商可以不需资本，便能营业，而草帽行则非用庄款，不能立足。故一般草帽行，资本不过五千元至二万元，而负担责任则巨至百万元以上，至所谓代理人者，除责交货及付款之义务外，享受九五回佣之利益。[1]

上述所谓代理人就是商行、牙行，从中我们可以看到其在中外贸易中的中介地位，以及近代鄞西经济受制于外部世界的困境。当然，其间市镇内部商行存在的弊端也多有暴露。早在1881年6月22日，《申报》就报道了这样一件事："宁波西乡黄公林地方皆系织席为业，席行伙赴该处收货，向用足底大钱，近则搀和砂壳每千三四十文或五六十文不等，且钱数缺少，迨盘剔补换，坚不承认，屡致

---

[1] 《宁波一带草帽业之调查》，《近代鄞县史料辑录》，天津古籍出版社2013年版，第11—12页。

地方争闹。"[1] 由于奸贩设计把持，商民均被扰害。为稳定市场，本地乡民"联名禀县请示垂禁，已蒙朱邑尊批准出示"。为此地方当局发文表示："如再有搀和行使等弊或被访闻，或被告发，定即锁拿到案，尽法惩办，决不宽贷。"[2] 又如，1925年2月27日《时事公报》报道说："鄞县西乡黄古林，为出席之地，市面通用，均以角子计算。近有施家某席行，串通街上严某所开小钱庄，将甬上双毫旗角，低价买进，发放各机户，以致一般本营业者，均受影响。就地公民施某，为顾全市面起见，昨特邀集席行各经理，公同妥议，决自本日起，各席行收买席子，不准搭用旗角，以维贫民生计云。"[3]

坐商和行商在这一贸易体系中起着良好的沟通作用。坐商是市镇贸易最为普遍的形式，行商是由商民上门收取的贸易形式。那些常年开张的店铺列肆即属于前者，也称"坐贾"，四方行脚贩夫之类的便是后者了。当然在市镇贸易中，乡民自行挑负卖于集市或城内是普遍存在的贸易方式。如"鄞县西乌岩等村，竹林漫岗，为出产毛笋著名之区，兹届春笋旺发之际，各山客纷纷担笋运甬销售"，因水运便利，故乡民担笋搭乘大隐航船来甬者颇多。[4]

在此值得注意的是，行业同业组织的出现，特别是各商行以同业公会的形式出现的时候，它们在市场贸易中所处的地位是近代以前的商行所难以匹及的。[5] 20年代后成立的宁波草帽业公会、草席业同业公会就在维护同业利益，推动行业发展与进步方面发挥了相当积极的作用。

为联络同业，早在20年代之初，鄞西草席业设有维新会这一行业组织，但因其"仍非具体的机关，固难团结"乡民，而"鄞县西乡出产以草席为大宗，大小席机不下五六十家，向无总枢纽提挈纲领，各自为政，营业日下，大有碍于小民生计"。[6] 1925年，鄞西栎社、布政市、象鼻桥等处居民，"以各贩客买卖草帽，人

---

[1] 《请禁小钱》，《申报》，1882年6月22日。

[2] 《请禁小钱》，《申报》，1882年6月22日。

[3] 《席行会议禁用旗角》，《时事公报》，1925年2月27日。

[4] 《蔬菜牙行欺凌笋客》，《时事公报》，1926年4月17日。

[5] 陈国灿：《江南农村城市化历史研究》，中国社会科学出版社2004年版，第228页。

[6] 《席业之大集合》，《四明日报》，1921年6月22日。

自为政，价目上下不一，营业甚为困难"，纷纷要求加以重新组织。为此"老聚兴会、新同兴会会员王冬甫、王万宝、胡增宇、陈增荣、李金云、徐双林、周裕生等三十余人邀集老聚兴会、新同兴会各会员，共同集议组织"，决定成立鄞南同道区协兴草帽贩客业公会，"俾资统一，订定行规，具呈鄞县公署请求备案"[1]。同年黄古林地方成立城厢席业联合会，定期召开会议，商讨发展之计，经一年发展，"会务日见发达"。1926年5月，该会召开会员大会，"是日并备酒筵宴请各界"[2]。由于时局动荡，运作不力，这些同业团体大多名存实亡，并没有发挥其应有的作用。

与此同时，草帽业面临的危机却日益严重。由于受外商的倾轧以及苛捐杂税的盘剥，加之同行恶性竞争，20年代后期宁波草帽业处境相当艰难。当时影响草帽业发展的关键在于市场。为此，1927年底本地士绅陈谦夫等拟定章程，发起组织宁波草帽业协会，决定从联络同业着手，组织强有力之同业团体，以与洋商相竞争。为切实提高工作效率，协会专门在宁波城区设立协会事务所。

宁波草帽业协会章程

第一章 总纲

第一条 本会由宁波草帽同业组织之，故定名曰宁波草帽业协会。

第二条 本会谋同业之发展，出品之改良，维持商业信用，推广国外销路为目的。

第三条 本会设事务所于江北岸外马路第五十六号。

第二章 会员

第四条 凡在宁波及内地开设之草帽工厂行栈，有正式牌号，其出品行销国外，有固定资本在二千元以上，能独立经营者，皆得为会员。

前项会员，应以其经理人为代表。

第五条 凡入会会员，须经本会会员二家之介绍，填具愿书，方得入会。

---

[1]《鄞南草帽业组织公会》，《时事公报》，1925年8月5日。

[2]《席业联合会定期开会》，《时事公报》，1926年5月25日。

第三章　权限

第六条　凡本会会员均有选举及被选举之权。

第七条　凡关系全体同业利害事项，会员有提议决议之权。

第八条　凡本会会员，均有彼此互助发展本业之义务。

第九条　凡本会会员，均有遵守本会章程，执行议决各案，及遇有妨害本会同业事项发生时，有协力制止之义务。

第四章　职员

第十条　本会每年选举委员五人，组织委员会，议决会务，由委员会公推或另聘理事若干人执行之。

第十一条　本会视事务之繁简，得分股办事，其事务员由理事聘任之。

第五章　会费

第十二条　会员入会费，按照其资本额百分之四缴纳之。

第十三条　本会经常费，按年造具预算，经常会议决之。

第十四条　会员之工厂行栈，有添改记号时，应另缴入会费，照上例减半。

第十五条　会员因停止营业或违犯会章，令其出会时，所纳各费，概不发还。

第六章　会议

第十六条　本会之会议如左：

（一）常会　每年举行一次，报告经过事略，选举下届委员，及提议各项会务，其日期由委员会议决之。

（二）委员会　每月举行一次。

（三）临时会　有特别事故发生，经会员三分之一以上请求，或委员会认为必要时，定期召集之。

第七章　附则

第十七条　本会为谋同业之发展，关于草帽出口有奖励保护或取缔之必要时，由本会议决呈请官厅备案。

第十八条 本章程有未尽事宜，由委员会于年会时提出修正之。[1]

经过协会努力，到1929年，宁波17家草帽行中，除法商1家、未入会者3家外，加入协会者达13家，在行业中的地位举足轻重。[2]

表16　20年代末加入宁波草帽业协会的草帽行一览

行名	所在地	代理人名	代理人通讯处
源丰	鄞西白龙王庙	缪绵发	上海五马路信记洋行
坤和	鄞西卖面桥	傅其霖	上海华安保险公司
三泰	鄞西宝家桥	杨文林	上海南香粉弄隆和号
大隆	鄞县西门外	郭惠川	上海三马路兆福里郭惠记
顺余	鄞西望春桥	陈安洲	上海三洋泾桥长源洋货号
恒泰	鄞西朱园	朱宝星	上海自来水桥下恒泰申庄
源泰	鄞西望春桥	杨文林	同前
嘉泰	鄞县西门外	杨文林	同前
泰丰	鄞西望春桥	郭惠川	同前
中兴	鄞西高桥	张贵仁	上海北山西路顺庆里华兴公司
新昌	鄞县西门外	汪炳炎	上海北京路新昌申庄
华兴	鄞西横街头	韩国甫	上海北山西路顺庆里华兴公司
天隆	鄞县西门外	凭积明	上海石路口晋恒里天隆申庄
永兴洋行	法商	未入会	—
立昌	—	未入会	
华孚	—	未入会	
华海	—	未入会	

资料来源：《宁波一带草帽业之调查》，《工商半月刊》，1930年第2卷第7期。

为便于会员企业产品出口，1928年7月，协会在会中设立报运处，"专代各会员运货报关"。为此通告会员：

---

[1] 《宁波一带草帽业之调查》，《工商半月刊》，1930年第2卷第7期。

[2] 《宁波一带草帽业之调查》，《工商半月刊》，1930年第2卷第7期。

宁波草帽业协会通告[1]

谨告者，本会为提倡妇女工业，推广国外贸易起见，于本年一月间呈请国民政府财政部所有出口草帽，应纳一切税厘，概予免征，已照核准通令在案。唯奉部令，是项免税草帽，以运销国外为限，则甬地运沪之货，仍不能享受已得免税权利，殊多缺望。为此复由本会呈准浙海关监督公署暨财政部，特许本会设立报运机关，专为同业证明出品，代理报关免税出品，以宏销路而一事权。兹本会已择定江北岸外马路五十六号，组织报运处，定八月一日起开始办公。除呈报浙海关监督外，特此通告，凡我同业运销外洋草帽，须先期报告，遵章办理，幸勿自误。兹将呈部简章及规定手续附列于后，伏希公鉴。

中华民国十七年七月

宁波草帽业协会报运处简章

第一条　本处由草帽业协会组织，呈请国民政府财政部核准。凡本埠出洋草帽，由协会检查证明，得予免税出口，其一切手续，及报关事宜，由本处派员办理之。

第二条　本处报运出口之草帽，以直接或间接销售外洋者为限，如行销国内及外洋输入之货，本处概不承办。

第三条　本处报关出口之草帽，须由出品人于装货前四日报告本处，索取请求书，照式填写，听候派员检查，再由协会呈请浙海关监督核发运单，装船出口，所有手续用费，由出品人负担之。

第四条　凡草帽接受外洋或洋商定货，须即将定单送交协会查验登记，以便随时核对，而昭慎重。

---

[1]《宁波一带草帽业之调查》，《工商半月刊》，1930年第2卷第7期。

第五条　凡报运出洋之货，手续不完备者，本处不能负责证明请求免税。

第六条　由本处报运出口之草帽，如出品人有蒙混舞弊情事，一经本处或海关查出，照例充公，或惩罚。

从宁波草帽协会的职能看，其实就是一个同业公会组织。除代表各同业与政府交涉如请求免税外，并专代各会员运货报关。在强调行业联合的同时，会长陈谦夫还十分重视改善草帽业生存的外部环境，为此他多方奔走呼吁，要求当局免除草帽业的税厘。协会成立伊始，他就呈文财政部，要求草帽免税出口，"加惠吾甬手工业生计"。同时"电呈省府，打消鄞县之草帽产销苛捐"。[1] 经过奔走，终于取得一定的成效。对此1928年9月4日《申报》报道说：

> 宁波草帽业协会，为提倡妇女工业推广国外贸易起见，于元月间，呈准国民政府财政部暨浙海关监督公署，所有宁波出口草帽应纳税厘，概予免征，并奉财政部令，自八月起，设立报运处，专为同业证明出口免税放行。正在积极进行之间，外传同业行栈有商同该协会，包办特税之说。查财政部于本年二月二十日核准该协会之请，有"本埠早拟设法奖励平民妇女手工编织草帽草帽编之出口，借维生计"及"免税一节，与本埠向来主张相同"等语，当经发表第七十二号部令，通令各省厅关局，对于各种草帽及各色草帽编，所有应征一切税厘，自令到之日起，概予免征等语，并于浙海关监督公署牌示布告。可知该协会一再请求免税于前，财政部批准通令提倡于后，何至有免纳国税而包办特税之举，证之过去经过种种，益觉其外传之不足信也。[2]

此后，协会继续为草帽业发展奔走。1932年，陈谦夫又为草帽业免税事赴

---

[1]《自撰年谱》，《陈谦夫先生纪念册》，1947年印行。

[2]《草帽及草帽编免税出口》，《申报》，1928年9月4日。

杭州，向省财政厅提出要求。[1]抗战时期，该会陷于停顿。1946年4月初，鄞县草帽业公会又发起成立，4月7日《时事公报》报道说："鄞县草帽业公会于昨日召开成立大会，公推施甫康为临时主席，同构会章后，选举理监事，结果，陈信孚、施甫康、邵新裕、姚菊亭、庄新玮、毛友才、陈立庚为理事，倪教勤、周大发为监事毕，接开理监事第一次联席会议，互选陈信孚为理事长，施甫康、邵新裕为常务理事。"[2]

除了草帽业协会外，30年代初，鄞县草席业同业公会也得以成立。由于文献的缺乏，该会具体情况我们难觅其详。但1936年8月5日《申报》的一则报道透露了席业公会的存在。"鄞西各乡镇第九次联合座谈会议案，以鄞西乡村席市，各席商多延时观望不收，呈请县政府准予通告，在农忙时间，提早收买，以利农民工作。县政府据报后，昨已令饬席业公会遵照云。"[3]

为了推销本地商品，增强市场竞争力，30年代起鄞西一地纷纷出现了运销合作社。如1935年12月6日《宁波民国日报》报道说："鄞县西南两乡草席户张云涛等，鉴于目前农村经济衰落，提倡合作事业之急要，并为发达席草生产，推广销路起见，业于上月间邀集西乡产户，发起组织鄞县西南有限责任席草运销合作社，日前已备具理由书及各项手续，分别申请鄞县县政府、鄞县县党部核准许可，并派员指导云。"[4]当时的舆论对此也高度关注，1936年12月25日《宁波民国日报》记者在报道中说："现在席草的产户鉴及未来前途的危险，集合多人，组织一个运销的合作社，其理由为运销便利了，然后埋头改良其生产。最近我探悉他们里面的设备，有一股指导生产，我想如果能照步做下去，那么席草的发达可不远了，……席草的生产完全把握在运销方面，那么希望运销合作的同人好好地努力一下。"

1947年12月，"士绅陈如馨、施甫康等，为谋改进品质，发展国外贸易起见，经呈准浙江省合作事业管理处，筹组鄞西西郊草帽生产合作社。并闻于前日举行第

---

[1]《自撰年谱》，《陈谦夫先生纪念册》，1947年印行。
[2]《鄞草帽业公会昨日成立》，《时事公报》，1946年4月7日。
[3]《鄞西各乡镇第九次联合座谈会》，《时事公报》，1936年8月5日。
[4]《鄞西南乡席草产户》，《宁波民国日报》，1935年12月6日。

二次筹备会，统计已入社社员有九五二人，股金二亿六千五百十一万外，并公推施甫康、王雨田、孙是俊负责扩大征求社员，合定股金总数五亿，缴款时期，定卅七年一月二十五日截止，使从事草帽生产男女员工，普遍享受合作利益"。[1]

其间，鄞西茶业也发起成立运销合作组织。1936年3月9日《宁波民国日报》以"鄞西公民筹组茶叶合作社"为题报道说："鄞县西乡大皎、细岭、杜岙、周公宅、李家坑、仗锡、大岚等出，产茶颇丰，每年约有三十万斤生产，因乡民墨守旧法，致出品未臻上乘，价格低廉，一方面因交通不便，分别出售，不惟时间之不经济，且时受茶商垄断。兹悉该处公民陈丕鋆、徐京本、李得剑等，拟筹组有限责任茶叶运销合作社，预定资本国币二万元，总社址将设鄞西周公宅，大皎、堇江桥设立堆栈，宁波设立办事处，现正草拟计划，俟资本凑足后，将呈省县政府声请登记云。"[2]

当然，在当时日常贸易活动中，也时有不和谐的声音，如据后人记述，中华人民共和国成立前西乡卖面桥镇的商业活动相当混乱。"大多数坐商都是唯利是图，哄抬物价，欺骗顾客；而坐商与坐商之间，为着争夺生意，不惜钩心斗角。当地的群众说：农历年底，就连河水也要高涨三分。群众为此痛恨得很，有人给当地坐商取了绰号，编了歌谣。卖面桥镇方圆三里地的男女老小，都念得出这样的一首歌谣：卖面桥上小店多，爿爿店家卖高价；泰山商店老虎屎，余兴商店活头货；泰丰商店平平过，新顺和水头长勿过；王裕和实在吃勿过，宁仁堂药材嫩头货；老百姓怕买贵货，情愿奔宁波。"[3]

---

[1]《鄞西草帽合作社扩大征求社员》，《宁波日报》，1947年12月28日。

[2]《鄞西公民筹组茶叶合作社》，《宁波民国日报》，1936年3月9日。

[3] 王祥法：《卖面桥镇的今昔》，《宁波大众》，1957年10月31日。

第四节　新旧并存的近代鄞西金融业

近代以来，尤其是工业的出现与发展以及国内外贸易的兴起，资金的筹集与流通成为经济发展不可或缺的因素，金融业的地位日趋重要。按照美国社会学家吉尔伯特·罗兹曼的观点，现代化的转变过程包括"各种组织和技能的增生及专门化"，它们是社会变革的重要因素，金融业的变化即是其中之一。[1] 而在广大农村，资金的作用同样重要。近代鄞西金融业也在悄然发生着变化，传统的钱庄、典当等逐渐向近代形态转变，而银行、保险等近代金融元素开始介入鄞西社会经济生活并扮演着重要的角色，农村信用合作社等新式金融业态也得以采用，初步建立起新的金融体系，并整体上从高利贷性质的消费性借贷为主，逐步向以生产、流通性借贷为主发展。

一、传统金融业的变迁

典当俗称当店、当铺，是我国历史上出现较早的传统金融机构，主要业务是以财产作质押向个人放款。据记载，清初县城及各大乡镇均设有典当。道光十年（1830）鄞县典当业资本达百万元以上。同治十年（1871）城乡有典当23家，民国七年（1918）增至37家，其中鄞西集士港的余庆典当即是业内较为有名的一家。[2]

---

[1]　[美]吉尔伯特·罗兹曼：《中国的现代化》，江苏人民出版社2003年版，第3页。
[2]　周时奋主编：《鄞县志》，中华书局1996年版，第814页。

表17　20世纪30年代鄞县典当业概况表

典当名	宝顺	裕和	生泰	乐长	赓余	永源	瑞大	复泰	乾泰	慎泰
地址	西郊路	偃月街	聚奎巷	咸塘街	开明街	握兰巷	黄枝花巷	后马路	何家弄	何家弄
组合性质	合资	合资	合资	合资	合资	合资	合资	合资	合资	合资
全资额	三万元	三万元	三万元	三万元	三万元	三万元	三万元	三万元	三万元	三万元

典当名	积善	裕成	泰赉	余庆	惠元	源顺	生源	元大	崇余	豫源
地址	史家湾	虹桥巷	苍水街	鄞江桥	五乡碶	莫枝堰	姜山	铸坊街	新河路	三眼桥街
组合性质	合资	合资	合资	合资	合资	合资	合资	合资	合资	合资
全资额	一万八千元	三万元	三万元	二万元	三万元	一万八千元	一万八千元	三万六千元	三万元	三万元

资料来源：《浙江省各县镇商业概况调查（鄞县）》，《近代鄞县史料辑录》，天津古籍出版社2013年版，第142页。

从经营资本看，一般来说典当业资本不很充足。1933年，鄞江余庆当铺，资本2万元，营业额2.45万元。[1] 典当资金平时周转往往不敷支出，大多依赖于银钱业的调节。如果说抵押贷款是典当业传统业务的话，那么经营存款业务则是它的近代因素。经营存款业务是传统典当业新的变化，一则是出于典当本身资金不足，通过存款业务吸纳资金，维持运作；一则是在近代钱庄、银行竞争下的应对之道。由于近代金融机构的冲击，典当业趋于衰落，但在广大乡村经济生活中，它仍然发挥着重要的作用。这是因为"近代中国经济发展的不平衡，当铺仍然是

---

[1] 周时奋主编：《鄞县志》，中华书局1996年版，第815页。

19世纪70年代的鄞江余庆当铺外景

广大小生产者进行资金融通和赖以借贷的主要金融机构"。[1] 鄞西典当业在调剂余缺及应急诸方面发挥了一定作用。30年代的农村危机还一度使典当业畸形发展，"良以近年人民经济日窘，借此为周转生活者，日益众多，此业乃在民生凋敝中，得以畸形发展"。[2] 但好景不长，"惟满货堆积，脱售非易，故业此者，亦无甚余利"[3]。可见典当业并不能在经济萧条中独善其身，因"农村破产，物价低落，衣饰形色之变迁，人民购买力之薄弱"[4]。显然进入民国后，由于现代金融业的崛起，囿于消费金融的典当业已难有多大作为。当然突破传统窠臼的典当也有出现。如1935年5月间，鄞西栎社"施平和、施俊翰、任庚宸等，为救济农村，流通金融，以谋社会景气起见，特联合同志，筹集资本，创设低利贷当一所。一面联络甬城大当，分别转贷，藉资流通，一面限定日间行事。现在正积极进行，亦地方上之要举云"[5]。

---

[1] 王玉茹：《中国经济史》，高等教育出版社2008年版，第170页。
[2] 《浙江省各县镇商业概况调查（鄞县）》，《近代鄞县史料辑录》，天津古籍出版社2013年版，第142页。
[3] 《浙江省各县镇商业概况调查（鄞县）》，《近代鄞县史料辑录》，天津古籍出版社2013年版，第142页。
[4] 张传保、陈训正等：《鄞县通志·食货志》，成文出版社1973年版，第250页。
[5] 《鄞黄古林发起创低利借贷所》，《宁波民国日报》，1935年5月10日。

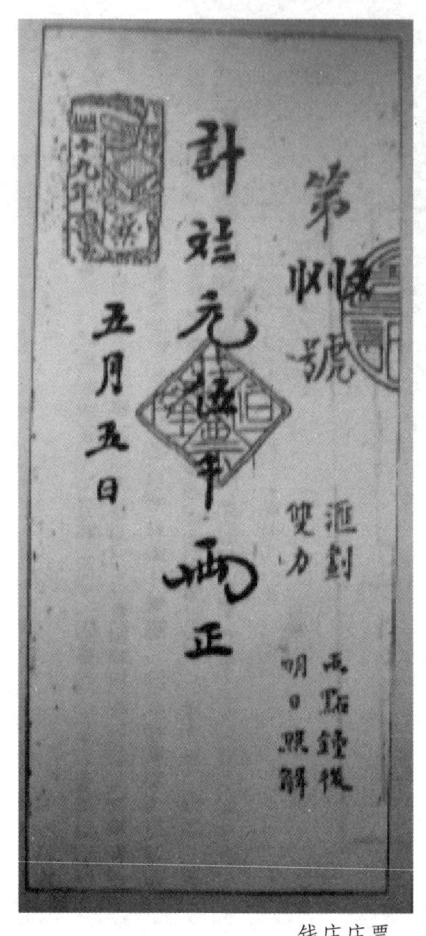

钱庄庄票

相对于典当业,近代钱庄在鄞西社会经济生活中的作用则重要得多。特别是近代以来,宁波一地钱庄出现了新的变化,以过账制度为核心的制度变革,对传统钱庄进行了革命性的改造,使其活力倍生,而宁波也一度成为中国东南地区最重要的金融中心之一。作为鄞县重要地区的鄞西,本地的钱庄业一直比较活跃,清末时鄞西凤岙、鄞江、黄古林等地已有钱庄设立。进入民国后,伴随着商业贸易的发展,鄞西一带钱庄业也有一定程度的发展。据统计,截至1932年,鄞西地区就有钱庄22家,"更值得注意的是,钱庄体制和运作方式的变化"[1]。所谓过账制度通俗地讲就是转账支付。"宁波钱商之习惯,多与他处不同,其最特异者,为各商家逐日收付款项,均系过账办法(俗称宁波为过账码头),绝无现款之进出,而其他贷款方法、利率结算等项,亦与沪杭间钱市不无小异之处。"[2] 这一过账制度不仅通行于宁波商埠内,"即鄞县各乡镇之商家,亦用此项办法,甚至个人之有信用者,亦多向钱庄取用本据,订定款额,随时支用,以代现金之繁重。惟乡间及个人用款,因不能逐日缴本,故改用联本一项"[3]。过账制度的出现有效地将城市内外、城乡之间联结起来,大大方便了贸易往来。因而,这种过账制度,已起着近代金融业票据交换制度的作用,表明传统钱庄正在越来越适应近代工商业发展的需要。分布于市镇的钱庄大大便利

---

[1] 陈国灿:《浙江城镇发展史》,杭州出版社2008年版,第319页。
[2] 《宁波钱庄之调查》,《近代鄞县史料辑录》,天津古籍出版社2013年版,第172页。
[3] 《宁波钱庄之调查》,《近代鄞县史料辑录》,天津古籍出版社2013年版,第173页。

了人们对资金的需求。至30年代，钱庄在鄞西一带的设立相当普遍，成为活跃本地经济的重要金融力量。由于钱庄放款手续简便，利率比较稳定，"平日不过月息一分二厘，最高亦不过一分五六厘，人民咸乐与往来"[1]。许多经济活动均借助于钱庄而进行，如1935年10月初鄞西樟村上街头顺丰祥洋布杂货店店主周阿昌，"购配大宗布匹运乡应市，数值千余元，当各付以本月五日期又新街德源钱庄期票，如数清讫；及同月一十二日，周阿昌又复上甬，仍向上列各布庄采购货物，约值以前八百余元，同时并向日新街三十五号慎亭煤油号批发煤油三十箱，亦均付以本月五日期德源庄期票清讫"[2]。

但30年代农村经济的不景气，使鄞西钱庄与其他地方一样陷入困境，甚至纷纷倒闭。如1934年初，鄞西各钱庄"已先后无形停顿"。《上海宁波日报》报道说："黄古林镇地方，近年来市面萧条，旧岁各商号钱庄已倒闭者，如嘉全号、裕庄、严兴记庄、严生记庄、兴懋庄、昇泰庄，均皆停业，亏本数达六七万元之巨。"次年7月，"西乡蜃蛟弄地方镇祥钱庄，转折不灵，亦告停业。又前虞垹地方，馀和、口昌、同源、松茂、李裕丰等五家，均有周转不灵，恐难维持消息云"[3]。其中蜃蛟弄镇祥钱庄，"开张多年，股东殷实，惟各存户闻得黄古林、二镇钱庄消息不灵，纷纷向镇祥庄领取存款，一时该庄周转不灵，亦遭同样停顿，并召集各股东开会清理，其闭歇实受农村经济之影响云"[4]。造成钱庄倒闭的原因，在于"近因受农村衰落影响，农村经济濒于破产，致市面上金融阻滞"，流转不通。由于乡村缺乏坚实的经济基础，原本"钱庄营业放款取息，盈余可以操券"。"唯近年来社会经济破产，所放账款多未能如数收回。"[5]加上国际市场波动，政局动荡，原本基础脆弱的钱庄不免风声鹤唳。如1936年5月13日《时事公报》报道说："鄞西黄古林镇，为出产草席旺地，商业向称热闹，惟近年来外侮日亟，内乱频仍，致市面一落千丈，莫可收拾。不料去年岁底，开设该镇之祥裕、昇泰两钱庄，以周转不灵所致，先后倒闭，一般零星存户，莫不大起恐慌，而全镇市面顿呈紧张状

---

[1]　鄞县建设科：《鄞县建设》第一集，鄞县建设科发行，1934年，第89页。
[2]　《洋布杂货店经理上甬》，《宁波民国日报》，1935年10月9日。
[3]　《鄞西各乡镇钱庄纷纷停业》，《上海宁波日报》，1934年3月29日。
[4]　《鄞西蜃蛟弄钱庄停顿》，《时事公报》，1935年7月16日。
[5]　《甬埠钱庄业现状调查》，《时事公报》，1936年1月14日。

态,一般织席为生活之住民,以市况萧条,都忧形于色云。"[1]

就传统金融来说,还应该提及的是当时包括鄞西在内的鄞县乡村广泛存在的合会,这是我国民间流行的一种小规模的信用借贷组织。事实上典当业与合会是两大传统乡村经济信用组织,而合会或曰会尤为普遍,至今在广大乡村仍大行其道。近人称:"从社会发展之史的意义上说,会是旧社会所残存着的农村中互助团体,但其本质的发展,和高利贷却结不解缘,在宗法关系还有力地连结着的中国农村中,会在农村金融的周转上,还不失为一种重要的机构。"[2]

这里所谓的会,不同地区其名称也有差异,如钱会、合会、打会、摊会、轮会、摇会等。就鄞西地区看,这类会"论其种类,可分有认会、坐会、摇会、月月红四种"[3]。据材料显示,至30年代,这些会广泛存在于广大的鄞西地区。我们先看一看这四种会的基本形式。

表18 集会制度表

名 称	集会方式	期 限	每次付款期限	数 量	备 考
认会	由首会邀请亲友设席聚餐	任意订定		100元 1000元	会首不付利率,会友利率大都按年一分
坐会	同上	四年或八年	5月或10月	同上	同上
摇会	同上	五年或十年	6月或12月	50元 500元	同上
月月红	同上	每月一轮		50元 300元	同上

资料来源:《鄞县之物产及农村状况》,《近代鄞县史料辑录》,天津古籍出版社2013年版,第58页。

从表中我们可以清晰地看出,鄞西这类会的划分主要是以集会的期限为依据。"我们如果依会的期限来划分,那么有十阅月一次的'集贤会',一年轮三回

---

[1] 《鄞西黄古林镇市面紧张》,《时事公报》,1936年5月13日。
[2] 崔晓立:《浙江鄞县农村中"会"的组织》,《近代鄞县史料辑录》,天津古籍出版社2013年版,第76页。
[3] 《鄞县之物产及农村状况》,《近代鄞县史料辑录》,天津古籍出版社2013年版,第58页。

的叫做'三会',每月一次的叫做'月月红'之分。以集会的形式来说,有备酒饭或点心的'日会''夜会',仅仅一碗茶的'茶会'之别。"[1] 与大多数乡村一样,鄞西乡村的这些"会"是与乡民日常的婚嫁丧祭等生活内容密切相关的。"千秋会""袍会""船鼓会""龙王会"等,"这些都是农民们逢到年岁丰足的时候,举行迎神赛会而发起的一种'蓬头会'。它们大都只将一次所酿得的会款,贷放生息,后来购产立户,有许多和祀产一样是由本地所共有的"[2]。私人所纠集的会,即"落家会"。在这众多的"会"当中,当属"集贤会"和"摇会"最具规模。前者按照会规每次集会顺序轮流进行,后者以集会时用掷骰子方式,根据点数最大者得会而名。

会的组织结构主要包括人员和资金两大部分。根据会的规模不同,会的组成人员也有差入。如小规模的"集贤会",主要有"首会"(纠会的主人)和10个"会友",规模较大的一般为20人,摇会则在10人以上。

尽管合会在农村广泛存在,且在一定程度上促进了农村金融流通,有利于农户借贷,但我们对此也不能高估。从本质上看,合会虽以农户的信用借贷为内容,实际上会员往往还是需要一定的物质担保。那么会为什么普遍存在呢?因为整体上看,鄞西仍是农业社会,新的生产方式尚未建立起来,现代金融业难以深入农村,因此以互助为目的、以信用为基础的民间借贷组织应运而生,并扎根于乡村。正如时人所言:"乡村农业经济落后,金融制度不发达,聚族而居,安土重迁,乡族关系密切,为合会产生提供了土壤,此亦为合会流传甚久之原因。"[3] 对此这里我们不妨通过时人的记载加以了解:

> "会"的作用的确曾是依附着婚嫁丧祭等仪式而生存的,因为在过去的社会经济制度之下,农民们的衣食日用之需,都被刻板的农作上

---

[1] 崔晓立:《浙江鄞县农村中"会"的组织》,《近代鄞县史料辑录》,天津古籍出版社2013年版,第73页。

[2] 崔晓立:《浙江鄞县农村中"会"的组织》,《近代鄞县史料辑录》,天津古籍出版社2013年版,第72—73页。

[3] 吴承禧:《合会在中国今日农村金融中的地位》,《益世报》,1934年10月9日。

的收益所规定,对于"养生送死"的大宗特别支出,临时自无法应付的,这就不得不"挽亲谋眷"大家来援助一下了。同时,每年稍有余裕的农家,也有随时储蓄一点的必要,但是我们在这里并不能说农村中会的组织的发展,可以减少高利贷压榨的机会,事实上却是完全相反的,因为会既是一种旧有的储蓄制度,那么跟货币机能发展一样,这种可以确实预计的收入,一成为抵押的产权(俗称"顶会"),就和有价证券一般,反使高利贷者方面可以多得了农村贷款中一种有力的信用保证。另一方面,早得了会款的农民们,却负有每期强迫支付的义务,这就增加了驱使他们投入高利贷者怀里的机会。会的组织,虽然遍及于中国的农村,但正和我们宁波人俗语所说:"各庙各菩萨各人忏念法",对于规则上多少有地方性的区别,作者就想在浙江鄞县农村中会的组织法则和它发展的趋势上,试作一回概括的检讨,跟着商业资本的侵入农村,农民对现金的需要,是迫不及待了,从前农家为了倒毙了一只牛,要滚入高利贷的怀里去,现在就不然,为着欠缺一点日用,不能应付节头的店账,或是"举债还债",也必须乞助于高利贷者的援手,所以我们可以查得近年来一般纠会的原因,多数为着要"偿清积欠",很少为着养生送死的特别费用,现在的农村中,已不是过去那样地只有"大贫小贫"之分,在经济关系上,已分化为各个不同的阶层,"不劳而食"者和"劳而无食"者的显著对立,大多数的贫农几乎每年都要纠会来救一下,可是向谁去纠呢?大家都是"同病相怜"呵!"马上校场,人落会场",这句俗语是形容一般人到付会时之经济上的严重意义,你如果是得会的人,人家看你户头不好,谁肯替你作保?付不出重包的,要由保人代付。现在农村破产,有许多会,甚至因保人也赔不出而延期。从前"会证"对于付不出的人家,可以进去"挈锅、连被、捞米、抓鸡",强迫取偿。现在法律上又不许这样直截了当,会是时代的没落者了吧![1]

---

[1] 崔晓立:《浙江鄞县农村中"会"的组织》,《近代鄞县史料辑录》,天津古籍出版社2013年版,第76页。

从中可以发现,会对百姓之间资金流通有着重要的作用。学者郑永福指出:近代中国社会中的类基金会社组织,在金融信贷不发达的情况下,起到了某种调剂作用,也体现了中国传统社会中互帮互助的民事习惯。[1]虽不可否认其所存在的弊端,但如同乡村中普遍存在的高利贷一样,会的存在有其一定的合理性。正如经济史学者刘秋根所言:"与破产流亡甚至填死沟壑相比,借高利贷以延续生产、生活,无疑更为有利一些,高利贷资本的最起码的积极作用也就在这里显示出来。"[2]会作为乡民长期生产生活中形成的传统习俗,具有一定的持续性和生命力。因为一项传统习俗包括高利贷习俗,只要对民众有用,只要有适宜生存的社会土壤,就会继续存在下去。[3]

其实,当时高利贷在鄞西乡村并不少见。如一些贝母种植户在跌宕起伏的市场漩涡中就不得不与高利贷者打交道。"过去数十年来的贝母价格常常高低不等,在运气好的年头,每百斤可卖一百元左右,在倒霉的年头,只卖二十元左右。种贝母每亩的人工和肥料的成本(种子的价钱不算),至少也要二十元。所以在卖得好的年头,农民们还可岁时伏腊,办理婚娶;到了倒霉的年头,就只有投到高利贷者的怀里,把埋在土中的鲜贝母,预先指定价钱卖给高利贷者,这就叫做'作水子',当然这和普通农村中所流行的高利贷的各种形式,具有同样的发展过程。"[4]而归根到底,是农民的贫困为高利贷的存在提供了广泛土壤。这里的一个例子对此作了诠释。1935年2月19日《宁波民国日报》报道说:鄞西百梁桥罗家漕农民杨阳春,"于去年十月间,向奉化人胡将林借洋五元,证明十二月底偿还。同月念二日,阳春因年关难渡,乃赴沪至口处,意欲在工厂做工,不果,遂于念八日返乡。讵知相依为命之黄牛一头,已经为将林牵去作为抵押,其妻裴氏

---

[1] 郑永福:《近代中国民事习惯中的合会与互助会》,《郑州大学学报(哲学社会科学版)》,2006年第6期,第23页。
[2] 刘秋根:《关于中国古代高利贷资本的历史作用》,《史学月刊》,2000年第3期,第17页。
[3] 李金铮:《内生与延续:近代中国乡村高利贷习俗的重新解读》,《学海》,2005年第5期,第129页。
[4] 《浙江贝母合作社之过去与现在》,《近代鄞县史料辑录》,天津古籍出版社2013年版,第68—69页。

亦以此牛牵去而痛苦,阳春无法偿还,乃奔赴村长严保建处泣告,请为设法还牛。经保建至将林处情商,云同是汗血之钱,须偿清始可还牛。阳春认为有意剥削,昨来甬刑控将林于鄞地法院"[1]。

二、近代金融业的出现及其意义

进入 30 年代,银行、低利借贷所等现代金融元素的出现为鄞西社会经济生活带来活力,也表明近代鄞西地区金融业的近代化在逐步推进。

1928 年,根据《浙江省农民银行条例》,鄞县县政府成立农民借贷所,由银行贷款支持。1931 年初,鄞县开始筹备农民银行。当年 4 月 29 日《宁波时报》报道说:"前省令筹办县农民银行,由地丁银补金项下,带征股本银一角至五角,由县政府酌量当地情形,拟定应征额数,取得各乡长统一,其旗下自二十年田赋开征起,于上下忙分别带征。兹鄞县政府先令各区公所召集各村闾长推举代表,于五月十五日召开会议,讨论应征额数等各项事务云。"[2] 对于成立农民银行,本地人士予以很大期望,"农民银行或借贷所,系农民金融调剂机关,关系农村经济,至重且巨。本县以农行未设,影响信用合作社之组织,既如上述,故当设法于短期内促其成立,以为推行合作事业之借助"[3]。但好事多磨,鄞县农民银行一直议而未决,未见成立。其间,旅外鄞县籍人士蔡仁初、董景安也为此大力呼吁,认为成立农民银行实为救济农村之要图,农村巩固,金融自裕,百业或能赖以转机。筹办农民银行,官方或因款难筹,如改为官商合办,则进行较易。并表示"愿为效劳,以底于成"。最后,鄞县农民银行在千呼万唤中于 1936 年 8 月设立。尽管如此,其间,当地政府运用现代金融手段的尝试也在不断进行。如 1934 年鄞西等地虫、旱为害,致使农业歉收,农民急需救济。鄞县农民借贷所经与浙江地方银行宁波分行数度磋商,于次年 5 月委托该行代办农民放款。"资金二万元,放款种类分农民个人信

---

[1] 《农民杨阳春耕牛被迁去》,《宁波民国日报》,1935 年 2 月 19 日。
[2] 《筹办农民银行定下月十五日开会》,《宁波时报》,1931 年 4 月 29 日。
[3] 《20 年代末 30 年代初鄞县建设概况》,《近代鄞县史料辑录》,天津古籍出版社 2013 年版,第 310 页。

用借款、农民个人抵押借款及合作借款三种。"据说,布告以后,"农民申请借款者纷至沓来,……大有应接不暇之势"。到 8 月底结束时,共计贷出 17000 余元,借款农民 617 户。"大多数为农民个人信用借款,……为期大都以六个月,以与农作收获期相适应也。"[1]

表19　1935 年浙江地方银行宁波分行鄞县农民放款区域分布状况统计表
（单位：户，元）

乡镇名称	借款户数	放款数目	乡镇名称	借款户数	放款数目
梅墟镇	5	110	永北乡	24	685
永南乡	13	400	桃江乡	1	25
盆浦乡	20	550	栎社镇	59	1960
丰北乡	9	215	布政乡	11	285
段塘镇	20	385	民政乡	63	1620
镇宁乡	11	305	四益乡	17	475
丰惠乡	5	190	鹤岭乡	23	330
梅园乡	10	240	龙嘘乡	20	650
太平乡	6	140	望春	39	1350
罂湖乡	12	300	邹溪乡	9	255
管江乡	3	85	和益乡	96	3390
首南乡	9	230	古林乡	14	340
石碶镇	59	1380	武陵乡	9	215
马湖乡	19	55	凤岙乡	6	135
唇蛟乡	22	515	北郊乡	3	90

资料来源：张传保、陈训正等：《鄞县通志·食货志》，成文出版社1973年版，第24—25页。

尽管此次办理农民放款为数不多,但这一创举仍受到了广大农民的普遍欢迎。据分析,此次接受放款的 617 户农户（其中鄞西农户占多数）,每年收入总计为 176115 元,平均每户收入为 285 元左右,支出总计为 146251 元,平均每户支出 237 元左右,负债额总计为 64282 元,平均每户负债 104 元。"于此可见,农

---

[1] 张传保、陈训正等：《鄞县通志·食货志》，成文出版社 1973 年版，第 24—26 页。

户常年收支虽尚不患不敷，一遇灾歉或家有婚丧大故，则债台高筑，而高利贷之盘剥益增农民之重负，甚或终生不克脱却债务之羁縻矣。"[1] 可见，当时广大农村对现代金融的需求是何等迫切。

由于贝母、草席等鄞西大宗出产品数额巨大，往往需要实力雄厚的银行资金为之融通周转。如30年代贝母销路阻滞，资金周转不灵，多向银行借贷解决。"贝母之运销，因合作社缺乏资金，实行委托贩卖主义，故合作社对于社员之货款，须俟出售一批，始可发给一批之货款；且货多滞销，未能顿时售罄，每一社员之货款必分若干期发给，若全部货品一年不能销尽，则每一社员之货款一年未能发清；是以社员之货款，分期零给，致未能作农业上较大规模之投资，且因合作社为谋有利之贩卖计，必观察销路之市况，待文无加点则沽。故贝母之出售，无一定之时期，货款之分发亦无一定之时期，致未能应社员之急需，是以合作社为顾全社员之经济困难，谋社员金融上之流通，特向银行请求援助。"[2] 贝母业借贷一种是由贝母实物进行抵押，即未开掘的和晒干后的两类，前者如未偿还情况下收货后由银行所有，后者系销售后再行付款银行。另一种是由个体或其他机构担保贷款。如1934年贝母合作社"将贝母作抵押借款，后由源宝和宝盛懋昌四家药行作担保，向宁波中国垦业交通三家银行借款，第一次陈贝母二十余万斤，押借七万元，本年新货八十八万斤，复押借三十一万元，月息为九厘，尚称优待，先后其抵押贷款三十八万余元，均按各社员贝母之数量分配之而贷诸社员，月息一分；俟贝母逐次出售，分期扣还，此为抵押借款之概况"[3]。当然，作为银行一方考虑到风险因素，对于贷款极为谨慎，为此常常引发与贝母业的矛盾与纠纷，此类新闻时常见诸当时的报端。如1935年9月6日《宁波民国日报》报道说：

  建厅前为统制本省贝母运销，曾向浙江省地方银行商借四十万元，收买堇江贝母，后因地方（银行）第一次仅发给十万元，致农民

---

[1] 张传保、陈训正等：《鄞县通志·食货志》，成文出版社1973年版，第25页。
[2] 《堇江贝母合作社概况》，《近代鄞县史料辑录》，天津古籍出版社2013年版，第46页。
[3] 《堇江贝母合作社概况》，《近代鄞县史料辑录》，天津古籍出版社2013年版，第46页。

发生误会，延不交货，经一再调解未洽。前晨建厅又复特派该厅唐巽泽来甬，商偕鄞县县长陈宝麟、地方银行甬分行营业主任陈贤征等，驰往鄞西樟村召开社员代表大会。经决议，再由地方银行提先每担拨给借款十五元，农民即将贝母集中宁波地方分行堆栈，听候点验，尚余十五元，则于十二月中旬如数发清，连同总行扣除之合作社股本，共计每担价为五十元。以上办法，准由建厅合作股主任唐巽泽及鄞县县长陈宝麟负责保证履行各节。[1]

由于在三四十年代贝母销路受阻，价格低落，银行对于贝母贷款控制较为严格，贷款数目有限，或拖延借贷。为了解决这一问题，地方士绅发挥了重要作用，如"董江贝母合作社借款，经俞佐宸等向地方银行接洽后，现已完全解决，由地行继续贷款"[2]。需要指出的是，贝母合作社所借贷之款项除了用于贝母种植和销售外，一部分是救济社员本身。贝母生产与销售的时间差决定了乡民在本时间段内收入的间断性，"社员贷款之用途，大抵用于购买食粮及肥料"，而"当新货登场之际，各村农民均须从事起掘贝母，而一般贫穷农民依向来习惯，一经掘起即要售于合作社，然合作社又缺乏资金，难以维系多数社员之要求，这样社员经济就面临一定的困难"[3]。为此合作社为解决社员生产生活上的困难，往往借助于银行，如1936年间，（贝母）合作社为设法救济贫穷社员起见，特向宁波中国银行信用借款四万元，提出二万元专作为贫穷社员贷款之用。贷款之手续须先经当地社员代表作担保，证明贫穷而经翻查属实者方有贷款资格。以此借款纯是救济性质，故最多额不得不有相当限制，规定最多额不得超过二十元为原则，在将来贷款项下扣还之。[4]

其间，一批小型金融机构与类金融机构在鄞西的设立相当引人注目。早在1931年春，鄞县合作事业促进委员会则定九龙乡为农村合作实验区，是年9月

---

[1]《甬地方银行派员赴樟村点验贝母》，《宁波民国日报》，1935年9月6日。
[2]《董江贝母借款地行准继续贷放》，《宁波民国日报》，1935年11月21日。
[3]《董江贝母合作社概况》，《近代鄞县史料辑录》，天津古籍出版社2013年版，第46页。
[4]《董江贝母合作社概况》，《近代鄞县史料辑录》，天津古籍出版社2013年版，第46页。

成立九龙乡无限责任信用合作社，有社员30人，股份43股，总股金215元。信用合作社代办银行贷款，转借于生产、运销、利用、储运、消费等合作社及个人。[1]有学者称："在整个乡村金融史上，民国时期是一个承前启后、新旧更替的重要阶段，最大的变化就是现代农村金融的产生，20世纪二三十年代出现的农村合作运动就是其重要表现形式。"[2]尽管其规模偏小，但至少就宁波范围来说，当时鄞西走在了前面。1934年间，为便于农民改进农具，发展农业生产，浙江地方银行宁波分行出资三万元，拟在鄞县内设立农具借贷所三所，"其第一分所地址定设立鄞江桥,曾与鄞县政府会同办理"[3]。1946年7月，鄞县县银行发起设立，经营存、放、汇兑业务，随后在黄古林、五乡碶、姜山设立办事处。[4]

三四十年代，为救济农村经济，搞活商品流通，当时社会各界曾努力从金融业着手进行。如1932年间，"鄞县西成席草加工运销合作社,兹为加强运销业务,充实内部基金,已成立特种基金委员会,由该社理事会主席汪焕章及经理薛锋章分别筹措资金,并在鄞西黄古林设立联合运销部办事处,业于日前开始工作"[5]。1934年，鄞国货促进会为提倡经营小工业，曾"呈请县政府通令各乡镇公所筹设轻利借贷所,以利发展"[6]。特别是以低利为原则的借贷所的出现为百业凋敝的乡村经济带来了一线曙光。如1935年初，黄古林士绅发起设立农工借贷所。报道说："鄞县黄古林镇为西乡四方交通要纽，惟近年来受乡村之破产，经济之衰落，所有附近各钱店，均先后停毕殆尽，一般苦工贫民告贷无路，指金乏术，生固不得，死亦无门，叫苦连天，比比皆是。兹闻就地士绅施俊韩、施子和等，拟集资筹股农工借贷所于该地，聊以救急。现正在征求同志，拟订章则，积极进行云。"[7]在具体实施过程中，鄞县县立黄古林民众教育馆为便利农民，主动要求代办乡区农民

---

[1] 周时奋主编：《鄞县志》，中华书局1996年版，第819页。

[2] 邱枫著：《宁波古村落史研究》，浙江大学出版社2011年版，第161页。

[3] 《甬地方分行拨款三万元办农具借贷所》，《宁波民国日报》，1934年7月17日。

[4] 周时奋主编：《鄞县志》，中华书局1996年版，第818页。

[5] 《鄞县西成立特种基金委员会》，《时事公报》，1932年5月13日。

[6] 鄞县建设科：《鄞县建设》第一集，鄞县建设科发行，1934年，第89页。

[7] 《鄞黄古林镇将组农工借贷所》，《宁波民国日报》，1935年3月12日。

贷借事宜。对此该馆馆长丁祥瑜呈文县政府：

> 查鄞县农民借贷所章程，经财建两厅核准，由钧府暂行委托浙江地方银行宁波分行办理，本馆鉴于农业不振，农村经济衰落，为求改良农事，增进生产起见，认农民借贷所放款，应从乡村人入手，现在乡村农民对于借贷所性质，尚多隔膜，欲其远地填借款书式抵押借款书，为事实所不许，填写之后，调查往返，亦颇费事，尤认应在乡村就近接洽为便捷。兹本馆对于第六区之借款，拟依照鄞县农民借贷所章程，由本馆办理接洽即调查事宜，暂时试订，一俟成效，再事推广，庶几，农村经济得以切实调剂，是否可行，仰祈令饬祗遵。[1]

一些慈善团体也尝试举办低利借贷，以帮助乡民免受高利贷的盘剥，如1947年6月间，鄞西同济会"现鉴于农民青黄不接，需款正殷，为解除农民于高利贷起见，于昨日开始举办农贷，贷款要分为三十万、二十万、十万元三种，为期二月，总数定为二千万元。凡近贫农，有贫农，有殷实铺保者皆可告贷，诚为鄞西农人之福音云"[2]。

保险业的出现也是近代鄞西金融业中新气象。1931年7月，鄞县第六区有限责任保险合作社发起成立，设于集士港。据说当时的保险类别最多为火险。[3] 由于文献的缺乏，对于其具体情形我们难觅其详，但显然这是一个极有意义的举措。当时发生的火灾、水灾等灾害对鄞西百姓生命财产造成了巨大的威胁与损失，类似的报道经常连篇累牍。如1930年5月12日《申报》报道说："鄞县西乡乌岩为山乡巨族，傍山设椽，互相毘连。讵该处居民毛阿土家于前日下午五时许，忽然失慎，延烧至九时三十五分始熄。事后调查，焚毙一人，焚去楼屋二百七十三间，遭灾者八十九家，总计损失约在八万二千元以上。"[4] 同年12月

---

[1]《古林民教馆请代办乡区农民贷借》，《时事公报》，1935年3月7日。
[2]《鄞西同济会举办农贷》，《宁波日报》，1947年6月18日。
[3] 张传保、陈训正等：《鄞县通志·食货志》，成文出版社1973年版，第251页。
[4]《鄞西乌岩大火》，《申报》，1930年5月12日。

12日该报又报道了鄞西两处火灾:"鄞县西乡□地处山口,居户百余,均依山岩而居。上月二十四日上午五时,村民张惠民家失慎,延烧张子高、张桂海、张明其、张云其、张信用、张德安、张湘在等二十九家,焚去房屋五十余间,损失万余元。又鄞西溪下村人民胡德甫家,上月二十六日下午三时,亦兆焚如,延烧邻居胡生康、胡文元、胡检廷、胡金如、胡张甫等三十六家,烧毁平屋七十余间,损失三万余金。以上二村被灾居民自遭灾后,穷苦不堪,已由各该村长将遭灾情形汇报县政府,请求救济云。"[1] 从上述报道,可知当时火灾造成的损失相当巨大。保险业的进入无疑为更好地应对灾害提供了经济基础。

---

[1]《鄞西两大火警补志》,《申报》,1930年12月12日。

第五节　水利与交通建设

因水而生、因水而兴的鄞西，水利是地方命脉所系，不仅关乎农业，影响城乡安危，而且也是交通等地方事业得以开展的基础，故一直受到地方社会的高度关注。近代以来特别是民国时期，鄞西水利的民间化趋势得到进一步发展，地方绅商成为水利建设的主要力量，并推动水利事业的发展与进步。同时新式交通工具开始出现，并形成新旧并存的格局，进而影响这一地区的社会经济发展。这一切构成了近代鄞西社会经济变迁的重要内容。

一、近代鄞西水利建设

由于水利在鄞西社会经济中的特殊地位，历代官民都颇有建树。进入近代以来特别是清末以后，随着宁波商帮的崛起，地方绅商在水利建设中的作用举足轻重，他们不仅是地方水利建设的组织者，而且为水利事业的进行提供主要的经济支持。即使南京政府时期，地方政府对于水利建设事业不乏擘划与协调之力，但民间社会仍是水利建设得以开展的主体力量。以绅商为代表的地方社会的大力参与，推动鄞西水利事业在民国时期高潮迭起，成绩斐然。

（一）近代鄞西水利组织沿革

水利事业工程浩大，需要投入大量的人力、物力、财力，因而需要水利组织来领导管理，而近代以前基本上都是由政府组织民众兴修水利。近代以来，随着民族资本主义的发展，绅商的力量在逐渐增强。他们开始全方位地参与包括水利在内的社会经济事业。为了保证水利活动的顺利进行，清末起地方绅商们着手建立了一批官民合办或纯粹民办的水利组织，来领导水利工程的建设。

清末民初，由于政局动荡，加之地方政府财政拮据，水利团体一般由民间发起组织。进入南京政府时期,政府加强对经济活动的介入与指导,水利组织多采用官民合办的形式,但经济上仍多借助民间力量而进行。

早在光绪初年,邑绅蔡岘台设立鄞江桥掏沙会,置有田产,每年以其收入,供疏浚鄞江掏沙之费。其时,每逢农历"六月六"前后农闲季节,民众自发组织,携带土箕、扁担、沙耙等掏沙工具,到鄞江桥光溪和北溪港掏沙,疏通河道。其费即由该会开支。该会20世纪20年代后期由鄞西旅沪商人周炳文、徐永炎出资扩充,基础益固,岁入益丰。掏沙地点,也从官池下推广至李家滩。[1]

1922年10月,鄞县县议会议员、鄞西人士徐志鸿等提出筹设鄞县水利局案,认为兴修水利"兹事体大,非一时所能规划尽善,必须设立专局,集合县中熟悉水利情形人士,统筹全局,若者宜先,若者宜后,次第施工,庶江流河道咸庆安澜"[2]。不久该案即经议会通过并呈地方当局备案,"其组织略仿浙西水利议事会办法,设立评议会,所有大中小工程,悉由评议会议决行之。其经费则由抵补金附加捐项下拨十分之四,闸堰坝原有经费,全数提拨。不足则由评议会议决筹补。似此办理,平时既集思广益,临时补救有方,庶几人定胜天……局主任规定由评议会公推"[3]。可见该局不仅有议事权,而且有决策权。至1926年3月5日,鄞县水利局公推张申之为局长,该局正式成立。[4] 张申之正是当地享有威望的绅商,水利局评议会成员也多是当地的绅商。因此,该水利局实际是一个官民合办以民为主的水利组织。鄞县水利

鄞西著名乡贤张申之

---

[1] 申之:《鄞县南塘河疏浚后之回顾》,《宁波旅沪同乡会月刊》第95期。

[2] 《筹设水利局之提议》,《时事公报》,1922年10月30日。

[3] 《筹设水利局之提议》,《时事公报》,1922年11月11日。

[4] 《鄞县水利局》,《时事公报》,1926年3月5日。

1934年4月鄞西叶家碶落成典礼留影

局成立后,在局长张申之的带领下,协调鄞西浚河局,主持疏浚了南塘河、中塘河、城河等重大水利工程,为鄞县特别是鄞西水利事业做出了巨大的贡献。这种以民间力量为主的水利局的出现,适应了近代水利事业发展的需要,符合民众的心愿,自然受到民众的拥护和支持,必然能够成就大事。

1924年4月,鄞西地方绅商张申之、朱炳蕃等为兴修南塘河,发起成立南塘河浚河局,后来改称鄞西浚河局。该局成立后,制订了详尽的工作计划、各项奖惩措施及规章条例,宣传、组织募捐工作,监督指导整个修建过程,成效显著。在该局的领导下,先后"重修它山堰、洪水湾塘、乌金碶、积渎碶、行春碶、兰浦碶、芝兰碶、小涨碶、小堰头碶等",1927年与县农民协会合作,"募资重筑万金塘"。正是在绅商为主的鄞西浚河局组织领导下,鄞西地区才完成如此之多的水利工程,掀起了一场兴修水利的高潮。当时全县河道六条干流中,经"全部疏浚者为南塘河及西中塘河"[1]。而完全疏浚的鄞西南塘河和中塘河,正是由张申之、朱炳蕃、周炳文等人为首的鄞西浚河局领导完成的。当时的报纸这样评价说:"西乡水利,在

---

[1] 鄞县建设科:《鄞县建设》第一集,鄞县建设科发行,1934年,第60—61页。

地势上较东乡为逊,而比年来地方人士,对于水利工作之努力,则为东南各乡所不及。先有南塘河之疏浚,……继之以西中塘河之疏浚,……自工成以来,旱不至竭,潦不至汛,功已显著。"[1] 相比鄞西,当时鄞东缺少以民间力量为主的水利组织的领导,因而在水利事业上明显落后于鄞西。

南京政府时期,水利建设一般由官民合作的水利团体组织进行。如30年代初成立的鄞西开筑叶家碶委员会就是官民合作的水利组织。考虑到"每届夏雨秋潦,山洪暴发,水势泛滥,淹没田禾,冲毁堤塘庐舍,历年受损至巨",鄞县县政府要求鄞西区公所及关系各村里共同筹备成立鄞西开筑叶家碶委员会,以建设局长、区长、旧西成桃源两区村里长副为当然委员,就地热心人士为聘任委员。[2] 这个委员会的主要人员由地方绅商组成。至1933年2月,全部工程大体竣工,即在当年水灾应对中发挥了重要作用。"二十二年九月间两次飓风过境,山洪暴发,即启闸宣泄,极为畅速。"[3] "山洪虽发,田禾席草及蔬菜瓜果,均未浸水,西乡人民咸颂该碶之功效。"[4] 到次年初,工程全部完工并举行落成典礼。《上海宁波日报》报道说:鄞县西乡叶家碶"自积极赶筑以来,已早告完竣,乃定于四月一日上午十时,举行落成典礼,并由筹备会分函各界,请届时前往观礼,并备汽船二艘于宁波西门,凡前往观礼者,可免费乘汽船直至叶家碶。复闻是日该乡雇有戏班,演戏庆贺落成,以助余兴云"[5]。

经过八年抗战,鄞县水利工程多年失修,于是各种水利团体纷纷发起组织。1946年初,鄞西水利协会成立,张申之被公推为理事长,同年12月,鄞县沿江碶闸修建委员会成立,张申之又被推为主任委员。其间,由张申之担任会长的桃浦水利协会等团体也先后成立。特别是主要由地方人士组成的鄞西水利协会于1946年初成立后,成为战后鄞西水利建设的主要组织者。该会成立后,即"邀集鄞西地方人士在该会会议室,商讨疏浚计划"。经过公议,推出了"修筑叶家

---

[1] 《鄞县水利事业之展望》,《宁波民国日报》,1936年1月1日。

[2] 鄞县建设科:《鄞县建设》第一集,鄞县建设科发行,1934年,第69—70页。

[3] 鄞县建设科:《鄞县建设》第一集,鄞县建设科发行,1934年,第70页。

[4] 《鄞西叶家碶放水功效卓著》,《宁波民国日报》,1935年7月5日。

[5] 《鄞西叶家碶今日举行落成礼》,《上海宁波日报》,1934年4月1日。

碶,疏浚鄞江桥至沙江口淤沙,疏浚中塘河(集市港至凤岙市),疏浚后塘河,开仲夏畈河道,修筑其他漏水碶坝及疏浚其他淤塞河道"等工程计划,并且制订了完善的募集资金的方法。[1] 于是在张申之主持下,鄞西大批水利工程得以修建,如续浚西塘河,修姚江叶家、保丰两碶,重修南塘河上(乌金)、下水(积渎)、风棚、章家诸碶和仲夏畈开河。其中,为改善被当地乡民谚称为"仲夏鬼叫畈,田螺像鸭蛋"的仲夏低产畈,在畈中心开挖出纵横两条新河,使畈田排灌畅通,仲夏畈面貌为之彻底改观。而风棚碶的修建是上述诸碶中工程艰巨、费时最久、耗资最大的一个。该碶始建于宋熙宁八年,其后历代多次进行维修与改建,但漏溃现象一直未能根绝。1932年,鄞县县长陈宝麟等曾事修葺,而屡修屡圮,不克持久。缘因碶位处江河之冲,西洋河北港直捣其旁,流速大;而闸的周边地势又低,水位高,碶下攻陷,碶底漏溃。至1948年,张申之主持其事。经过实地勘察,他发现风棚碶介于行春、积渎两碶之间,"潦则数十里之内便于分泄,旱则壅江入水,潮盛淡涌,亦可引纳,为鄞西泄洪、纳淡骨干水闸"。为此他决心不惜工本,务求工程万无一失。工程于是年8月开始,但历时3月未有进展,施工单位对围圩漏水也束手无策,最终延请北洋大学土木系毕业的邑人施求臧解决。施氏相度水势,分别在碶西韩家、碶东还金桥、碶北风棚庙各筑一坝,临江再加一坝。到12月4日,两坝终于建成,坝内之水尽罄,修建工程得以顺利进行,工程为期10个月,共费稻谷47万余斤。1949年5月全部工程完工落成,"碶牢固壮伟,视旧有加焉"[2]。"附近稻田千亩,均将受益。"[3] 风棚碶不仅顺利完工,而且"其表密而实、坚而劲,足制水力,可垂久远矣"[4]。完成了前人未竟之事。这不仅仅是因为科学技术的进步,更是鄞西水利协会组织领导之功。

1948年12月,章远乡水利委员会疏浚惠明、野猫两港河道,计长四千多丈,其中鄞西水利协会补助稻谷10万斤,其余不足之处,每亩征收稻谷45斤。同年重修叶家碶也在鄞西水利协会的组织领导下圆满完成。修筑期间,叶家碶由于工程

---

[1] 《鄞西水利委员会推定委员计划疏浚》,《时事公报》,1946年4月4日。
[2] 张传保、陈训正等:《鄞县通志·文献志》,成文出版社1973年版,第2405—2406页。
[3] 《鄞西水利协会决定明年中心工作》,《宁波日报》,1948年11月28日。
[4] 张传保、陈训正等:《鄞县通志·文献志》,成文出版社1973年版,第2406页。

浩大，一时难以完工；而黄梅时节，淫雨绵绵，乡民纷纷面请开坝。鄞西水利协会一面"婉言劝导，一面督饬工程处加工赶修，期于最短其间完成"[1]。"至七月二十七日落成，就地举行落成典礼。"[2]

表20　战后鄞县主要地方水利组织一览

名　称	成立日期	主持人	主要事业
整理城河委员会	1945年恢复	张申之	由官绅组织，资金多由商人募捐，整治城区河道等。
沿江碶闸修建委员会	1946年	张申之	具体事业未详。
东钱湖整理委员会	1946年	周大烈	由塘工委改组，专署主管，鄞、奉、镇三县参与，制定组织大纲，议而未果。
整顿东钱湖协赞会	1946年	魏伯桢	由宁波旅沪同乡会发起，负责沪上募捐。
东钱湖水利参事会	1947年	陈如馨	使东钱湖初步得到整治。
鄞县水利协会	1947年	陈佑华	官绅联合，拟修全县水利，未有大举。
鄞西水利委员会	1946年	张申之	商绅发起，大修风棚等碶，举办仲夏畈开河等。

资料来源：周时奋主编：《鄞县志》，中华书局1996年版，第1325—1326页。

由此可见，以地方绅商为主的民间水利组织在领导兴修水利上面有着巨大的优越性，公开、民主、严谨的组织原则，能够集思广益，群策群力，确保了水利事业的成功。

（二）民间治水

如上所述，由于水利在社会经济中占有突出的地位，水利问题一直受到鄞县社会各界的高度关注，历代官民在水利上不仅多有建树，而且相习成风。自明代起，由于以绅商为代表的社会力量崛起，宁波水利工程组织与管理渐渐倾向于民间。进入近代以来，以商人为代表的民间力量成为地方水利建设的主力。至清末，宁波水利工程的兴修与管理更趋民间化。到20世纪20年代后，鄞西一地民间兴修水利更是高潮迭起，蔚为壮观。

---

[1]《鄞西叶家碶工程限最短其间完成》，《宁波日报》，1948年7月8日。

[2]《叶家碶落成今举行典礼》，《宁波日报》，1948年8月1日。

在地方绅商的主持和参与下，二三十年代，鄞西一地出现了兴修水利的高潮，大小工程不下十余处，耗资数十万银圆，可以说是宁波历史上规模最大的治水活动。以商人为代表的民间社会组织成为当时水利建设的主导力量。绅商不仅是许多水利工程的发起者与组织者，更是水利工程赖以进行的最重要支持力量。其中作为鄞县西部主干渠的南塘河于1924年动工开浚。该工程"自它山侧钟家潭迤东西下，迄南郭门向阳桥，长二十余公里，始十三年至十七年而工讫，河上道路、桥梁均加修整"[1]。此工程历时4年，费银16万元。1925年，张申之联络徐志鸿、林德祺、周炳文等，再次发起疏浚鄞西中塘河。该河西起横街头，东至宁波西门板桥头，全长20公里，至1931年竣工。全河加深加宽，计费银约7万元。30年代还对各塘河干支流进行局部疏浚，不下20余处。[2] 经过二三十年代的建设，鄞西水利面貌大为改观，有力地促进了当地农业生产以及交通等事业，功莫大焉。

地方绅商在治水工程中的作用贯穿于活动的全过程，归纳起来，主要体现在以下两个方面：

其一，组织发动之功。清末民初以来，随着宁波商人经济实力的增强，其社会地位也随之上升，由此也激发了他们强烈的社会责任感。而官府财政上的窘迫，也使大型公共工程非商人参与难有作为。在此情况下，鄞西一地的治水使命落到了地方绅商的肩上。

进入20年代，宁波连年大水，特别是1921年辛酉水灾，暴露了鄞西一地严重的水利隐患。"水利之失修者二百余年矣，其乡之贤者忧之，民国十三年（1924）春，乡人会而议于社，……论以张君申之主其事，周君炳文、施君竹晨副之"。[3] 随后发起该工程的朱炳蕃、张申之、周炳文等18名商人，以"公民"的名义报政府备案："南塘河亘鄞江、章远、同道三乡，……流域之长于县境为第一。岁久失修，河身日浅，于各区农田水利、舟楫交通、居民饮料均有莫大之损害，公民等不忍坐视。于四月二十日约集就地绅商，在湖西竹洲会议疏浚办法，佥以兹

---

[1] 陈训正：《鄞西南乡治河记》，《鄞县水利志》，河海大学出版社1992年版，第561页。
[2] 倪维熊：《鄞县水利概况》，:《近代鄞县史料辑录》，天津古籍出版社2013年版，第101页。
[3] 陈训正：《鄞西南乡治河记》，《鄞县水利志》，河海大学出版社1992年版，第561页。

事体大，非合群策群力不足图功。当经议定，先设筹备处于郡庙后体仁局，定名为鄞县南塘河浚河筹备处。"这份"先斩后奏"的备案文，实际上表示了"公民"对地方政府的谴责与轻视，"不忍坐视"则点出了商人们强烈的社会责任感。县知事于同月20日批文，也只是表示"热心公益至堪佩慰，应准如呈立案"。[1]

中塘河疏浚工程与南塘河几乎是如出一辙，同样是由绅商为代表的民间力量发起并兴办的。中塘河是鄞西平原中部联接东西之大动脉。由于年久淤浅，少雨旱涸，舟楫难行。1925年，张申之、徐志鸿、郭乾校、林德祺等鄞西绅商创议重浚西中塘河。[2] 几经开会讨论，最终于次年3月5日，成立鄞西修浚中塘河浚河工程处，决定"自望春山庙春阳桥起，迄横街头崔家桥止……定九日起封港开工"[3]。

在南塘河以及鄞西其他水利工程建设发挥核心作用的张申之，鄞西栎社人。他出生于商人家庭，曾创办商营通用汽车公司，辛亥年间任宁波军政分府财政部部长，后任国会众议院议员和宁波旅沪同乡会办事处主任，与宁波、上海商界有着广泛的社会联系，是一个商人兼社会活动家，更是本地著名乡贤。

其二，以商人为代表的民间社会承担了兴修水利工程的大部分费用，从而为工程的顺利进行与完成提供了经济保障。兴修水利，需费浩大，而地方政府入不敷出，"捉襟见肘，穷态毕露"。在此情况下，以商人为代表的民间社会完全摆脱对政府的依赖，而走出了一条社会化民间筹资的道路。

商人的社会筹资大体上有三种方式，首先是面向全社会（主要是商界）募捐。如南塘河浚河筹备处在《疏浚鄞县南塘河募捐启》中发出了充满激情的号召："同人等生长是乡，……愿宏力薄，譬平地之为山，等九仞之一篑，敢效将伯之呼，愿乞解囊之助，庶几众擎易举，大功用成，流泽所被，利赖靡穷，皆出大君子慷慨急公之赐，他日志乘表功，方且于王、段（指唐代鄞县令王元暐修它山堰、清代知县段光清浚南塘河）二公并垂不朽。"[4]

---

[1] 张传保、陈训正等：《鄞县通志·工程志》，成文出版社1973年版，第48页。
[2] 缪复元等编著：《鄞县水利志》，河海大学出版社1992年版，第533页。
[3] 《修浚中塘河昨已兴工》，《时事公报》，1926年3月10日。
[4] 张传保、陈训正等：《鄞县通志·工程志》，成文出版社1973年版，第49页。

为激励人们捐资修河的积极性，筹备处（后改为浚河局）又颁布《永镇祠劝功会简章》，规定在纪念清初著名治水地方官周镐的永镇祠内，为捐募者立长生禄位（死者立栗主），在捐款总数中提留5%存储生息，以充每年祭祀之用。并规定凡捐200元以上者或募捐1000元以上者袝祀本人，凡捐500元以上者并袝祀其父，捐1000元以上者并袝祀其祖其父。[1]

募捐工作得到了本地与旅外商人的大力支持。18名发起人率先示范，"今兹役，周君炳文、孙君梅堂实始创议，并与徐君永炎各斥资巨万"[2]。周、孙、徐均为发起人中的旅沪鄞西商人，他们各捐资1万元。其中，周炳文在1922年水灾中，除自己与二子坐贾上海因而幸免外，全家8口均罹难，因此不惜巨资捐建水利。沪上其他宁波商人也闻风而动。结果"统计其数，占全收入三分之一以上，冯（止凡）先生复力主以同道公会公款全数拨入，特此伟大之经济力，树全部之中坚"[3]。所谓同道公会，即上海的宁（波）绍（兴）台（州）道同乡公会，以宁波商人为中坚力量。而本地绅商也不落人后，如1925年10月11日，在石碶召开的疏浚南塘河会议，"到会士绅约百数十人……当场认定捐款二万八千数百元"[4]。

修浚南塘河时，绅商群体的个人捐款达到84011.940元，以旅沪宁波商人为主的上海同道公会拨款23650.942元，两者相加共计107662.882，捐款金额占到整个治河经费66.83%，具体详见下表。

表21　南塘河收支总表

收方	类别	拨款	捐款	田亩捐	交通捐	店铺捐	杂收入				合计
	金额（元）	23650.942	84011.940	47819.614	2984.303	2703.165	1383.434				163553.398

---

[1] 张传保、陈训正等：《鄞县通志·工程志》，成文出版社1973年版，第49页。
[2] 申之：《鄞县南塘河疏浚后之回顾》，《宁波旅沪同乡会月刊》，第95期。
[3] 申之：《鄞县南塘河疏浚后之回顾》，《宁波旅沪同乡会月刊》，第95期。
[4] 《疏浚南塘河开会纪》，《时事公报》，1925年10月11日。

续表

支方	类别	鄞江段工程	章远段工程	同道段工程	南郊段工程	道路桥梁碶堰工程	总局开支	分局开支	上海募捐办事处开支	移交南塘河水利局	合计
金额（元）		19598.279	14088.775	82311.584	22993.392	10976.947	6106.390	6386.577	311.566	779.888	163553.398

资料来源：张传保、陈训正等：《鄞县通志·工程志》，宁波出版社2013年版，第51—52页。

其次，根据谁受益谁出钱原则，征收事先商定的专项税捐，按利之所及征收田亩税、铺户捐、交通捐等。如疏浚南塘河时，筹备处"两次派员实地调查，沿河两岸直接灌溉之田亩共计二万又二百亩，应在纳捐之列。旋于本月十八召集鄞江、章远、同道三乡人士会议，并蒙知事莅会，公共决定派收浚河经费每亩银圆二元正，其小业户（指向拥有所有权的大业户租人土地，再租给佃户以收租谷者）每亩另收银五角，以一年为限。并先期印发通知书，知照各大小业户，限于本亩晚租时一律缴清"。[1] 铺户捐主要开征南塘河沿岸段塘至鄞江桥8个集镇的商店铺户，"拟即其新用伙友及工人之多寡定捐率之轻重，……沿河各处商店工场，每用伙友或工人一名，即纳浚河费一元，由局派员征收"[2]。交通捐征收系根据船户"营业所得之多寡以定捐款之等差"，对于鄞江桥一带常年航行南塘河的船户，定载20吨的"百官船"每年捐洋6元，载重5~6吨的平底驳船"乌山船"每年捐洋3元；此外，大滩船载石料者捐2元，小滩船捐1元。[3] 杂捐则分发捐薄，责

---

[1] 浚河局：《为征收田年捐致县公署函》，张传保、陈训正等：《鄞县通志·工程志》，成文出版社1973年版，第46—47页。

[2] 浚河局：《为征收田年捐致县公署函》，张传保、陈训正等：《鄞县通志·工程志》，成文出版社1973年版，第46—47页。

[3] 浚河局：《为征收交通捐呈县给示文札》，张传保、陈训正等：《鄞县通志·工程志》，成文出版社1973年版，第46—47页。

今日南塘河仍是鄞西主要的河流

成各董事募集之。疏浚中塘河的经费也是"取自于沿河田亩捐及西成、桃园两区迷信会产与私人捐款"[1]。

筹资的第三种方式是积极争取政府及中外慈善公益团体的支持。如疏浚中塘河时,"政府方面则于养河费项下,指拨四千元,即以行驶于西中塘河汽轮票捐,分年拨补"[2]。当时鄞西等地水利工程建设还得到上海华洋义赈会的经费支持。

总体而言,二三十年代,鄞西民间社会为水利工程而开展的社会筹资活动卓有成效。例如南塘河工程共筹得16.3553万元,全部工程完成后尚余779元。[3]

显然,当时民间治水活动是相当成功的,能够做政府都做不到的事情。其原因主要有以下几个方面:第一,兴修水利乃众望所归,以商人为代表的新兴社会力量顺应民心,很好地承担起这一历史使命。商人在捐募工作中率先身体力行,慷慨解囊,如在浚修南塘河时,以商人为主的个人踊跃捐款,捐额达84011元,占全部款项的一半以上。正是由于商人们的以身作则,赢得社会的信任,使经费筹集工作

---

[1] 倪维熊:《鄞县水利概况》,《近代鄞县史料辑录》,天津古籍出版社2013年版,第101页。
[2] 倪维熊:《鄞县水利概况》,《近代鄞县史料辑录》,天津古籍出版社2013年版,第101页。
[3] 张传保、陈训正等:《鄞县通志·工程志》,成文出版社1973年版,第51页。

得以顺利进行，有的还超额完成，从而为工程的完成提供了强大的经费支持。

第二，捐税征集公平合理。开征前先有详尽切实的预算，然后合理摊派，以得利多寡定捐额大小，额度均在可承受的范围内，如鄞县浚修南塘河田亩捐每亩1元，按1924年价计算，约折合稻谷22斤。以宁波平原民国间平均亩产400斤稻谷计算，约占年收获量的5.5%，显然这是一个可以承担的比例。

第三，在整个兴修工程过程中，努力贯彻公开、民主、公正的原则。凡决议皆公定，凡委任皆公推，并在工程决策中充分发挥技术专家的作用。如鄞县浚修南塘河时，原决定用机器挖泥，后考虑到与人工方式相比，不仅费用相差数倍，而且速度上也没有优势，于是转而采用人工方式。其他在工程预算、施工材料、闸堰设置等方面都充分听取专家意见，特别是水利专家庄崧甫在疏浚南塘河工程中发挥了重要作用，曾多次应邀进行实地考察。[1] 同时工程账目公开，使用合理。如南塘河工程费合为156618元，占92%强，事务费12804元，占8%弱，"而事务费之中，征收费且占其十分之一以上"。其高级职员均为义务职，不支薪水。[2]

二三十年代以商人为代表的鄞西民间治水活动的成功实践充分说明这支社会力量的强大及其所具有的号召力，也表现了地方绅商这支新的社会力量所具有的强大自治力，说明即使在政府无力涉足的情况下，民间组织同样可以有一番宏大的作为。

二、近代鄞西交通建设

交通是一地经济社会活动得以展开的基础条件，区域的"规模、结构、文化类型、商品经济发展水平等等，无一不受制于它联系腹地及外部世界的交通手段"[3]。历史上，帆船一直是地处江南水乡的鄞西主要的交通工具。自19世纪末起，借助水运优势，以汽轮为代表的近代交通工具纷纷进入鄞西地区，但传统交通方式仍

---

[1] 申之：《疏浚南塘河之积极进行》，《宁波旅沪同乡会月刊》，第72期。

[2] 申之：《鄞县南塘河疏浚后之回顾》，《宁波旅沪同乡会月刊》第95期。

[3] 包伟民：《江南市镇及其近代命运（1840—1949）》，知识出版社1998年版，第111页。

在地方交通事业中占有重要地位，新旧并存、多元发展成为这一时期鄞西交通的显著特点。

（一）新旧并存的河塘交通

鄞西水网发达，航运便捷，"舟楫纵横以利集散，民间运输多赖于此"[1]。这些纵横交叉的河道，将鄞西与鄞东、县城以及周边其他城镇联系起来，形成一个广阔的商业市场。正如学者包伟民所言："方便的航运工具，使得市镇既可以利用支流港汊，将商业影响向周边二三十里范围内的农村辐射，又可通过干流大港与中心市场及区域市场相联系。"[2]

水运与陆运相比最大的不同就在于有"天然航道的无偿利用"，同时水运还具有运量大、投资省、占地少、运价廉等特点。因此，无论是在传统时期，还是近代，水运都是江南水乡主要的交通手段。在近代新式交通中，水运也是最先发展起来的。清末民初，随着鄞西一地经济社会的发展，传统的小舟、木帆船开始受到新式汽轮的挑战，但传统交通工具仍具有顽强的生命力，新旧并存成为很长一段时间鄞西江河上的醒目风景。

20世纪30年代行驶在内河上的新式汽轮船及其拖船

据记载，鄞西一地最早的小轮出现在清末的1906年，当年鄞江桥人陈品棠经营的鄞奉小轮行驶于宁波至奉化西坞，后因经营不善，于1917年8月转卖给凌信泳，由凌氏改组为鄞奉恒记股份有限公司，该轮继续行驶于宁波至奉化西坞之外，并扩航线于宁波至镇

---

[1] 周时奋主编：《鄞县志》，中华书局1996年版，第1369页。
[2] 包伟民：《江南市镇及其近代命运（1840—1949）》，知识出版社1998年版，第128页。

海。[1]鄞西的近代内河轮运业,是从20世纪20年代中后期才真正快速发展起来。当时一种吃水较浅、成本更低的汽船进入鄞县内河、郊区集镇,由此在鄞县四乡出

20世纪30年代的汽轮及码头

现了置办汽轮、拖带民船行驶的热潮。《鄞县通志》称,鄞西的各塘河航线自"民国十五六年以来,皆改行汽油船"[2]。1927年1月5日《时事公报》报道说:"甬人崔功璋集资开办鄞甬航轮公司,为开通宁波、栎社、沙江口及属鄞西乡之航路起见,特至本埠鸿翔船厂定购汽轮一艘,派行此线。现该新轮已经告成,在一星期内即可开往。"[3]1930年初,县城与黄古林之间也行驶汽轮,3月15日《宁波民国日报》报道说:"鄞西西乡黄古林镇,为出席要区,商业人烟向称繁闹。近有该地士绅方鼎峰等,发起古林汽船公司,购订鄞东鄮溪公司卅批马力之鸿安轮,行驶于黄古林地区,前日正式开驶,由黄古林、镇沅乡、□□□、布政乡、石碶、段塘,直达宁波。闻每日往返四次,风雨不更云。"[4]据经理陈良强及协理王庆余称,该汽船拟定今日正式开航,上午七时由乡开甬,下午二时由甬开乡,其途经每晨由蟗蛟弄起驶经过石马塘、黄古林、俞家、戴家、布政市、石碶、段塘至濠河头,并在濠河头设有办事处。[5]1934年,该航线又新添三十匹马力汽轮,于6月17日

---

[1] 李伟燕:《近代宁波内河轮运业研究(1895—1949)》,复旦大学硕士学位论文,2010年,第16页。
[2] 张传保、陈训正等:《鄞县通志·政教志》,成文出版社1973年版,第1226页。
[3] 《鄞甬增行新轮》,《时事公报》,1927年1月5日。
[4] 《黄古林鸿安轮已开行》,《宁波民国日报》,1930年3月15日。
[5] 《古林汽船开航》,《宁波民国日报》,1930年6月5日。

开行，经塔莲寺桥、栎社、段塘等处。[1] 由于航运繁忙，当年3月，城区至鄞江桥增加汽船，"本埠里濠河至鄞江桥汽船，原有桃源汽轮一只行驶，近以商货拥挤，不克容纳，日前由地方人士王承口、吴有志等呈准航政局行驶鄞江汽船一只，每日与桃源对开行驶，往返旅客，至为称便云"[2]。

表22　1936年鄞县内河干支线客运船统计

航线	航船	汽油船	合计	备注
东乡前塘河干流	23	5	28	含夜航船4
东乡前塘河支流	40	—	40	含夜航船5
东乡中塘河干流	22	6	28	含夜航船13、汽轮拖船2
东乡中塘河支流	17	—	17	
东乡后塘河干流	34	6	40	含夜航船7
东乡后塘河支流	8	—	8	
东乡后塘河支流	33	—	33	含夜航船4
西乡西塘河干流	3	2	5	
西乡西塘河支流	15	—	15	
西乡中塘河干流	8	1	9	含汽轮拖船1
西乡南塘河干流	40	2	42	
西乡南塘河支流	22	2	24	
鄞江干流	17	5	22	
鄞江支流	15	—	15	
江北颜公渠至镇海	48	—	48	
鄞姚航船	23	—	23	
鄞慈航船	38	—	38	
鄞镇航船	15	—	15	
姚江汽轮	—	4	4	
大浃江汽轮	—	4	4	
合计	421	37	458	

资料来源：周时奋主编：《鄞县志》，中华书局1996年版，第1375页。

---

[1] 《鄞城黄古间添驶汽轮》，《上海宁波日报》，1934年6月21日。
[2] 《甬至鄞江桥增驶汽轮》，《宁波民国日报》，1934年3月7日。

内河航船的引入,使得鄞西地区有了快捷有效的交通工具,加强了鄞西与城区和外部世界的联系,便利了人们之间的经济、信息等往来。"鄞江西去接它山,百里长堤几曲弯,晴日放舟真乐事,远峰无数点苔斑。"[1]描写的就是当时鄞西江河上往来船只繁忙的情景。在当时鄞西各条内河航线上,以南塘河最为繁忙。对此周时奋在《风雅南塘》一书中有一番细致的记述:南塘河上的航船十分热闹,民国时期有一个统计,说南塘河上有18班航船,分别开往象鉴桥、宋严王、李家桥(两艘)、石乳桥、布政市、车何堰、戴家、俞家、冯家、大包头、后仓、吴龚、黄古林、前虞堰、上王、蜃蛟弄和梅园山。这些航船开始走南塘河,后来逐渐转到南塘河的支流,如千丈镜河、西洋港河到达各处。其实另有一路的航船始终行驶在南塘河上,那就是开往鄞江桥、洞桥头、沙港口和横涨桥的航船。如果这样算来,起码有22班航船。每天上、下各有22班航船从南塘河上经过,每艘船每次经过都有乘客上上下下,那还不热闹?这是宁波最原始的公共交通。[2]

鄞西的内河轮运业在20世纪30年代中期达到鼎盛,先后成立了8家轮运公司,形成4条主要的航线,拥有一定规模的运输能力。这里我们可以从下面4表中大体了解鄞西新式轮运业的基本情况。

表23　西乡西塘河线汽油船表

公司名称	船名	沿革	马力匹数	船身（单位：尺）			客位价格	容客人数	设备	附注
				长	阔	吃水				
协仁公司	西山	民国十七年十一月备案	16匹	42	7	2	全路19分,半路11分	拖船可容四五十人		
宁安公司	宁安	民国十八年四月备案	14匹	28	6	2.3	同上	—		

---

[1] 张传保、陈训正等:《鄞县通志·文献志》,成文出版社1973年版,第2538页。
[2] 周时奋:《风雅南塘》,宁波出版社2012年版,第16页。

表24 西乡西中塘河线汽油船表

公司名称	船名	沿革	马力匹数	船身（单位：尺）			客位价格	容客人数	设备	附注
				长	阔	吃水				
桃源公司	西山	民国十八年八月备案	—	—	—	—	—	—	—	桃源、鄞凤两公司民国十八年十一月实行联合
鄞凤公司	鄞凤一号	民国十八年八月备案	16匹	28	6	—				
	鄞凤二号	民国十八年十二月备案	—	23	5.5	—				

表25 西乡南塘河干流线汽油船表

公司名称	船名	沿革	马力匹数	船身（单位：尺）			客位价格	容客人数	设备	附注
				长	阔	吃水				
鄞甬公司	鄞甬四号	民国十七年四月备案	25匹	38	7	2.2	全路银币小洋3角，半路1角	拖船容五十六人	—	
丰和公司	江宁	民国十七年四月备案	18匹	28	5.7	1.5	同上	—	—	

表26 西乡南塘河支流线汽油船表

公司名称	船名	沿革	马力匹数	船身（单位：尺）			客位价格	容客人数	设备	附注
				长	阔	吃水				
迅达公司	迅利	民国十八年八月备案	16匹	30	7	2.5				
鄞甬公司	鄞甬五号	民国十六年二月备案	14匹	25	7	2.5				

资料来源：张传保、陈训正等：《鄞县通志·政教志》，成文出版社1973年版，第1229—1230页。

内河轮汽船之所以能在鄞西迅速发展,成为主要的交通工具之一,是因为"它最适合于当时本区的经济发展水平"[1]。首先,相对于其他新式交通工具来说,轮汽船的开办费用较低,再加上鄞西的河道纵横,航道条件较好,兴办轮运只需购买船只即可。其次,和传统的航运手段相比,轮汽船船体稳、不费人力,特别是在航速和载客量上有着巨大的优势。

本地传统的航运工具主要有橹船、竹筏、沙船、脚划船、田庄船、河条船、乌山船、百官船等。到了近代,这些传统的航运工具依然在发挥作用。一般说来,传统的木帆船运价低廉、租用方便,在乡村地区有着巨大的市场,相对于轮汽船来说有着很强的竞争力。例如在鄞西十分有名的"乌山船",当时就有船户购置10艘,"以出租形式经营货运,装载竹木、粮谷等物资,航运于宁波至凤岙、横街头、十三洞桥、山下庄等地"[2]。到了近代,鄞西的传统航运工具仍然在航运业中占据相当的比例。如橹船这种航运工具30年代时仍保持了相当的规模。据《鄞县志》记载,1934年,鄞县全县乡村自备的5400余条橹船(木帆船)均客货兼营。[3]即便是汽船兴起后,木帆航船依然占据着很大的份额。1936年,"航行在鄞西内河干支线上的木帆航船仍然有120余艘,而当时的航行的汽轮也仅有12艘"[4]。

此外值得一提的是,延续了数百年的樟溪旧有竹筏木筏运输,竹筏一般用20支大毛竹,去青皮,以火熏焦防腐后组合而成,每筏首尾两人用长篙撑行,操作艰苦,颇具危险。一筏能载重500公斤左右,多装运粮食、柴木等物。1944年,樟村一带有竹筏143张,并组织筏业工会。1952年,樟村、龙观两地有竹筏177张,建有竹筏运输组,1958年尚有92张,至60年代后绝迹。[5]

可见,这些传统的航运手段并没有因为近代化的轮运兴起而消亡,相反在鄞西的内河航运中仍然占据很大的份额。制约鄞西内河轮运业取代传统航运的原

---

[1] 包伟民:《江南市镇及其近代命运(1840—1949)》,知识出版社1998年版,第131页。

[2] 周时奋主编:《鄞县志》,中华书局1996年版,第1377页。

[3] 周时奋主编:《鄞县志》,中华书局1996年版,第1375页。

[4] 周时奋主编:《鄞县志》,中华书局1996年版,第1375页。

[5] 周时奋主编:《鄞县志》,中华书局1996年版,第1377—1378页。

因很多，主要有三个方面：

首先，新式轮运业投资不足，运力有限。如前所述，30年代鄞西地区航行的汽轮仅有12艘，而木帆航船有120余艘，轮帆比例达到1比10。有限的近代运力难以满足当地巨大的市场需求。

其次，轮船通航里程较短。鄞西的主要干支流均发源于四明山脉，河道上游多为山间溪流，坡降较大，水流湍急，且水

樟溪竹筏

流深浅不一，多浅滩，相对平缓的河段，只能行驶吃水浅的民船。[1] 这样，很大程度上限制了轮船航线的开通。航线里程的限制使得轮运未能深入农村的腹地，因而难以充分发挥其作用。尤其是遇干旱天气，河道低浅乃至断流，内河轮运则不能不停运。例如1935年6月，"西郊桃源、协仁两汽轮，前因河流干涸，船只难行，仅由桃源轮勉强开驶至凤岙市"[2]。

再次，相对于传统水运方式，轮汽船运输的费用往往比较高。关于轮船与民船在货运价目上差别的确切数据，现存记载较少。据包伟民推测："如果以客运价目印证，估计轮运当比民船运输高出约1/3至1/2。"[3] 故传统运力价格优势相当明显。

最后，近代公路运输的兴起，限制了内河轮运的发展。20年代末鄞奉路开通及1935年初该路鄞江支线的通车运行对鄞西的轮运业造成了很大冲击。据说，"鄞江支线通车后，以车价依公里计算，须费六角，因之乘车者不多，该汽

---

[1] 李伟燕：《近代宁波内河轮运业研究（1895—1949）》，复旦大学硕士学位论文，2010年，第135页。

[2] 《西郊汽船难行》，《宁波民国日报》，1935年6月23日。

[3] 包伟民：《江南市镇及其近代命运（1840—1949）》，知识出版社1998年版，第138页。

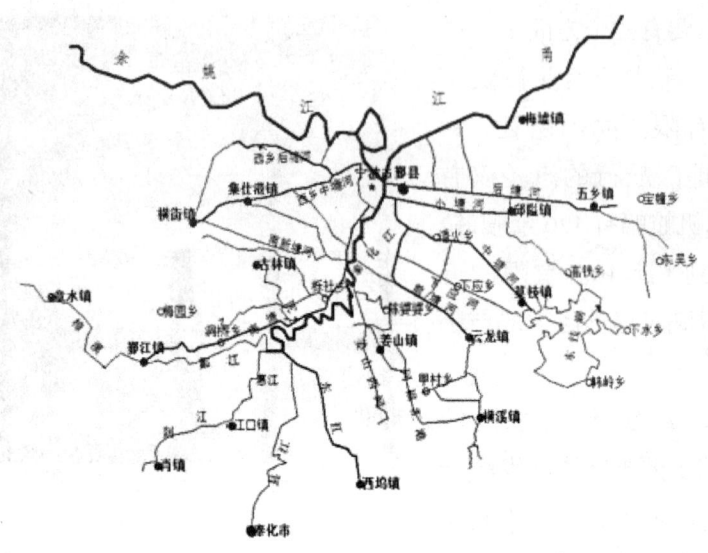

宁波四乡水系图

（图片来源：李伟燕：《近代宁波内河轮运业研究（1895—1949）》，复旦大学硕士学位论文，2010年，第23页）

船公司尚可维持"。但1935年初鄞奉汽车公司宣布跌价后，"汽船公司全体职工等大起恐慌"[1]。最后汽船公司不得不请省公路局出面调解，"决定该段汽车票价为三角三分，汽船票价为一角八分"[2]，才勉强维持生存。可见公路的兴起给内河轮运业的发展带来了巨大的竞争压力，在与公路运输的竞争中，内河轮运时常处于下风。

（二）近代公路的出现

公路这种交通方式具有灵活机动、稳定便捷的优势，适合于短途、运量小的客货运输。从总体来看，整个民国时期，鄞西的公路建设仍处在起步阶段，通车

---

[1]《鄞奉路鄞江支线将跌车价》，《宁波民国日报》，1935年4月21日。
[2]《汽车票价纠纷》，《宁波民国日报》，1936年1月26日。

的里程较短,运力有限,运费较高,这就限制了它对传统交通的冲击力。

30年代起,鄞县政府加大了在公路建设上的投入。1931年,鄞县政府在县道基金上投入24000元,占全县年财政支出的31.52%。[1] 当时鄞县政府"计划以城区为中心点,由此辐射东南西三乡,分五大干线,即宁章线、宁象线、宁道线、横皎线、宁凤线,各干线间复连以支线,成为一扇形路线网",采用官筑商营为主的方式。到1937年,"宁穿、宁横二线与鄞奉、鄞镇慈二线及鄞横支路先后完成通车",而宁横、横皎、宁凤三线由于种种原因,始终未能动工。[2]

1927年,鄞奉两地绅商发起修筑鄞奉公路,其中鄞西旅沪商人孙梅堂尤为积极,不仅出钱出力,而且亲力亲为,倾注了很大的热情。如1928年7月《申报》报道说:"近有旅沪巨绅孙梅堂,见于该路之要,实为将来宁波商业之前驱,特邀同工程师陈露艻,于六月二十九日来甬,旋与绅士张申之等接洽一过,即会同视测路线,是日下午至鄞江桥略事计议。"1929年5月,鄞奉公路建成通车,全长49公里,其中鄞县境内19公里,由鄞奉长途汽

清末光溪桥南之官池墩路边装有电灯

19世纪70年代光溪桥桥顶装有火油灯

---

[1] 鄞县县政府:《鄞县县政府统计特刊·财政类》第二集,鄞县县政府发行,1931年,第154页。
[2] 张传保、陈训正等:《鄞县通志·政教志》,成文出版社1973年版,第1226页。

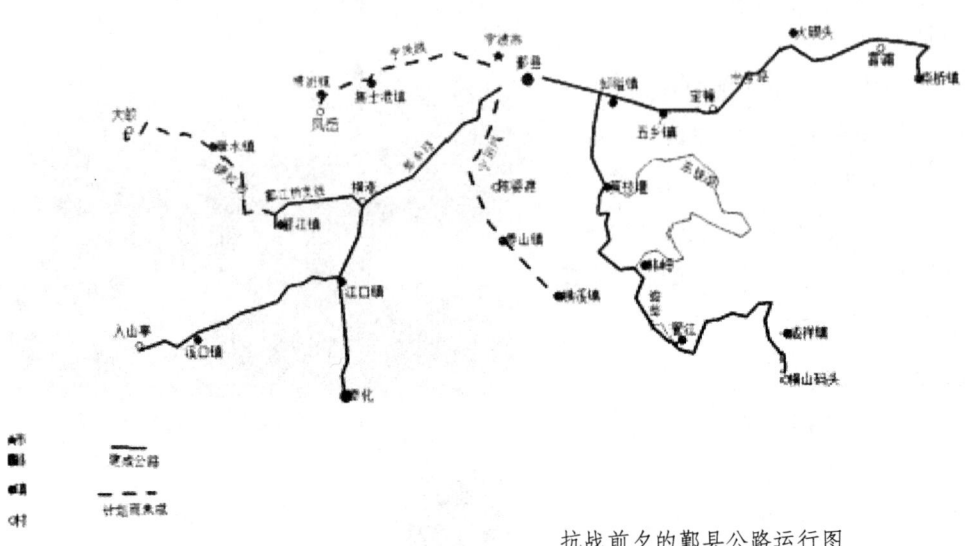

抗战前夕的鄞县公路运行图

（图片来源：李伟燕：《近代宁波内河轮运业研究（1895—1949）》，复旦大学硕士学位论文，2010年，第32页）

车公司经营，设有段塘、石碶、栎社、横涨、前王5站。该公司拥有"客车十八辆，小包车十辆，客车二十四人，小包车六人；货车八辆，每辆载重一吨半"；"资本七十五万元，每月营业收入平均一万八千余元"[1]。1934年，省建设厅向鄞奉公司借款兴筑鄞江桥支线，"借款总额为五万三千元"[2]。1935年1月15日，鄞奉路鄞江支线正式通车，政府租与鄞奉长途汽车公司商办。"该支路全长八公里，设站三处。"[3] 鄞奉路开通特别是1935年鄞江支线上运营后，对改善鄞西交通有一定的作用。但由于运营的里程比较有限，无法深入乡村腹地，其作用不能不打折扣。

同时公路这种近代交通工具的运价很高，相比于传统水运，公路也缺乏竞争力。这是制约公路运输发展的一个重要因素。据说鄞奉汽车公司原本以公里计

---

[1] 张传保、陈训正等：《鄞县通志·政教志》，成文出版社1973年版，第1241页。

[2] 《兴筑鄞江桥支线》，《宁波民国日报》，1934年9月2日。

[3] 《鄞奉路鄞江桥支线》，《宁波民国日报》，1935年1月15日。

算票价，价格昂贵。1935年降价以后的汽车票价还需要三角三分，与传统的木帆航船相比高出十倍不止，"这就不能不被农民视作一项较大的开支"，当然也难以成为普通农民日常出行的首选。[1] 加之当时的公路都是简陋的砂石路，路况较差，也限制了汽车货运能力的发挥。

（三）人力车

人力车是一种用人力拖拉的双轮客运工具。自清末传入鄞县，"分载客、载货两种，载客者俗称'东洋车'或'黄包车'，载货者称板车"[2]。人力车具有便捷、灵活等优点，适用于城区和市镇内小宗货运和客运的需求。因此，随着人力车的传入，传统的轿子和肩挑的运输方式被逐渐取代。20世纪20年代后，人力车开始进入鄞西，并在一些市镇成立了人力车公司。这里可以从下表（表27）中了解鄞西人力车发展的情况。

表27　20世纪30年代鄞西人力车公司一览

村镇	鄞江	樟村	长溪
所在地	西乡鄞江桥	西乡鄞江桥	西乡鄞江桥
创办年月	民国十八年一月	民国二十二年	民国二十三年
股本总额	3000元	—	—
开放〇辆	二十五辆	二十辆	二十辆
〇货价值	每月租金六元	每月租金六元	每月租金六元或七元
行驶区域	自定山桥起，经克溪、邵家、於菟门、后弄、溪东、天象岩、岭下、郑家、樟村街、崔家岙、蜜岩村、董王村，至大皎	同	同
附注	车费每里约三分		

资料来源：张传保、陈训正等：《鄞县通志·政教志》，成文出版社，第1251—1252页。

---

[1] 包伟民：《江南市镇及其近代命运（1840—1949）》，知识出版社1998年版，第125页。
[2] 周时奋主编：《鄞县志》，中华书局1996年版，第1344页。

人力车是近代化的产物，在传统交通工具向现代交通工具的过渡中，起到承上启下的作用。在当时的历史条件下，轻便、价廉的人力车成为人们短途外出的首选。当时社会各界对人力车也多有争议，1947年，鄞县县政府一度"以人力车缺乏人道观念，限令废止"。结果因为"经济基础未立，失业者与日俱增"，遭到反对，而不得不解除。[1] 人力车的传入丰富了人们的交通选择，但它毕竟运输能力有限，只适用于小宗流动，在整个交通格局中仅占据很少的份额。此外，民国后期自行车（脚踏车）也开始出现在鄞西乡村道路上。

（四）近代邮政

为了方便信息往来，特别是沟通在外经商者与家人的联系，20世纪初近代邮政开始深入乡间。到30年代，近代邮政在鄞西已相当普遍。1931年5月，洞桥头邮政代办所成立。报道说："鄞西洞桥头，地居交通要道，而人烟稠密，且多旅居在外者，故信件来去颇多，由鄞邮局派稽查应云山，到乡察观地方情形，有另设信柜之可能，乃委托朱顺成号店主朱久生代为整理，其信袋已于日昨开始发件，自此以后，洞桥居民之来往信件可以直达，毋须再由百梁代办所云。"[2] 1935年，鄞县邮政局全部开通村镇投递及揽收事务，其中一条为鄞西各区邮路，从鄞江桥出发，经过陈家、港岸、桓村、后衕、蜜岩、长沙潭、大皎、小皎、樟村、郑家岭下、天打岩、溪东、钟家潭、於菟门共14个村镇。信差经过各村镇时，他们摇铃通知各农户，除保险信件和包裹外，收送各项信件、邮票和明信片，如需邮递挂号信或快递，须向邮差索取收据作为凭证，但是汇票及各种汇款暂不受理。[3]

---

[1] 周时奋主编：《鄞县志》，中华书局1996年版，第1344页。

[2] 《鄞西洞桥头邮政代办所组设成立》，《时事公报》，1931年5月8日。

[3] 张传保、陈训正等：《鄞县通志·政教志》，成文出版社1973年版，第2356页。

表28　20世纪30年代鄞县邮局线路情况

一等邮局设江北岸	西乡代办所	段塘 2.77公里	西乡信柜	童家横 13.50公里
		石碶 5.56公里		河埠尽头 16.25公里
		栎社 8.34公里		望春桥 5.00公里
		集士港 2.20公里		卖面桥 2.11公里
		樟村 44.45公里		横涨桥 15.80公里
		鄞江桥 33.33公里		石马塘 22.22公里
		黄公林 18.46公里		前虞埠 23.10公里
		高桥 13.89公里		建岙 29.60公里
	南乡代办所	陈婆渡 2.20公里	南乡信柜	张华山 23.22公里
		徐东垛 18.46公里		甲村 22.22公里
		姜山镇 22.22公里		虎啸周 27.78公里
		蔡郎桥 38.88公里		张俞 36.11公里
		胡家坟 43.33公里		

资料来源：张传保、陈训正等：《鄞县通志·舆地志》，成文出版社1973年版，第721页。

近代邮政显然为人们的信息联系带来方便，于是，对于一些地区未能设置信箱，人们则会请求设立。如1948年2月间，鄞江桥人王启宾致函《时事公报》，要求在该地加设信箱。函录如下：

编辑先生：

我们鄞江桥商业繁盛，人口稠密，原设有邮政代办所，前因办理不善，经张子仁君在贵报读者呼声栏提出意见，即蒙邮政当局采纳，将该所业务改为鄞奉合作社代办，居民受惠不少。但鄞奉合作社偏设于许家桥，离市中心区过远，一般居民投寄邮件，颇感不便，深觉美中不足，最好请邮政当局能在鄞江桥街上另设邮政信箱一只，按日由代办所收取邮件，顿见邮递快速。为此恳请贵报披露，敬请邮政当局采纳施行，不胜企祷。

　　此上

宁波时事公报社

鄞江桥读者王启宾[1]

　　鄞西乡村电话则发展相对缓慢，直至20世纪20年代末，西乡白龙王庙、石塘翁家最早装设电话，后又接通黄古林、石马塘、高桥、石碶等处。1931年间，鄞县政府商请省建设厅准由县自办乡村电话，在地方建设经费内，购置了20门交换机一座，设立鄞县乡村电话交换所。当年就装设凤岙市、蜃蛟弄、卖面桥、集士港、布政市、鄞江桥等处。在1935年至1937年的三年间，又陆续扩展了用户线路，有樟村、大皎、蜜岩、后隆、百梁桥等处。[2]

　　总而言之，从鄞西近代交通情况来看，交通现代化还在一个比较低的水平上，仍处于新旧并存、新旧互补的阶段，不仅新式交通难以取代传统交通，而且帆船乃至挑夫等传统交通工具在汽车、汽轮不能到达的地方与场所对近代运输方式往往起着衔接、互补的作用。因此，仅从交通方面来看，鄞西乃至于整个江南地区的近代化变迁，恐怕还只是处于开端而已。但近代交通工具的出现毕竟代表着鄞西交通近代化的序幕已经拉开，并有力地改变了鄞西传统的交通结构，进而推动着本地经济与社会生活等各方面的发展与进步。

---

[1]　《鄞江桥街上请加设信箱》，《时事公报》，1948年2月18日。

[2]　倪维雄：《宁波电话事业的回顾》，《宁波文史资料》第5辑。

第六节　新型经济合作组织
——董江贝母运销合作社及其兴衰

长期以来，在应对自然灾害发展农业生产的过程中，山水相连的鄞西乡民素有守望相助、邻里相帮的传统。进入民国以来，随着西风东渐，经济合作思想开始影响鄞西一地，加之政府当局也力图以此作为当时应对乡村经济危机、开展乡村建设的重要途径而积极加以倡导，于是一批合作社先后在鄞西发起成立，如贝母合作社、草席合作社、蚕业合作社等，其中董江贝母运销合作社是30年代浙江全省规模最大的经济合作组织，名闻遐迩。据说，1934年4月间，不远万里而来的绥远察哈尔的考察员到浙江考察农村建设，省建设厅就介绍他们去参观董江贝母合作社。[1] 可见贝母合作社在当时的影响确实非同一般。

一、贝母合作社成立的背景

如上所述，贝母是鄞西重要的经济作物。作为一种药材，贝母兴衰很大程度上取决于市场，为此长期以来各方围绕贝母销售问题进行了颇为激烈的角逐。正如时人所言："贝母的产额既有限制，而且每年的销路又有一定，自然就很容易引诱富商们来做这笔买卖，跟着社会发展阶段的不同，买卖方式也有各种的变异。"[2]

晚清时，牙行在贝母销售中占有重要地位。"考樟村贝母贩卖组织之沿革，其起源远在民国纪元前三十年，当时有进士方儒棠，发起组织天一贝母行，其性实

---

[1] 林放：《浙江贝母合作社之过去与现在》，《东方杂志》，第32卷，第14号。
[2] 林放：《浙江贝母合作社之过去与现在》，《东方杂志》，第32卷，第14号。

在取佣金,而代农民贩卖。"[1] 19世纪60年代即清同治年间,樟村设有乾一牙行。"凡有贝母出售均由乾一牙行按钱每千抽钱十文,交该行汇收分存生息,以便陆续兴工。"[2] 不久,又开天一行,照式抽捐。[3] 后因同行嫉妒,引发冲突,致使被当局"封闭"[4]。1914年,镇海巨商方椒伯、李安绥等投资10万元发起创办实益公司,以期垄断贝母产销。[5] 不久,甬上药商翁仰青联络与药行开办高通和贝母公司,与之抗衡,但1年后都相继倒闭。结果仍是药行贩客利用抑勒手段,坐收厚利,而乡民生计垂绝。[6] 时人称"樟村从产贝母以来,就有本地人的贝母贩子,由贩子收集各产户的燥货运到宁波各大药行去卖,再由药行转售给各省来采办药材的'水客',在辗转接受的过程中,自然免不了要受中间人的种种欺骗与剥削,农民无力自主,完全听从市场供求法则的支配"[7]。1917年,樟村贝农一度自行集合资本,组成实益贝母公司,自收自卖,以谋维持。[8] 由于药商串同商贩出而反对,该公司并没有维持多久。[9] 1922年,甬上药商翁仰青又拉拢了一批豪绅与贩子组织贝母组合所,办法和实益公司一样,系完全为公司性质,专收农民贝母,开设普源公司,专卖所收之贝母,"意图专收独卖而居奇垄断,引起地方人士之反对,发生冲突,辗转涉讼"[10]。直至1927年国民革命军占领宁波,此事才不了了之。[11] 尽管如此,而"贝母集中贩卖,可以提高价格之印象,则因此而深入民心矣"[12]。所以经过多年的波折,如何组织起来开拓市场成为贝农的共识。

---

[1] 《董江贝母运销合作社概况》,《近代鄞县史料辑录》,天津古籍出版社2013年版,第41页。

[2] 《鄞县正堂孙示》,《申报》,1875年12月8日。

[3] 《太守新政》,《申报》,1877年12月10日。

[4] 《太守新政》,《申报》,1877年12月10日。

[5] 林放:《浙江贝母合作社之过去与现在》,《东方杂志》,第32卷,第14号。

[6] 《贝母问题之恐慌》,《申报》,1927年11月5日。

[7] 林放:《浙江贝母合作社之过去与现在》,《东方杂志》,第32卷,第14号。

[8] 《贝母问题之恐慌》,《申报》,1927年11月5日。

[9] 《贝母问题之恐慌》,《申报》,1927年11月5日。

[10] 《董江贝母运销合作社概况》,《近代鄞县史料辑录》,天津古籍出版社2013年版,第41—42页。

[11] 林放:《浙江贝母合作社之过去与现在》,《东方杂志》,第32卷第14号。

[12] 《董江贝母运销合作社概况》,《近代鄞县史料辑录》,天津古籍出版社2013年版,第42页。

而二三十年代合作思想及实践则直接推动了贝母合作社的出现。20世纪初西方合作主义思潮传入中国,进入20年代后人们更是将合作社与乡村建设问题联结起来,认为引导农民组建合作社是挽救乡村经济危机的有效方法。[1] 紧接着,各地合作社在华洋义赈会等民间团体的积极倡导之下,得到了较快的发展,并引起了统治当局的关注。南京国民政府成立之初,面对贫弱的乡村,迫切需要整合乡村,解决民生问题,以复兴经济,同时为其政治合法性赢得广大农民的支持。为此,在当局的积极介入下,一场乡村合作运动随之展开。南京政府指令派员宣传合作事业并指导各地组织合作社。鄞县一地合作运动始于1929年秋。"在此其间中,指导员除少数时日在内部办理关于合作文件外,概派往县境各处从事调查经济状况,以为从事组织各种合作社之依据;并随时宣传合作事业之效用,及设立合作社之方法与步骤等,俾人民有所了解,唤起其为实际上之组织。"[2] 1931年,鄞县合作事业促进委员会成立,其职权有三:一是秉承上级机关命令办理合作事业;二是关于本县合作事业之计划宣传指导组织事项;三是供给促进全县合作事业有效办法。[3] 于是在合作事业促进委员会的促进下,一批合作社在鄞县一地应运而生,贝母合作社即是其中之一。

二、贝母运销合作社的建立及演变

1932年春,周渭载向省建设厅建议设立浙贝母专卖局,建设厅则饬令宁波地方政府查复。但对于设立专卖局一事,宁波地方政府唯恐引起新的纠纷,未予同意,而倾向于成立合作社。"第以兹事体大,未易轻举,遂亦中止。"[4] 正在政府

---

[1]《20年代末30年代初鄞县建设概况》,《近代鄞县史料辑录》,天津古籍出版社2013年版,第301页。

[2]《20年代末30年代初鄞县建设概况》,《近代鄞县史料辑录》,天津古籍出版社2013年版,第303页。

[3]《20年代末30年代初鄞县建设概况》,《近代鄞县史料辑录》,天津古籍出版社2013年版,第302页。

[4]《20年代末30年代初鄞县建设概况》,《近代鄞县史料辑录》,天津古籍出版社2013年版,第306页。

层面尚在犹豫之际，地方人士已率先行动酝酿设立合作社。当年 10 月，樟村人郑嘉豪、周纬星、许有恒、崔幼璋等人发起筹组堇江有限责任贝母运销合作社。他们认为："因受时局趋势之关系，皆有改良贩卖组织，节制生产及提高售价之要求。""矢志改善农村经济，谋桑梓之福利，祛除商贩之剥削，以维持贝母之价值，于是遂有发起组织堇江贝母运销合作社之动机焉。"[1] 当他们要求政府派员指导时，地方当局的反应相当迅速，马上派合作事业指导员叶叔亦前往樟村，不久即聘请就地热心人士 70 余人为筹备委员，组织筹备委员会，负责进行一切事宜。并决定由合作事业指导员常驻该处，从事计划指导，并与筹备委员会常委，按日分赴各处，集合村民宣讲合作的意义及组织贝母运销合作社之利益等。

1933 年 1 月间，合作社草案经县政府核准后，便从事征求社员之工作。筹备之初，商民仍有顾虑，多采取观望抵制态度。为打消其顾虑，筹备委员会决定，凡是加入该社社员的所有尚未售出之陈贝母，由筹备委员会议决一律集中，由合作社趸批发售，加之经过宣传发动，于是人们纷纷要求加入合作社。甚至"颇有登高一呼万山响应之势，因此加入之社员顿有五千余"。不到 1 个月，征求工作即告完成。[2] 据称"入社的产户占总户数的十分之七八"[3]。

1933 年 3 月 6 日，是一个值得纪念的日子全省规模最大的合作社——堇江贝母运销合作社在樟村文昌阁成立。据载，成立场面非常隆重，与会人员众多。当时省建设厅委派合作专员唐巽泽专程参加。鄞县政府及本地各机关团体学校均派代表与会，"参会社员代表二百余人暨来宾旁观者，总计不下二三千人，跻跻跄跄，诚一时盛事也"[4]。在随后举行的第一次社员大会上，通过了合作社章程，讨论提案，并选举理事、监事、经济委员、评判委员等。"不久各种委员会先后成立，各种委员亦分别就职，并依章造具社章及社员名册等，向鄞县政府为成立之登记，当经核准转呈备案，于是堇江合作社竟在农村经济衰落声中而诞生焉。"[5]

---

[1]《堇江贝母运销合作社概况》，《近代鄞县史料辑录》，天津古籍出版社 2013 年版，第 42 页。
[2]《堇江贝母运销合作社概况》，《近代鄞县史料辑录》，天津古籍出版社 2013 年版，第 43 页。
[3] 林放：《浙江贝母合作社之过去与现在》，《东方杂志》，第 32 卷，第 14 号。
[4]《堇江贝母运销合作社概况》，《近代鄞县史料辑录》，天津古籍出版社 2013 年版，第 43 页。
[5]《堇江贝母运销合作社概况》，《近代鄞县史料辑录》，天津古籍出版社 2013 年版，第 43 页。

《鄞县堇江有限责任贝母运销合作社章程》共八章六十五条，包含总则、社员、社股、职员及会议、业务、盈余分配及损失分担、解散及清算及附则。根据规定：本社之组织为有限责任。合作社全称"鄞县堇江有限责任贝母运销合作社"，社址位于鄞县樟水镇文昌阁，系由乡民组织而成，定期100年，期满可经大会同意延长。目的为适应现代之趋势特发起组织合作社，以自助互助之精神，通力合作之方法，研究种植，改善品质，提高贝母价格，打破商人购销垄断，提高乡民生活水平，发展农村经济。[1]

合作社社员以鄞县第六、第七两区内乡民为限。凡是民国人民，不论性别，年满20岁，居住于本社区域内，有种植贝母者，且品性纯正，行为忠实，热心提倡合作事业者，均可参加合作社组织。若有下列情事之一，则不能申请为社员："一、褫夺公权者；二、受破产之宣告尚未撤消者；三、禁治产者；四、吸食鸦片或其他代用品者。"[2]

合作社为乡民自愿组织，自应入社自愿，退社自愿。依据章程规定，有请求入社者，须有社员二人以上之介绍，经社务委员会之同意，及社员大会出席社员过半数之追认。同时应缴纳入社费小洋六角，但死亡社员之承继，如在该社员死亡后六个月内请求入社，得免除入社费，对于入社前之社内债务，应与旧社员负同样的责任。合作社向社员收取入社费，一方面出于对入社人员资格的限制，一方面出于经费周转的考虑。就退社来说，为违背入社资格，死亡和主动出社，及被除名者。[3] 为了保持组织的稳定，对于出社章程规定不得无故退出，即使有正当理由，亦应当提前三个半月提出正式请求书，经社员大会出席社员四分之三以上同意方能退社，其股份及股息、盈余，应在组织事业年度结算。自然，退社资金于年终结算是出于经费考虑。合作社经费来源中即有社员缴纳的股金。章程规

---

[1] 《鄞县堇江有限责任贝母运销合作社章程》，《浙江省建设月刊》，1934年第8卷第2期，第6—12页。

[2] 《鄞县堇江有限责任贝母运销合作社章程》，《浙江省建设月刊》，1934年第8卷第2期，第6页。

[3] 《鄞县堇江有限责任贝母运销合作社章程》，《浙江省建设月刊》，1934年第8卷第2期，第8页。

定:"社员入社时,每股应缴纳第一期股金两元,其余八元,限本年内缴足之。本社社股绝对不许转让,但社员死亡时,其继承人得继承其股份,惟需先期履行入社手续。社员缴足股金后,由本社发给股票,但股票不准抵押或买卖。"[1] 按此计算,合作社社员拥有5000余人,应有1万~5万经费,数目颇为可观,因此社员股金是否及时缴纳,在某种程度上将影响合作社的运行。

贝母合作社成立之时,采取委员制,不设经理之职,以理事会主席负责全社一切业务,社员代表大会为最高权力机关,由代表大会生产理事会、监事会、经济委员会及评判委员会,理事会具体执行一切社务。"理事会因业务之关系,分为总务、指导、仓库、运销、检查五股,而总务股又分为会计、文书、庶务三处。"理事会设理事11人、候补理事5人,监事会设监事7人、候补监事3人,通称社务委员,由大会出席社员四分之三以上同意任职或罢免,任期各一年,可连选连任,各推主席一人,主席不在可互推代理。"各股股长皆由理事会常务委员兼任之,各股办事员由理事会主席聘请之,但须经理事会通过;大会所产生之各种委员,除理事会常务委员完全为给职外,其余各种委员亦给以相当之酬劳金。全社各处聘请之办事员均由理事会规定薪金之等级。"[2] 合作社办事机构,除樟村本社为总办事处外,在宁波及鄞江桥均设分办事处,但其业务仍直隶于总办事处。"[3] 基于社员之上的社员代表大会、理事会、监事会等科层化的组织体系,提高了贝母合作社事务管理中的民主化,也便于发挥单体的功能,从而达到提高整个组织效率的目的。

贝母合作社组织系统如下:

---

[1]《鄞县菫江有限责任贝母运销合作社章程》,《浙江省建设月刊》,1934年第8卷第2期,第9页。

[2]《菫江贝母运销合作社概况》,《近代鄞县史料辑录》,天津古籍出版社2013年版,第43页。

[3]《菫江贝母运销合作社概况》,《近代鄞县史料辑录》,天津古籍出版社2013年版,第44页。

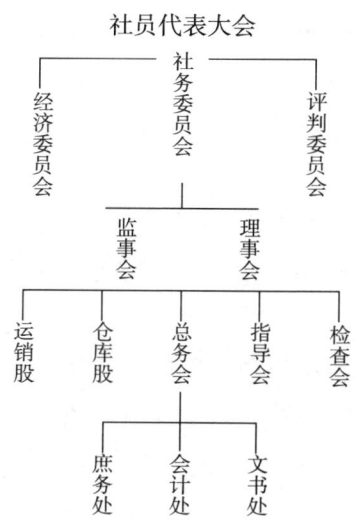

1934年9月，贝母合作社将委员制改为经理制，改聘应伯虞为本社经理，郑嘉豪、曾省三为副经理。经理以下分总务、调查、运销三股，会计主任下设簿记、出纳、审计三员。[1]

进入1935年，贝母合作社组织又有变化，即在当局促成下，"堇江贝母运销合作社，扩充为浙江贝母运销合作社"。当时的大背景是为了应对即将到来的中日战争，国民政府加快了经济统制的步伐，许多重要物资都在统制之列，贝母也难以例外。而省建设厅的理由是，"以本省贝母出产，以鄞县为最多，上虞余杭等处亦有少量出产，每年销售沪汉为数甚巨，惟产户相率竞销，致生产过剩，为补救起见，将堇江贝母运销合作社，扩充为浙江贝母运销合作社，统筹管理运销，以期增加产户利益，在鄞县、余姚、慈溪、奉化、镇海、象山、上虞及杭市等地设立分社。"[2] 贝母统制办法还得到国民政府最高层蒋介石的复电认可，"认为妥善，足以平衡产销供求"。据此，浙建设厅要求限期成立全省贝母合作社。这

---

[1] 《堇江贝母合作社改组为经理制》，《宁波民国日报》，1934年9月22日。
[2] 《浙贝母合作社借款四十万》，《东南日报》，1935年5月10日。

样贝母合作社实际上就由独立的经济自治组织成为政府控制的一个经济组织了。

三、贝母运销合作社业务内容及成效

根据章程,合作社业务内容共有13条。这些规定涉及贝母种植、加工、运销、价格、分配等多个方面。合作社成立后,根据章程开展了多方面工作,特别是在限制产量、统一征集、统一销售、流通金融方面,作了较大努力,也取得了一定成效。第一,限制贝母生产,以提高贝母价格。贝母价格主要受供求关系影响。"盖贝母之为物,本系药材,大非与普通农产品所可相提并论也,贝母既为药物,故为无弹性之物品,多则贱而少则贵,此当然之理也。查历来每年之输出额最多不能超过六十万斤,而年来产额略增,每年之最高产额已达一百万斤之多,是以供需未能平衡,遂呈有生产过剩之现象,致贝母价格日趋低落。故限制生产之要求应运而生,亦受环境逼迫所致也。"[1]于是合作社决定对贝母种子种植及播种区域加以限制。"对于种子则规定在新货登后,一律将老种掘起,以半数作种半数作药,改复式之繁殖而为单式之生产,以维持其原有之产额;对于播种之区域,则限于本畈之原有种植地,不得任意种植,但特殊情形经理事会许可者,得向合作社领取放行证,贝母始可揣往外区地域种植。"[2]这样,贝母产量得到了控制,价格随之上涨。"本县樟村所产贝母(入药),亦为特产,其出品向受客商垄断,售价每百斤只有三四十元。现在该处组织堇江有限责任贝母运销合作社,价格已逐渐增高,每百斤递涨至七十余元,农村经济受益匪浅。"其最高时,每百斤可值百余元。在最初一段时间,合作社"每年营业总额不下百万元,堪为吾国合作社之巨擘矣"[3]。

第二,贝母由合作社统一征集,统一加工,统一销售。章程规定,社员所

---

[1]《堇江贝母运销合作社概况》,《近代鄞县史料辑录》,天津古籍出版社2013年版,第47页。

[2]《堇江贝母运销合作社概况》,《近代鄞县史料辑录》,天津古籍出版社2013年版,第47—48页。

[3]《20年代末30年代初鄞县建设概况》,《近代鄞县史料辑录》,天津古籍出版社2013年版,第304页。

董江贝母合作社所植贝母

（图片来源：鄞县建设科：《鄞县建设》第一集，鄞县建设科发行，1934年）

产贝母，应将鲜子交合作社集中加工，做成燥货，并委托合作社贩卖，不得私自出售或赠与，社员之间也绝对禁止互相买卖或赠与，贝母种子也不许卖与或赠与非社员。贝母价格统一由合作社根据情况划定，社员不得自行指定。

具体方法是：贝母在立夏节后为成熟时期，由农民自行起掘，是时合作社按各村贝母产量之多寡，分段设立制造厂，由合作社支配设立，并委派各村之社员代表担任厂主任，每村并设有总主任，有设厂条例，规定制造之办法。社员掘起之贝母应交与各该所属之制造厂，归厂加工制造，集中晒燥。社中并设有检查员车巡队，每日分赴各村巡视监察，将检查之情形按日列表逐日送社登记。而全体社务委员是时亦均出发前往各村各制造厂，督促工作之进行。各厂工人统计约千人，加工费每担为二元，总计加工费总额在二万元以上。贝母一经晒燥，即由评判委员负责检查潮燥，评定优劣，并除去杂质而求品质之纯粹。经评判后，乃由社雇工包装，包装之麻袋上有合作社之牌号，且印有制造厂之号数，每袋规定市秤二百斤，用市磅过秤，重最准确，而示一律，以便计算。贝母之制造，为分珠贝及元宝贝两种，分别包装，袋上盖有"珠贝"及"元贝"之字样，以便区别而利检查。[1]

在销售方面，合作社积极开拓销路。先是与宁波各药行联合组织大中贝母专卖所，订立专销特约，所有合作社社员之贝母，由该专卖所专销。[2] 后复与汇源、宝和、宝盛、懋昌四家药行订立专销契约，于是售出陈贝母 5 万斤，价格第百斤（市秤）平均 60 元，共计 3 万余元，即将货款分发社员，因之人心大定，而色喜颜开"。[3] 贝母专销确实成绩可人，"本年第一批售出贝母十六万斤，价格每百斤平均一一○元；共计六万余元，较诸开始时脱售之价格，增高几近一倍。是以在贝母之运销，实行共同贩卖之利益言之，则已经见有相当实效矣"[4]。1934 年 5 月，"该社仍与宝盛等四行续订故约，……至于第四盘货额及款项，亦以成交，计共四十余万元之巨云"[5]。可见，在开拓销路方面，合作社也是有所作为的。

第三，流通金融方面，努力改善社员生产生活条件。合作社资金一方面用于贝母购销，一方用于救济乡民，满足社员日常消费支出。由于"贝母之出售，无一定之时期，货款之分发亦无一定之时期，致未能应社员之急需。"为顾全社员之经济困难，合作社积极与银行联络，先后抵押贷款 38 万余元，"均按各社员贝母之数量分配之，而贷诸社员，月息一分。俟贝母逐次出售，分期扣还。[6] 此外，合作社还设法救济贫穷社员，"一般贫穷农民依向来习惯，一经掘起，即售于合作社。为设法救济贫穷社员起见，特向宁波中国银行信用借款四万元，提出二万元专作为贫穷社员贷款之用"。为便利社员购买食粮及肥料，合作社还设立购买部，"直接贷社员以食粮与肥料，谋社员在购买上之有利"。[7] 可见，合作社在推动生产和救济乡民生活方面也发挥了作用。

---

[1]《堇江贝母运销合作社概况》，《近代鄞县史料辑录》，天津古籍出版社 2013 年版，第 44—45 页。

[2]《堇江贝母运销合作社概况》，《近代鄞县史料辑录》，天津古籍出版社 2013 年版，第 45 页。

[3]《堇江贝母运销合作社概况》，《近代鄞县史料辑录》，天津古籍出版社 2013 年版，第 45 页。

[4]《堇江贝母运销合作社概况》，《近代鄞县史料辑录》，天津古籍出版社 2013 年版，第 45 页。

[5]《贝母合作社本年专销契约成立》，《宁波民国日报》，1934 年 5 月 12 日。

[6]《堇江贝母运销合作社概况》，《近代鄞县史料辑录》，天津古籍出版社 2013 年版，第 46 页。

[7]《堇江贝母运销合作社概况》，《近代鄞县史料辑录》，天津古籍出版社 2013 年版，第 46 页。

1934年贝母合作社成立一周年纪念场景
(图片来源：鄞县建设科：《鄞县建设》，鄞县建设科发行，1934年)

显然，堇江贝母合作社的成立为鄞西社会经济的发展带来生机与活力，特别是在统一加工、统一销售方面颇有作为，一时合作社名声大震，时人称"其规模之宏大，恐为我国已成立之合作社所罕能颉颃者"。[1] 参观者甚至络绎于途。"一般农民认为合作社是救星，热烈地拥护着"。[2]1934年4月2日该社举行周年纪念，场面十分隆重，"上午欢迎来宾，下午开庆祝大会，并改选各种委员，晚上放映电影，二日下午由章溪剧社社员表演新剧，以助余兴。闻该区各村社员，兴高采烈，筹备灯彩，是日必有一番热闹云。"[3]

但好景不长，进入1935年，合作社就危机四伏，各种矛盾与纠纷不断。到次年6月，该社实际上处于停顿状态。6月15日，《申报》以"贝母合作社停顿"为题报道说：堇江贝母合作社去年因内部纠纷迭起，社务无法进行，尤以已收定洋之鲜贝既不能照领全价又未能将货脱售，进退维谷。时适王世和假归故里，当由社员恳请王设法主持。王经勉允出而维持，擘画经营，已小有端倪。近王鉴于内

---

[1] 《堇江贝母运销合作社概况》，《近代鄞县史料辑录》，天津古籍出版社2013年版，第41页。
[2] 林放：《浙江贝母合作社之过去与现在》，《东方杂志》，第32卷第14号。
[3] 《贝母合作社举行一周纪念会盛况》，《宁波民国日报》，1934年4月5日。

部纠纷重重，适奉令销假，当即辞去社务，因此社务又陷停顿。前与浙江地方银行之借款现已到期，而社中负责无人，贝价大跌，闻拟将抵押之百余万斤贝母拍卖清偿。至当年7月，终于宣告瓦解。[1]

四、贝母合作社解散之原因

轰动一时的堇江贝母运销合作社从成立到瓦解不过三四年时间，正所谓其兴也勃焉，其亡也忽焉！究其原因，归结起来主要有以下几点。

第一，直接的原因在于上海市国药业公会垄断压价，借故作祟，使贝母合作社与各埠药商中断交易，1935年该社收购的100余万斤贝母仅销出三分之一，致使合作社难以为继。[2] 市场是贝母业兴衰之关键，贝母运销合作社顾名思义是以销售作为该社的主要业务。合作社成立后，多方联络，努力开拓市场，也取得了一定成效。但在开拓当时中国最大的药业市场——上海时，却遭遇了强大的障碍。尽管其间在上海拥有重要影响力的宁波旅沪同乡会与张申之等多次居间调解，各方一度也于1934年10月达成协议，[3] 终因既得利益的上海市国药业公会不肯退让而破裂。

第二，政府的不断介入使得合作社失去了独立性乃至进退失据。所谓成也萧何，败也萧何。政府在贝母合作社中扮演了极为重要的角色，却也是合作社趋于瓦解的一大原因。有学者指出，1927年后国统区的合作事业确实存在着"国家化"的趋向，合作社本身正是政治力量介入下兴盛起来的。[4] 这从贝母合作社就可见一斑。如上所述，贝母合作社是在政府的促成下成立的，不久"奉建设厅唐委员暨陈县长面嘱"，改委员制为经理制。[5] 此时尽管以政府为背景的浙江省地方银行予

---

[1] 《贝母合作社瓦解》，《申报》，1936年7月24日。

[2] 周时奋主编：《鄞县志》，中华书局1996年版，第853—854页。

[3] 《贝母纠纷解决》，《申报》，1934年10月28日。

[4] 汪驷效：《政府和民间在社会建设中的角色担当》，《兰州大学学报（人文社会科举版）》，2014年第4期，第35页。

[5] 《堇江贝母合作社改组为经理制》，《宁波民国日报》，1934年9月22日。

以合作社贷款，但"地方银行早已派了一批人，管理了合作社一切收支账目，同时建设厅派去的合作指导员，已做了合作社的副经理。实际上控制了合作社。"[1]1935年，又在当局的授意下，该社扩充为浙江贝母运销合作社，强行限期将贝母合作社组织结构纳入到省厅管理之下。对于社内业务活动则采取行政命令的形式，"由县查明产户姓名，亩分地址，燥货约数，严禁隐匿浮报，收卖价格呈厅核定，并限鄞县政府指导董江社负责设筹备处，于本月拟具章则呈核，省社成立后，以鄞县为主管机关，将来如有盈余，除偿还社中继承所得之旧欠外，按照燥货量比例发给社员，如有违背法令，一经查获，由社将其贝母及种子起掘没收，股金充公，再由各县市通饬药行业商贩，不得收买贝母，否则由县予以处罚，将货充公"[2]。对此，时人感叹道：银行资本是怎样在统制着农村经济，建设厅是怎样利用银行资本去操纵合作社了！[3]

而在实际运行过程中，合作社被认为是"救济农村之机关，行一事，定一法，在以政府命令为圭臬"。[4] 正如时人所言："我们知道固有的所谓'选自民间'的理事会监事会的诸位就地士绅，现在只在地方银行与建设厅的指令之下，尽了'技术'的任务——购眼线，侦查私行销售，代发货款等等，而所谓有产权的社员呢，也只有在'统制'的大帽子之下，俯首听命了。"[5] 这样，本来应该是合作社主体的社员完全被排除在组织之外。尽管如此，政府的"统制"并没有统到底。如在事关合作社生命的贝母销售方面，政府就无所作为，任由其在市场上沉浮，以致兵败上海滩。最后"当局亦无切实救济办法，以致无法复兴"，便又放弃统制，撒手不管，任其瓦解。[6]

第三，合作社本身存在着先天不足，无非是以一种形式的"垄断"取代原有的"垄断"。合作社在名义上是办理运销，每批售得的货款，平均分发给社员，实

---

[1] 林放：《浙江贝母合作社之过去与现在》，《东方杂志》，第 32 卷第 14 号。
[2] 《浙建设厅限期成立全省贝母合作社》，《杭州东南日报》，1935 年 5 月 22 日。
[3] 林放：《浙江贝母合作社之过去与现在》，《东方杂志》，第 32 卷第 14 号。
[4] 《国药业反对贝母声中甬同乡会转函疏解》，《申报》，1934 年 9 月 12 日。
[5] 林放：《浙江贝母合作社之过去与现在》，《东方杂志》，第 32 卷第 14 号。
[6] 《贝母合作社瓦解》，《申报》，1936 年 7 月 24 日。

际上是等于定价收买,"第一年建设厅限定每百斤一百五十元,产户实收的恐只有六十元;第二年只有四十元,还都是分作三四批付清的,因此产户对于合作社的信仰,一天不如一天了。"[1] 同时,合作社对贫苦社员的救济不仅为数甚少,而且手续烦琐。"贷款之手续须先经当地社员代表作担保证明贫穷,而经翻查属实者方有贷款资格;以此项借款纯是救济性质,故最多额不得不有相当限制,规定最多额不得超过二十元为原则,在将来贷款项下扣还之。"[2] 这样,原来视合作社为救星的贝农开始失望、不满,乃至怨声载道。为维持生计,贝农私运、偷运事件不断发生,与合作社的纠纷乃至冲突不断。而合作社的对策竟是借助警察,武力相向,以致经常发生暴力事件。如 1935 年 5 月 14 日《杭州东南日报》报道说:"鄞西堇江贝母合作社为办事便利起见,特于鄞江桥设有分社一所,以理事刘祁尹为主任,周绍文、邵有邻等为办事员,十日下午一时,为社员许信贵私在家做晒贝母,为该社知悉,时刘祁尹上甬领款,由周邵二人往劝阻,双方因言辞不合,遂起冲突,当经鄞江桥二分局警士劝息,周邵二人因心有不甘,向二分局验伤控告,由该局饬警拘捕,遂引起鲍阿华、陈谟道、许渔镇等不满,由刘阿忠、朱阿聚、立文、文德等四人鸣锣聚众千余人,于晚七时,蜂拥向该社进发。时该社主任刘祁尹已回社,见来势汹涌,偕社中员役从后窗避走,致该社房屋一切器具,捣毁无遗,损失在五千以上。事后刘等分向法院县政府控告,县政府得报,即派合作指导员叶枚,会同督察员麻起下乡莅勘,当经麻督察员捕获主犯鲍阿华一名,昨已解县"。[3] 从现实角度看,贝母合作社采取的统销统购政策其实也是一种垄断,在经济困顿之下社员不得不违反章程,于是社内外勾结私自掘土贩运贝母现象屡禁不止,以致合作社中人感慨:"厥惟奸商陆续偷运,以致整个统制政策,蒙受极度影响。"[4]

总的看来,鄞西贝母运销合作社,作为由乡民组织而成的新兴经济组织,以自助互助为精神,形成贝母种植、生产、销售及贷款等多方面的业务内容,一度使贝农摆脱困境,并推动了乡村经济的发展。但政府的强势介入,合作社并不能

---

[1] 林放:《浙江贝母合作社之过去与现在》,《东方杂志》,第32卷第14号。
[2] 《堇江贝母运销合作社概况》,《近代鄞县史料辑录》,天津古籍出版社2013年版,第46页。
[3] 《乡民毁合作社》,《杭州东南日报》,1935年5月22日。
[4] 《堇江贝母合作社严杜偷溜》,《宁波民国日报》,1936年2月23日。

完全或真正实现其宗旨,而终归于瓦解。这实际上是当时各地迅速发展起来的合作社所面临的共同困境。有学者指出:"国民党执政之后所极力倡导并推行的合作运动,是在现实主义政治需求占据主导的情况下,以政治强制手段推进而实现的,合作经济组织在这一过程中又走上了畸形化的发展道路。合作运动自身的这种异化,不仅使国民党以和平手段实现耕者有其田的目标化为泡影,更为重要的是,极度削弱了运动的经济功效,使国民党复兴农村经济的目标变得遥不可及。"[1] 显然,失去中国农村社会构成主体农民的支持,合作运动已成为无本之木。

---

[1] 李玉敏:《国民党乡村整合失败原因探析——以合作运动为视角》,《青海社会科学》,2006年第6期,第104页。

第三章 近代鄞西社会结构变迁

成书于上世纪30年代的《鄞县通志》称"欲明地方进化之蜕影，则于历来乡居之息耗，可以见其所以然；欲明地方开发之过程，则于现实村落之形成，可以见其所必至。"[1]社会结构的变动是社会变迁的核心所在，而经济基础的变化决定了社会结构变化的广度与深度。传统乡村社会深层次结构以小农经济为基础。进入近代，在近代化浪潮的冲击下，鄞西社会结构发生了重要变异，一方面，由于以近代工业为代表的新兴生产力相当有限，以水利共同体为基础的鄞西社会人口结构并没有受到大的冲击，表现为家庭结构与市镇人口没有大的变化，或曰变化相当缓慢。但另一方面，受近代化因素的牵引，工商人数特别是外出人数大量增加，即使传统家族也纷纷向工商家族转变，同时在社会经济发展的推动下，社会组织大量涌现并在鄞西社会发展进程中扮演重要角色，由此推动传统社会向现代社会的转型。

第一节　职业与阶层
——绅商群体的崛起

近代以来，中国士农工商的传统社会结构在外力的冲击下开始出现新的变化，其中职业与阶层成为鄞西社会结构变动的重要组成部分，乡民的职业选择日

---

[1] 张传保、陈训正等：《鄞县通志·舆地志》，成文出版社1973年版，第435页。

益多样化，社会结构日趋复杂。学者郎友兴指出："随着近代工业对乡村社会的影响，传统江南市镇在职业、阶层结构方面出现了一些变异，尽管其变化比较微弱，但却颇有意义。"[1] 近代鄞西可以为此结论提供一个有力的注脚。

从《鄞县通志》在 1933 年对鄞县乡镇户口的调查统计中，可以了解鄞西民众职业分布情况：

表 29　鄞县第六区县民职业统计表

业别 项别		有职业者										无职业者		
		党	政	军	警	农	工	商	学	自由职业	其他	总计	失业	无业	总计
男	人数（人）	7	17	9	39	21354	8107	9691	438	721	974	41357	589	13553	14142
	百分比（%）	0.02	0.05	0.03	0.09	51.66	19.54	23.46	1.06	1.74	2.35	100	4.17	95.83	100
女	人数（人）	—	—	—	—	85	26877	893	1	283	2648	30787	191	19914	20105
	百分比（%）	—	—	—	—	0.30	87.03	3.09	0.01	0.92	8.65	100	1.00	99.00	100
男女总比（%）	男	100	100	100	100	99.60	23.20	91.50	99.70	71.80	26.90	57.30	75.50	40.50	41.30
	女	—	—	—	—	0.40	76.80	8.50	0.30	28.20	73.10	42.70	24.50	59.50	58.70
有业无业总比（%）		—	—	—	—	—	—	—	—	—	—	67.80	—	—	32.20

---

[1] 郎友兴：《从传统走向现代：一个江南市镇社会结构在近代的嬗变》，《浙江大学学报（人文社会科学版）》，2005 年第 3 期，第 145 页。

表30　鄞县第七区县民职业统计表

业别 项别		有职业者										无职业者		
		党	政	军	警	农	工	商	学	自由职业	其他	总计	失业	无业	总计
男	人数(人)	—	28	16	29	13861	6038	3361	160	64	321	23878	52	25	77
	百分比(%)	—	0.11	0.06	0.12	58.10	25.24	14.10	0.66	0.26	1.35	100	67.53	32.47	100
女	人数(人)	—	—	—	—	9050	37	9	7	8852	—	17955	—	12719	12719
	百分比(%)	—	—	—	—	50.35	0.22	0.06	0.04	49.33	—	100	—	100	100
男女总比(%)	男	—	100	100	100	58.80	98.80	94.60	90.00	3.60	100	57.07	100	0.20	0.70
	女	—	—	—	—	41.20	1.20	5.40	10.00	96.40	—	42.93	—	99.80	99.30
有业无业总比(%)		—	—	—	—	—	—	—	—	—	—	76.50	—	—	23.50

资料来源：张传保，陈训正等：《鄞县通志·食货志》，台湾成文出版社1973年版，第2646—2648页。

当然，实际情况应该比表格所列更为复杂。建构于小农经济之上的传统社会结构受到近代经济变化的冲击发生变动，社会流动的出现成为必然。而社会流动是人们在社会结构体系中从一个地位向另一个地位的转移，它包括了人们的身份、职业、阶层关系的变动。[1]因此，社会结构的变动必然促使社会内部体系中各因素的变化。"职业的改变与阶层的变动，标志着社会流动的产生，而社会流

---

[1] 王先明：《近代士绅阶层的分化与基层政权的蜕化》，《浙江社会科学》，1998年第4期，第106页。

动或者职业的变化常常被视为社会变迁的一个重要指标。"[1]

总的看来，近代鄞西社会职业与阶层的变化表现为以下几个方面：

首先，曾经独立的士绅阶层开始分化。1905年，清政府正式废除科举制度，这样原本借此上升为士绅的传统路径被切断，由此作为一个士的阶层消失。士绅抑或转为近代知识分子，抑或与商结合，成为绅商阶层。随着新式教育的出现，进入近代教育文化及政治领域成为部分鄞西人的职业选择。如鄞西月塘乡翁家为旧日之世家大族，"今亦有著闻政学界者"，而更多的是进入商界，近代上海首家洋布店就是由鄞西翁家开设的。[2] 明代中后期以科举传家而闻名的鄞西杨氏进入清代以后，其族人纷纷从商。[3] 无独有偶，位于布政市的张氏也是世家大族，明代时从这里走出来的张时彻、张邦奇叔侄名噪政坛，进入清代以后张氏也多以商为业，其中晚清时号称日本北海道鱼翅大王的张尊三，于1859年辍学谋生，初进宁波一间茶叶出口商号当学徒，后转赴日本经营渔产品，成为一代著名商人，曾长期担任日本函馆中华会馆董事长。[4] 正如《鄞县通志》所言，"自科举废后商多士少，世家子弟至有毕业学校，仍往上海而为商者"[5]。从上表中可看到鄞西第六、第七两区学生达到576人，说明由于社会经济的发展与教育事业的普及，鄞西一地在本地或在外求学者迅速增加，而士绅这一阶层已经从以前的户籍统计中消失。社会的变迁就是这样悄悄而又急剧地展开。

其次，工商业群体日趋扩大，在社会结构中占据着越来越重要的地位。20世纪20年代《时事公报》上的一份报道称："十年前，我乡（指鄞县西乡——笔者注）业农者，统计每村占男人十分之六，……近年来业农者，因非常辛苦，有即在自身改营他业者，有令子孙改营他业者，是以业农者渐形稀少，较诸十年前，减

---

[1] 郎友兴：《从传统走向现代：一个江南市镇社会结构在近代的嬗变》，《浙江大学学报》（人文社会科学版），2005年第3期，第147页。
[2] 李瑊：《上海的宁波人》，上海人民出版社2000年版，第156页。
[3] 钱茂伟：《清代宁波杨氏经商活动研究》，《鄞州文史》，第18辑，第171—183页。
[4] 政协鄞州区委员会编：《鄞县籍宁波帮人士》，中国文史出版社2006年版，第174页。
[5] 张传保、陈训正等：《鄞县通志·文献志》，成文出版社1973年版，第2480页。

少十分之二三。"[1] 这里所谓的他业当然以工商业居多，可见民初鄞西一地弃农为商者迅速增加。根据上表，我们也可以发现，位于鄞西的第六、第七两区从事工商业的人数相加均已接近业农者。这个统计数字也为以下史料所证实，"本县为浙东海口，……人民从事工商业者几达全县户口之半，而其足迹所经，几遍环球，其势力为世人所称道"[2]。

其实，鄞西人外出创业由来已久，明代鄞江人徐昂（1449—1511），号智庵，"年逾壮时，始挟资游姑苏、南郡间，量度出入，意表几若端木氏之臆中焉，往返十余年，俯拾咸给"[3]。与徐昂同族的徐佩（1485—1558），号直斋，"弃儒业，服贾于苏州"[4]。这个家族还有徐桂（1492—1554），字廷芳，也在苏州经商致富，"为姑苏大贾"[5]。后来扬名苏州的百年老店孙春阳南货铺创办者章溪人孙春阳，"明万历中，年甫弱冠，应童子试不售，遂弃举子业，为贸迁之术，始来吴门"[6]。清雍正、乾隆时章溪商人孙弘孝"尝挟策游吴门，贸海岛，……死于文莱国中"[7]。同一时期的四明章溪人孙绪铨(1693—1766)也是"贸易东粤南闽间，常以万金相往返"[8]。嘉庆年间，鄞西高桥商人朱国光（1756—1827），号藕庄，经商"居京师四十余年，吾乡（宁波）之来贸鬻于京者，急则通其财，疑则询其谋，难则解，纷则释"。他自述"余少壮时，昧宵昏而犯霜露，……凡以糊口计。今纵不能拥高资，而视中人产有过者，于愿大足"。其子朱士钧（1777—1831），号子庄，"侍其尊甫藕庄先生，贸易京师"[9]。

---

[1] 《鄞县西乡农业状况》，《时事公报》，1920 年 8 月 15 日。

[2] 《20 年代末 30 年代初鄞县建设概况》，《近代鄞县史料辑录》，天津古籍出版社 2013 年版，第 300 页。

[3] 《四明光溪桂林徐氏宗谱》，卷五，"智庵府君传"。

[4] 《四明光溪桂林徐氏宗谱》，卷五，"直斋府君传"。

[5] 《四明光溪桂林徐氏宗谱》，卷五，"句余子传"。

[6] 钱泳：《履园丛话》，卷二十四，"杂记"。

[7] 《四明章溪孙氏宗谱》卷七，"戴忠及胡氏蒋氏合传"。

[8] 《四明章溪孙氏宗谱》卷七，"蹇庵孙公传"。

[9] 《四明藕桥朱氏宗谱》卷三，"藕庄及周孺人七十寿记""小庄先生五十赠言"。其后人朱绣山为台湾化工业巨子。

第三章
近代鄞西社会结构变迁 | 159

今日黄古林席行

近代开埠后,毗邻宁波的上海迅速崛起,更是吸引了包括鄞西人在内的大批宁波人前往谋生创业。鄞西本就人多地少,出外谋生成为一代代鄞西人的当然选择。譬如鄞西传统的小木工就"多在上海,不屑小试于家乡"[1]。至清末,鄞县一地"挈子携妻游申者更难悉数",旅沪甬人达40多万。[2] 到民国时期,鄞西一地出现一批有相当经济实力或号召力,又有强烈地方意识的绅商群体,成为推动地方发展与进步的重要力量,如曾任县议会副议长的徐志湘,议员、总商会会董徐原详,著名乡贤张申之、朱炳蕃、冯丙然、汪焕章以及桃源人、曾任民国时期宁波最大的实业——和丰纱厂总经理的顾元琛[3]等。鄞西著名旅沪商人则有孙梅

---

[1] 张传保、陈训正等:《鄞县通志·食货志》,成文出版社1973年版,第151页。
[2] 董启俊:《宁波旅沪同乡会》,《宁波文史资料》第5辑第8页。
[3] 顾氏长期担任和丰董事,并于民初担任该厂总经理达10余年,为该厂发展立下汗马功劳,1922年离职时董事会决定为其立碑纪念。顾还因在宁波及故里兴办学校等大批公益事业而享誉甬上,是民国前期宁波商界著名人物。

20世纪40年代郑章斐与夫人崔梅合影（该照片由郑章斐后人提供给鄞州区郑家村文化礼堂，现经他们同意在本书中使用）

堂、徐永炎、周炳文以及号称上海地产大王的周湘云[1]等。其间，鄞西乡民多赴上海等地经商并卓有成就，特别是偏僻的樟村更是走出了一批在全国各地以经营"亨得利"钟表企业而著称的企业家群体。其中，庄鸿皋曾任上海市眼镜业同业公会主任委员、钟表业同业公会常务委员。郑章斐早年赴沪习艺，20年代初被派往山东开拓市场，先后在济南、青岛设立多个"亨得利"。郑氏十分重视子女教育，子女7人全部接受高等教育，其中长期担任清华大学教授的长子郑维敏是我国系统工程科学先驱，其第一个博士生为中国人民银行行长周小川，次长郑哲敏为中国科学院院士、中国工程院院士、美国国家工程院外籍院士，2013年1月由于其在军工领域的突出贡献而成为国家科学技术最高奖获得者[2]。而本地编织业与贝母种植和运销的兴盛更是成为鄞西工商队伍扩大的有力推手。

---

[1] 周氏为鄞西凤岙人，清末时其父辈开始闯荡上海滩，周湘云曾以拥有上海第一张私人汽车牌照而名闻上海滩。

[2]《宁波晚报》，2013年1月19日。

表31　鄞县农村地区居民主要职业比值表（单位：%）

职业区别	农	工	商	工商合计
六区（西乡）	29.7	48.5	14.7	63.2
七区（西南乡）	33.1	36.1	8.1	44.2
八区（南乡）	22.6	16.4	3.1	19.5
九区（东南乡）	0	17.3	41	58.3
十区（东乡）	40.4	25.6	30.1	55.7

资料来源：《县民职业统计第一表》，张传保、陈训正等：《鄞县通志·食货志》，成文出版社1973年版，第2646—2651页。

从表中可以看到，鄞西第六、第七两区从事工商的人数，分别占到总人口的63.2%和44.2%，其中第六区工商人数超过其他几区。

第三，部分新职业的出现。由于经济的发展与社会的进步，进入民国以后特别是南京政府时期，社会分工趋于细化，出现了许多新职业，也为鄞西人提供了多种机会。在前一章中，我们看到，近代工厂在鄞西开始出现，就吸引了一部分乡民转为工人这一新兴职业身份。两区工人数也已经超过万人，第六区工人人数占48.5%，第七区人数占36.1%。尽管有亦工亦农现象存在，且所谓的"工"多数为手工工人，会使这一数据打折扣，但它毕竟让原有劳动力结构开始了一个极有意义的改变，即工业化在传统农村市镇的发端。社会结构变动体现出的乡民就业的选择是多样化的。如近代交通的兴起，从事运输工作成为诸多乡民的选择；近代教育的兴起促成了新式教育从业人员的出现；基层政权的建设则提供了党、政、军、警等职业。从表29和表30中，我们可以看到，第六区和第七区党政军警人数分别为72人和73人（其中第七区缺党政人数）。兹根据《鄞县县政统计特刊》选列有关鄞西乡民担任职业情况，以见其一斑：

缪德清，字瑞庆，43岁，第七区出纳员，1930年9月任，鄞江镇人。
俞士栋，字侠民，26岁，鄞县西乡布政里，1930年12月任。
沈彬生，字蓁然，36岁，第六区助理员，鄞县人，1930年12月任。
董开纾，字增寿，28岁，第六区区长，鄞县人。

刘璋瓒，字璋熊，土地陈报处助理员，鄞江桥人。

陈之夔，字墨父，34岁，区教育员，1931年2月任，鄞西樟村人。[1]

李志壹，字钦哉，28岁，测绘员，1931年2月任，鄞西大皎李家坑人。

自由职业者也开始出现在人们的职业选择中，其中主要有教师、律师、医生、记者等等。据统计，第六区和第七区自由职业者人数分别为721人和64人，第六区明显较高。其中，在有职业者中，第六区达到974人，而第七区为32人。引人注目的是，妇女逐渐成为重要的从业人员。《鄞县通志》载，鄞江一地"妇女多习针黹、编草帽，间有刷黄金（锡箔上刷以黄水，名曰刷黄金）织网巾者。今以工厂迭兴，亦有入厂而为工者，是亦男女互助之一端也"[2]。可见妇女由家庭走向社会已是一种趋势。从表中我们可以清楚看到，女性在各职业中已占有一定的比例。随着社会的进步，一些原本拒绝妇女进入的职业也开始向其开放。就整个鄞县范围看，鄞西有职业之男女占比分别约为73%和27%。妇女的广泛就业不仅在一定程度上改变了市镇就业人员的性别结构，而且推动了社会关系和家庭结构的变化，更是社会进步的表现。

---

[1] 浙江鄞县县政府统计科编：《鄞县县政统计特刊》第二集，总务类，县政府发行，1932年。

[2] 张传保、陈训正等：《鄞县通志·文献志》，成文出版社1973年版，第2480页。

第二节　市镇人口

市镇是联系乡村与城市的纽带，是城市在乡村的延伸，又是乡村的雏形"城市"，这表现在一定规模人口的聚集。而"市镇人口的多少及其社会结构的变动，在很大程度上反映了农村城市化的发展水平特点。"[1] 人作为社会的主体，是一切变革中最活跃的因素，人口的变化是社会转型最直接的表现，它折射出社会转型的特征和趋势。因此，在探讨近鄞西社会变迁过程中，就有必要对市镇人口及其相关的性别、年龄、家庭等情况加以分析。在上一节，我们已经看到社会变迁所引发的人口流动的出现，但这未能从根本上改变鄞西人口的规模、性别、年龄等结构，乡村社会在总体上仍保持着相对的稳定，而由于流动性所带来社会结构因素的变化使得后者明显带上了时代特征。

表32　1928年鄞县户口一览表

乡名	户数	人口数	备考	乡名	户数	人口数	备考
西成	10463	男20830 女18525		同道	11934	男21947 女20705	
桃源	6278	男13144 女11789		鄞江	11721	男25435 女21743	
章远	5733	男11011 女9353	以上五乡为鄞县之西乡	塘界	7735	男16356 女15263	
丰和	8929	男18688 女16698		永和	6492	男13414 女12493	
和益	3102	男6714 女5796		首南	3370	男6345 女6178	
天然	1174	男2650 女2465	以上六乡为鄞县之南乡	鄮溪	14590	男30513 女27694	

---

[1] 陈国灿:《江南农村城市化历史研究》，中国社会科学出版社2004年版，第334页。

续表

乡名	户数	人口数	备考	乡名	户数	人口数	备考
高嘉	4731	男9309 女8898		鸣凤	3668	男7347 女7181	
同善	4166	男8331 女7674		渔源	7228	男15548 女14409	
盐梅	5770	男11720 女10600		大咸	16095	男31973 女29217	以上七乡为鄞县之东乡
总计					133179	男271275 女246681	

资料来源：张传保、陈训正等：《鄞县通志·舆地志》，成文出版社1973年版，第589—590页。

通过上表，我们可以知道，1928年，鄞西西乡户口达46129户，男92384人，女83115人。据1931年鄞县清乡局户口调查表显示，乡1区（即1932年之第六区），户数为29059户，男55454人，女49945人，乡2区（即1932年之第七区），户数为17145户，男36314人，女30551人。而1932年，第六区户数为27656户，男53498人，女48591人；第七区户数为16703户，男34234人，女30509人。[1]不考虑乡区调整因素，根据这三年的情况，并对比鄞县东部地区人口情况，我们可以多少发现鄞西人口的变化情况。鄞西地区人口中，其性别比为111.15∶100，男性明显多于女性。而进一步比较不同市镇之人口，我们也发现情况相差不多。而这几年内市镇户口及人数的减少，乃与乡民离乡离土有关。这里我们不妨对比一下同一时期同属江南地区经济较发达的几个市镇的情况。据1934年调查，江苏吴江县震泽镇镇区人口9778人，其中男子4799人，女子4979人，男女性别比例为100∶103.7。[2]"该镇妇女之所以超过男子者，盖附近乡村妇女多至该镇丝厂做工，故妇女人数因之骤增矣。"[3]而30年代，余杭塘栖

---

[1] 张传保、陈训正等：《鄞县通志·舆地志》，成文出版社1973年版，第591—593页。
[2] 《江苏省吴江县震泽镇经济概况》，《中央日报》，1934年4月23日。
[3] 《浙江省吴江县震泽镇经济概况》，《中央日报》，1934年4月23日。

镇镇区居民 5256 人，另外还有三家丝厂的缫丝工人共 3400 人；瓶窑镇镇区居民 1736 人，另有一家丝厂的缎丝工人 110 人。两镇缫丝女工的聚集，都接近镇区居民五分之二的比例。[1] 可见，这些经济发达的市镇，由于聚集了许多轻纺工业，吸引了大批女工就业，使男女人口比例出现明显的"倒挂"现象。通过这一比较，我们可以发现鄞西一地人口性别比例与近代工业发展较为发达的地区相比明显有所差别。说明近代工业化对鄞西地区这一方面的影响还是比较小的。

市镇人口规模，或者说市镇化水平一定程度上反映了某一时期某一地区的人口情况。在近代，鄞西大部分地区仍然是处于定期集市的水平。由于清末民国时期，鄞县乡镇地域范围大小明显，有的市镇未附有乡村而独立成镇，有的附有一二乡村，但总体是以小规模的乡镇形式存在着。首先，我们考察一下鄞西人口结构中农业人口情况。通过对比以上几个统计，可以发现，虽然鄞西乡镇职业出现新的变化，但是在市镇结构中，农业人口比重仍然占据了相当的分量，大部分市镇以农业人口为主，而兼农兼商情况的存在，使得这一比例还要更高。这也就意味着，近代情况下，鄞西市镇仍然是以传统的较低一级的地域中心存在着，并没有明显的以专业工商业为主导的市镇出现。当然以种植贝母和制作草席为主业的市镇，从事商业的人口比重相对较多。比较鄞西、鄞东和城厢市镇人口情况，可以发现，整个鄞县都缺少像嘉兴新滕、王店、新重那样规模庞大、商业繁盛、居民万人上下的特大市镇。包括鄞西在内的鄞县市镇镇区人口，占全县人口总数的比例明显小于经济发达的嘉兴地区。学者陈晓燕认为，鄞县缺少较大规模的市镇，"从某种角度反映出鄞县农村专业经济发展相对落后，未在县区内部形成一定的专业经济中心"。[2] 即使是黄古林、鄞江镇这些经济发展程度较好的鄞西市镇，仍然保留着定期集市，这反映出鄞西市镇的发展程度有限。陈晓燕指出，如果也以 1500 人为界限，将市镇分成中间市场与基层市场两类，则鄞县属于中间市场者，除上述人口 3000 人以上者外，另外还当加上栎社、凤岙、前虞埠、鄞江桥、桃江、陈鉴桥等 6 处。若这 6 处平均人口以 2000 计（估计显然偏高），则中

---

[1] 陈晓燕：《近代江南市镇人口与城镇化水平变迁》，《浙江学刊》，1996 年第 3 期。
[2] 陈晓燕：《近代江南市镇人口与城镇化水平变迁》，《浙江学刊》，1996 年第 3 期。

鄞西鸟瞰

间市场总人口不过 38065，其占乡区总人口的比例约 7.8%，这一数字远低于嘉兴的 24.4%。而鄞县基层市场数量比嘉兴多、分布更广的现象，从另一角度证明了相比于嘉兴，鄞县农村市镇发展的相对落后。[1]

地处山区的鄞西地区，人口的聚集没有东部明显，更不用说鄞县城厢的市镇了。加之，宁波近代工厂大多集中于城区，宁波经济区域的其他城镇与乡村近代工厂更是稀少，因而在广大的乡村仍以农业为主。[2] 这就决定了鄞西人口向本地市镇的集聚程度以及市镇对乡村人口的吸引力，其实是有限的。就整个鄞县来说，城乡人口的比重也不高，以 1947—1948 年为例，城乡在业人口分别为 254697 人和 228476 人，均占鄞县总人口的 52% 强，其中以农业人口最多，其次为商业，再次为工业。[3] 这反映出宁波缺少上海等地发达的工业，也就难以真正像这些城市一样对周边市镇有着强大的辐射力。

近代市镇虽然沐浴于近代化的发展因素之中，但我们在其中看到的仍是顽

---

[1] 陈晓燕：《近代江南市镇人口与城镇化水平变迁》，《浙江学刊》，1996 年第 3 期。

[2] 王慕民：《宁波通史》（民国卷），宁波出版社 2009 年版，第 385 页。

[3] 王慕民：《宁波通史》（民国卷），宁波出版社 2009 年版，第 385 页。

强的传统因素。我们这里可以将人口结构分为经济结构和文化结构。如果将新的职业与阶层的出现视为人口经济结构的变化，人口结构中文化因素的变化仍是我们考察鄞西市镇人口结构不可或缺的一部分。一般来说，人口文化主要与文化传承、受教育程度等因素相关。就近代来说，能够反映人口文化结构变革的主要是受教育程度。这方面鄞西市镇相比城厢市镇差距较大，而与一般的市镇差别不大。这说明，经济水平的发展程度与受教育程度有着较为密切的联系。应当说，鄞西地区人口文化结构的变化是较为缓慢的。正如研究者所言："无论从宁波地区教育普及的广度还是深度来看，大体上，处于宁波地区等级城镇网络体系较高层次的经济流通中心，其教育普及的程度要远远高于等级构次较低的城镇及乡村。"[1]

表33 20世纪30年代鄞全县各区乡镇人民教育程度统计表

区域别	人口总数		教育程度				
	男性人数	女性人数	学龄儿童就学者	学龄儿童失学者	初级小学或受私塾教育五年以上者	中学毕业以上者	十三岁以上不识字者
第一区	50838	35515	男4544 女1379	男2422 女3825	男13674 女1572	男980 女176	男12430 女20140
第二区	19071	14054	男1456 女459	男675 女1529	男10191 女837	男799 女94	男3879 女8094
第三区	13091	12200	男1285 女316	男1298 女2154	男4164 女279	男137 女19	男4710 女7948
第四区	23840	19858	男2888 女959	男1009 女2591	男6691 女3311	男539 女49	男8961 女8484
第五区	17858	13171	男1262 女705	男914 女1468	男7366 女625	男506 女76	男5154 女8230
第六区	54116	49953	男5460 女1540	男4952 女5783	男12326 女1134	男163 女18	男32795 女42766
第七区	35105	30585	男2696 女453	男2399 女3571	男4391 女183	男138 女22	男13225 女19807

---

[1] 王慕民：《宁波通史》（民国卷），宁波出版社2009年版，第387页。

第八区	48886	44847	男5372 女3607	男4723 女5427	男7875 女550	男260 女31	男30414 女33812
第九区	48515	44338	男4455 女1033	男3704 女4921	男2862 女20	男121 女9	男22552 女31294
第十区	62596	58708	男7164 女1386	男5275 女8607	男14547 女616	男130 女11	男27658 女34580

资料来源：张传保、陈训正等：《鄞县通志·政教志》，成文出版社1973年版，1178—1211页。

此外，社会流动也是影响社会结构的一个重要因素。历史上，鄞西较好的地理环境使这里没有出现大规模的人口迁移。正如周时奋所言，"稳定的农业收成，少有或几乎没有大的战争破坏和干扰，不断完善起来的水利灌溉设施，在精耕细作基础上，土地的收益恒定高效，少有自然灾害，这一切，都是人口稳定的基础。当土地的产出与人口的消费需求达到平衡，也即达到自给自足的时候，就不会出现大的离土迁徙现象"[1]。进入近代，社会动荡，特别是商业化的浪潮，便捷的交通，这一切都推动乡民离开乡村走向城市。如果把社会结构比作稳定的框架表现出静的一面，那么人口的流动则是动的一面。社会流动指人们的职业和社会地位不断变化的社会现象，包括社会职业结构的变化和社会阶级、阶层的变化两大部分。这里我们不妨通过当时的户口调查表加以了解。

表34　1933年鄞县农村地区户口调查表

人口信息区别	户数	户籍人口	现住人口	他往					籍贯			
				本区的本县外	本省外本省内	他省	国外	不明去向	本县	本省	他省	外国
第六区	27509	106846	99358	2634	1453	3332	54	15	100730	5895	221	—

[1] 周时奋：《宁波老俗》，宁波出版社2008年版，第146页。

人口信息区别	户数	户籍人口	现住人口	他往					籍贯			
				本区的本县外	本省外本省内	他省	国外	不明去向	本县	本省	他省	外国
第七区	16703	65754	62494	1011	505	1692	23	29	62887	2783	84	—
第八区	24221	95077	88824	1455	2492	2234	56	16	91149	2736	1181	11
第九区	23846	92867	86407	1786	1145	3352	158	19	91383	1446	38	—
第十区	29698	121384	105951	4063	1118	9898	269	85	114012	7017	354	1
总计	121977	481928	443034	10949	6713	20508	560	164	460161	19877	1878	12

资料来源：《民国二十二年各区口调查表》，张传保、陈训正等：《鄞县通志·舆地志》，成文出版社1973年版，第605—626页。

从表中可以发现，鄞西两区中，外来人口占有一定比例。前面我们已经知道，伴随近代职业的出现，鄞西社会存在流动现象，即职业与阶层的变化。如果说近代人口的规模、性别年龄结构与传统社会没有表现出明显的差别，那么乡村人口流动性的增强则是近代社会显著的特征。[1] 这里我们强调近代背景下人口的流动，即如人口迁移的普遍化，如宁波周边县份大批人口进入，也是社会流动的一部分。而造成这一现象的原因仍可归结为职业与阶层的变动。因此，这一社会流动必然引起鄞西地区社会结构的变化，说明鄞西社会在近代背景下日益走向开放的趋势。

---

[1] 汪效驷：《江南乡村社会的近代转型研究》，苏州大学博士学位论文，2008年，第87页。

第三节　家庭结构

家庭是人类社会活动最基本的组织单位，具有维持社会稳定的功能。近代以来，传统的观念不断受到冲击，城市的生活吸引着人们远离家乡故土，由此使得这些人较早地接触到外来文化，更易脱离传统乡土家庭观念的束缚。因此，要了解近代鄞西社会结构的变迁，必须要对这一地区家庭结构状况予以关注。

家庭结构首先应该关注的是家庭规模，主要是指人口的数量。一般来说，"农村家庭人口之结构，可从农村家庭每家人口数目分析之。中国农村家庭人口数，以四口至五口为最多。"[1] 鄞西各市镇的家庭虽说有差异，但除却地主家庭，传统社会家庭人口差异程度并不大。对此，20年代初日本驻杭州领事对宁绍地区家庭的记载可以作为参考：

在当地有这样一种说法，"父母在，不远游"，经常有五世同堂的大家族，叔侄兄弟婆媳妯娌等家人生活在一起，因此经常造成利害冲突，反目成仇，时常可以听到家庭内部的吵骂声，根本没有真正的家庭幸福，另外，如果同族中有一个富裕者，往往会有几十个的贫困亲戚寄宿其家，过着寄生的生活，这种情况也不少见。由于同族中很多人聚居在一起，所以往往形成以姓氏命名的地名。[2]

一方水土养一方人。在丰润的鄞西土地上，人们经历世世代代的繁衍生息，形成了聚族而居的局面。如樟水细岭徐氏先人见此地"山清水秀，又有竹木田地，便定居细岭，繁衍生息。自古以来，以农为本，以林为生，在山靠山，艰辛劳作，代代相传，发展至近代，细岭成为人杰地灵、财丁两旺、人们安居乐业的风水宝地"。这

---

[1] 《吴兴农村经济》，《南浔退休老人丛刊》第3辑，第79页。
[2] 《关于绍兴宁波地方的社会状况（1924年12月10日）》，《近代鄞县史料辑录》，第237页。

里徐、叶两大族聚居，还有应、龚、李、王等姓。[1] 这样的大族在鄞西地区还有很多，如高桥之章、大西坝之周、陈，鹤山乡十三洞桥之董、华胡之华高桥乡，丰惠乡麦面桥之王楼、厦陈之陈，溪渡乡冯氏皆为昔日之旧家世族。随着时代变迁，一些家族走向衰落，一些家族则迅速崛起，但总体上家庭规模趋向小型化。30年代时，为编纂《鄞县通志》，曾对鄞县各地乡镇户数、人口及经济情况进行相当翔实的调查，这里我们转录当年第七区乡镇的调查：

鄞江镇，564户，2214人，地当市镇，为本县西南物产输出之要口，颇称繁盛，朱氏尤为旧日之富户，客民男163人，女55人。悬慈乡，456户，1852人，各村生产力厚，经济尚属宽裕，刘葛尤为巨族，客民男338人，女136人。蕙峰乡，331户（采访作324户），1166人，各村主要生产以稻为大宗，余为森林果瓜及各种农作物，生计尚不至窘迫，客民男130人，女104人。百梁桥乡，474户，1772人，各村生产以山林为大宗，稻田次之，间有富裕者，客民男160人，女54人。仁里乡，301户（采访作295户），1117人，村民多业窑，故窑为主要生产，稻田次之，生计尚宽裕，客民男30人，女12人。芦泾乡，289户，村民以农为生产，辅之以席，生计大半枯窘，客民男22人，女5人。马湖乡，321户，1137人（采访作320户，1200人），各村以农产为大宗，席次之，生计尚稳定，客民男22人，女12人。前虞墟镇，534户，1844人（采访作550户，2000人），村民以农产为大宗，席业亦甚盛，生计均尚宽裕，虞氏尤为该镇大姓，余皆零星小族，客民男71人，女9人。蜃蛟乡，409户，1534人，各村以农产为大宗，席次之，生计尚稳定，客民男28人，女13人。青阳乡，271户，933人，各村以稻及席草为生产大宗，大半皆自食其力，客民男6人，女8人。长青乡，346户，1104人，各村生产以稻及席草为大宗，居民大半务农，商次之，生计不无枯瘠，闻氏为前代之旧家，著闻于世，客民男22人，女8人。梅园乡，169户，707人（采访作900人），其地产石称梅园石，故多石工，村民自闻、任外，大半皆自各乡迁徙而来，客民男151人，女59人。民益乡，641户，2321人，各村大半以山林为生产，辅之以稻田及草席，故自经商上海者外，生计枯瘠者多，客民男40人，女25人。民正

---

[1]《四明细岭徐氏支谱·重修徐氏支谱序》，第2—4页。

乡，360户，1275人，居民大半业农，商次之，出产以稻为大宗，各村贫薄者多，客民男56人，女60人。力义乡，333户，1151人，以农作物为主要生产，妇女织席编草帽以佐之，生计尚称稳定，客民男22人，女10人。镇宁乡，310户，1057人，该乡以王全董李为大姓，陈马张等为零星小户，全氏尤为昔日之旧家，生计亦较裕，客民男19人，女21人。大众

鄞西老宅里的新一代

乡，250户，1008人，村民以农作物为生产，妇女织席以佐之，均尚足以自给，客民男48人，女14人。中兴乡，213户，774人，居民大半业农，女子织席，虽未宽裕，足以自食其力，客民男41人，女30人。光溪镇，416户，1556人，地当西南诸乡往来之冲，村民生计尚称活泼，客民男61人，女25人。宝峰乡，311户，1279人，村民多业农，兼采石于山，大半皆自食其力，客民男117人，女36人。三平乡，298户，1162人，村民均依山以居，业农者甚多，生计大半枯瘠，客民男31人，女34人。芝象乡，276户，1124人，相传金氏先周氏居此，今则周氏为盛，贝母、生丝为主要生产，经济尚宽裕。月山乡，591户，2535人，以郑氏为大族，虽多以农为业，经商者亦不少，贝母、生丝出产甚多，故生计均皆活泼，客民女3人。锡麓乡，269户，973人，生产以柴为大宗，大半皆自食其力，客民女2人。章水镇，913户，3780人，居民大半从事贝母兼业蚕桑，出外经商者多，故比户可封为本区最富庶之所，客民男29人，女15人。崔岙乡，482户，2199人，农业贝母，女业蚕桑，经商于外者亦多，故经济皆宽裕，客民男5人。梅峰乡，293户，1206人，贝母、生丝为出产大宗，经商于外者以饶富闻，客民男7人，女5人。朱汤乡，244户，1122人，亦出贝母、生丝，宽裕者多。周许乡，349户，1670（采访作周氏180户，许氏145户，共325户，男女周许两氏共1267人），出

产以贝母、蚕丝为大宗，经商者亦多，各家尚称温饱，客民男 12 人，女 5 人。蜜岩乡，507 户，2152 人，应为大姓，祝王洪童四姓不过四十余户，地产贝母、生丝，温饱者多，而经商者尤多营钟表业，客民男 13 人，女 14 人。鲸山乡，268 户，986 人，方为旧家，各村经济大半未能宽裕。大皎乡，312 户，1324 人，各村依山而居，中拥良田，亦产贝母、生丝及白果柿漆与松木等，兼之大皎为慈嵊姚奉诸县来鄞要道，故街上多米铺，为山乡中繁盛之区，客民男 8 人，女 2 人。小皎乡，412 户，1498 人，村民自农樵外兼撑船为业，孔童张多有营钟表者，山产竹木，生计尚不至竭蹶，周在宋时为大姓，今已衰落，客民男 5 人，女 37 人。界姚乡，326 户，1472 人，村居与余姚相接，其地多山，产茶及竹木，生计枯瘠者多，就中细岭村人善泗泳，童子亦然，亦一异俗，客民男 6 人，女 58 人。梅溪乡，319 户，1434 人，各村以徐氏为大族，户口较多，余皆零星小户，生产以竹、木、茶为大宗，生计平常，客民男 2 人，女 3 人。俞山乡，352 户，1675 人，生产以竹、木、茶为大宗，治生纤啬勤勉足以自给，客民男 2 人，女 3 人。新周公乡，291 户，1378 人，地饶竹木茶，各村生计尚称稳定，间有宽裕者，客民男 6 人，女 27 人。鹳岭乡，538 户，2071 人（采访作 590 户），地饶竹、木兼产茶、笋，勤勉均足自给，客民男 44 人，女 22 人。作新乡，156 户，747 人，产竹、木、茶、毛尖羊尾（笋脯名），生计大半枯瘠，客民男 2 人，女 4 人。[1]

表35　1935年鄞县部分乡镇户口数及人口密度比较表

乡镇名称	户数	人口数	平方公里	每平方公里人数	乡镇名称	户数	人口数	平方公里	每平方公里人数
石碶镇	1646	7269	8500	855	布政乡	2304	9082	12450	729
四益乡	1260	4517	12325	366	丰惠乡	1296	4496	8750	513
罂湖乡	1894	6918	23250	298	凤岙镇	1345	5157	14250	362
段塘镇	1502	6281	4625	1358	栎社镇	1336	5134	11200	463
清道乡	2011	7699	11625	663	太平乡	1304	2553	8125	314
高桥乡	1513	6499	11875	547	黄古林乡	2029	6809	8100	841

---

[1] 张传保、陈训正等：《鄞县通志·舆地志》，成文出版社 1973 年版，第 492—510 页。

续表

乡镇名称	户数	人口数	平方公里	每平方公里人数	乡镇名称	户数	人口数	平方公里	每平方公里人数
望春乡	1643	6397	12375	517	武陵乡	2936	11708	28500	411
大雷乡	1966	7769	36500	213	民正乡	1207	4251	14125	301
蜃蛟乡	1001	3525	6325	557	章水镇	2414	10253	20325	504
句章乡	1134	3177	20425	156	龙谷乡	679	2312	23500	99
大皎乡	1921	7393	52575	141	和益乡	2431	9072	18750	484
天然乡	1442	5897	8625	684	镇宁乡	923	3353	11750	285
马湖乡	861	3147	13275	238	梅园乡	1045	4027	27500	146
鄞江镇	1465	5745	11625	494	鹅岭乡	1156	4412	55000	80
蜜岩乡	1971	8276	32500	255	仗锡乡	626	3043	40250	76
盆浦乡	2024	8296	12600	658	义和乡	1350	5243	5875	892
莫枝堰镇	1742	6433	9650	667	俞塘乡	661	2542	18700	136
丰南乡	1559	5442	36500	149	鸣凤乡	3174	12525	23950	523

资料来源：张传保、陈训正等：《鄞县通志·舆地志》，成文出版社1973年版，第632页—636页。

平均来说，第六区每户人口为3.88人，男性2人，女性1.85人。第七区每户人口为3.93人，男性2.1人，女性1.8人。两区合计每户人口为3.9人，男性2.05人，女性1.94人。发展程度较好的鄞江镇等几个市镇的平均每户人口为3.9人，其中男性人口2.2人，女性人口1.7人。在个别市镇，每户平均数略低，个别乡村家庭总体户数较少，平均户数也较少。一般来说，家庭占有土地越多，经济状况相对越好，家庭人口数量也越多，反之亦然。从家庭的类型看，我们可以发现鄞西以核心家庭（基础家庭）为主。所谓核心家庭是指由一对夫妻及其未婚子女组成的家庭，即我们通常讲的小家庭。从鄞西户口数据中，可以发现符合这一特征的户口占大多数。此外，由于社会经济的发展，人们活动领域逐渐从家庭转移到社会，人与家庭的分离无形中分解了大家庭的存在，男女分居现象开始出现。但总的来看，家庭规模的小型化，已成为一种社会趋向。一方面城市化与近代化为小型化的家庭规模提供了前提，另一方面也限制了家庭的规模。这里我们也比较一下江南其他市镇的情况。根据学者郎友兴的研究，1929年湖州南浔镇的家庭平均人口规模为4.7人，有几个镇户均人口数较低，像运河下镇、南东镇、南西镇户均人口数分别为4.3人、4.2人和4.0人，估计，平均每户家庭人口接近5人，都明显高于鄞西。[1]

  这一时期，鄞西男女结婚年龄有往后推迟的趋势。家庭作为一个社会生活共同体，是以婚姻和血缘关系来确定的。传统中国社会认为"娶妻早是福气，儿子多也是福气"[2]。因而早婚、早育及重男轻女现象相当普遍。进入近代特别是民国时期，民国政府开始以法律形式倡导晚婚晚育，提倡婚姻自由，将男女法定结婚年龄分别定为18岁和16岁。而更重要的是近代化的浪潮、职业女性的大量增加，迫使人们推迟结婚年龄。《鄞县通志》称，"妇女近年亦多外出，佣于西人住宅者谓之大妈，佣于商人住宅者谓之娘姨，印刷、丝、纱、纸、烟各厂男女在此服务者亦多有之，良以生计日迫，不得不四出营生也"[3]。走出家庭的男女较少受家庭和传统观念的影响，同时，教育年限的增加和生计上的压力也迫使他们选择晚婚。这在很大程度上影响了鄞西一地家庭结构的变化。因为"婚龄的推迟会改变已婚妇女的比例，影响出生率，并对家庭结构产生影响"[4]。另外，据社会学家费孝通研究，20世纪20年代末以后，农村经济的普遍衰退，也在一定程度上抑制了传统的早婚现象。[5] 费孝通的这一结论从《鄞县通志》20世纪30年代对鄞西第六区的记载可以得到证实：第六区总人口中，男性54107人，女性50662人；已婚男性26151人，女性25045人；未婚男性25982人，女性6941人；离婚男性69人，女性13人；鳏寡男性3100人，女性8344人。可以发现，"男子则未婚者较已婚者为多，可知男子结婚之年龄已有逐渐提高之趋势"[6]。其原因在于，"盖甬

---

[1] 郎友兴：《从传统走向现代：一个江南市镇社会结构在近代的嬗变》，《浙江大学学报（人文社科报）》2005年第3期。

[2] 鲁迅：《随感录二十五》，《新青年》，1918第3期。

[3] 张传保、陈训正等：《鄞县通志·文献志》，成文出版社1973年版，第2637页。

[4] 包伟民：《江南市镇及其近代命运：1840—1949》，知识出版社1998年版，第205页。

[5] 费孝通：《江村经济》，上海人民出版社1986年版，第38—40页。

[6] 《全县各区居民婚姻类表》，张传保、陈训正等：《鄞县通志·政教志》，成文出版社1973年版，第1639页。

俗结婚习尚侈糜，苟非经济素裕之家，实无早婚之可能，且近年男子受中等以上教育者渐多，故即小康之家，亦迟延结婚之期，加以民法有婚姻自由之规定，为父母已不若昔年作抱孙之梦想矣"[1]。

妇女家庭地位的变化是近世鄞西家庭结构变化的重要内容。随着婚姻自主性的增强，女性离婚开始出现，而非限于男性的一纸休书。女性逃离故土反抗旧式婚姻的事例在晚清《申报》也有记载，如1881年10月11日该报报道说："宁波西乡后畈王地方某姓女年十七八，早年字与某甲。讵某女不愿为田舍妇，于今春偕所私遁逃。虽经女父屡次访寻，迄无下落。近因婚期将届，婿家索女不得，遂与理论，女父始则托言寄养戚家，继因无言可答，避匿不面。甲向媒妁追究，媒亦无如之何。现闻甲已控告，未知此事作何了局也"[2]。对于妻子逃亡外地而不归，丈夫也只能表现出无奈。特别是进入民国，一些接受新式教育的女性反对包办婚姻已相当普遍，女性的自主性大大增强。如1947年6月12日《宁波日报》的一则新闻对此作了很好的注释："鄞西黄古林地方，居民徐全顺务农为业，家颇小康，生有一子二女，子年二十一岁，似一痴子，长女素贞，豆蔻年华，略具姿色，求学于本埠商校。初秋一，于四年前凭家父母之命，媒妁之言，与距村三里之戴家戴家祥之子行骥订婚，戴曾肄业正始中学，现已辍学，因有兄弟三人，故经双方家长同意，于三年前先过徐家居住，拟作赘婿，择定今日为结婚之期，挂灯结彩，贺客盈门，而新娘素贞尚在校中……经数次派人催归，均置如罔闻，父母情急，于昨日亲自赶至学校，向女劝解回家结婚。素贞以婚姻乃终身大事，关系整个前途，且未经本人同意，当提出抗议。父母闻言，涕泪俱下，以独子废人，半子之靠，又告动摇，伤感不已。素贞乃于昨午请父母同至鄞西妇女会，请求解除婚约，由该会常务理事亲自详询后，伊父挽由人作保，嘱暂回家三天自理，能否成其好事，尚难预卜云。"[3]

其间，尽管婚姻总体上比较稳定，离婚率很低，但相比还是有所上升，尤其

---

[1] 张传保、陈训正等：《鄞县通志·政教志》，成文出版社1973年版，第1639页。

[2] 《村女私逃》，《申报》，1881年10月11日。

[3] 《鄞西黄古林反对旧婚姻》，《宁波日报》，1947年6月12日。

是女性公开提出离婚已不是新闻。从当时宁波的报纸可以发现，登报解除婚姻的声明时有发现。据笔者粗略统计，《申报》关于鄞西地区离婚的报道在20世纪20年代前是相当少的，而20年代后特别是40年代有明显增加，这多少反映出了传统婚姻关系的变化。而声明中以女性署名的登报则说明女性在家庭中自主性和独立性的提高。正如费孝通所言，"妻子从丈夫处分离出来会使婚姻的关系松散"，从而改变家庭的结构。[1] 一般来说，这种分离，是以女性就业即经济地位的提高为前提的。在当时的鄞西就有不少女性进入了工厂，她们脱离了原来的家庭式手工作坊，开始进入具有现代色彩的纱厂、火柴厂等，真正步入社会，自食其力。经济上的独立为妇女走出家庭乃至反抗旧式婚姻奠定了基础。另一方面，传统观念仍严重束缚着广大妇女。由前文对第六区人口情况的分析可知，寡妇人数在任何乡镇都较鳏夫为多，这与总户男子人数常多于女子者适成反比例，"是可知守节旧观念迄今犹未泯也"[2]。这也就是说，传统的观念根深蒂固，仍然严重影响着女性地位的提高。

可见，近代中国社会的变迁曲折而艰难，往往呈现出新旧并存、新旧交织的状态，传统的力量强大而顽固。尽管如此，新生的力量已经出现并成长起来，近代社会变迁与转型的趋势不可逆转。

---

[1] 费孝通：《江村经济》，上海人民出版社2006年版，第157页。
[2] 张传保、陈训正等：《鄞县通志·政教志》，成文出版社1973年版，第1639页。

第四节 社会组织

近代化不仅创造了新的生产方式,也催生了适应新的社会需要的组织形式。正如陈亚平在《近代江南城市化市镇的社会结构》一文中所言:"人口集中绝不仅是住宅区的组合,城镇人口的增长,不仅创造出一种新的不同于乡村的生活方式,也创造了人类新的社会关系和社会组织形式。由此,市镇的社会结构发生了深刻的变迁。"[1] 美国学者罗兹曼等人在研究中国传统社会组织时,列出了基层行政、教育、商业、宗教、公共事业与非法会社组织等六个组织。[2] 就鄞西来说,地方自治、商业及教育团体的出现与活动为地方社会带来了生气与活力,并深刻影响了地方社会结构的变化。这些属于美国著名学者施坚雅所说的"非正式权力"体系在鄞西社会转型过程中相当活跃。一方面,在近代地方自治运动推动下,各种民间组织与团体大量涌现,除了传统的行业组织外,还有诸如商会、农会、教育会、妇女会等代表不同群体利益的社会团体。另一方面,这些社会组织与团体积极参与地方管理,努力维护地方利益,开展慈善公益活动从而有力地推动社会的发展与进步。[3]

一、自治组织

在传统社会,专制统治几乎控制了民间全部的社会生活。在这种情况下,民间社会力量及其组织要么遭到抑制摧残,要么被封建国家利用,作为控制社会的

---

[1] 陈亚平:《近代江南城市化市镇的社会结构》,《河北学刊》,1993年第5期,第88页。
[2] [美]吉尔伯特·罗兹曼:《中国的现代化》,江苏人民出版社1988年版,第220—221页。
[3] 陈国灿:《江南农村城市化历史研究》,中国社会科学出版社2004年版,第342页。

补充工具，否则就无法存在，因而不可能发展成为真正独立自治的社会。[1] 进入清末以后，这种情况有了改变。20 世纪前后，在风起云涌的全国地方自治运动推动与影响下，鄞县一地地方自治也开展得有声有色，并与开发民智、改良社会习俗乃至改造国民结合起来。早在光绪三十二年（1906）十月，邑绅范清笙发起成立鄞邑自治会，拟定章程 6 条，即禁赌、防淫、戒烟、正俗、弭盗、劝学。[2] 而在广大乡村则多设立乡约局，如 1908 年 9 月，"鄞邑西乡之布政寺等地方现有张君琴等发起，拟在该处设立乡约分局，以备整顿地方自治。业已遍发知单，准本月二十八日开议，一俟议有端绪即行禀请立案"[3]。乡约局意为希望乡民遵守公约。其主持人为局董，一般由乡民公推德高望重、热心公益的绅士担任。以办理地方社会治理与公益事业为己任的乡约局成立后积极开展禁赌等工作，一时也颇具成效，曾使鄞县一地赌风大杀。1908 年 4 月 11 日《申报》报道说："鄞邑自设立乡约以来，各处赌风禁绝尽净。日前有赌徒多人，胆敢在泗港地方，雇用民船聚赌铜宝。当经乡约局知悉，饬局差将该船二艘扣住，一面由图差禀报鄞县，即由黄文若大令饬差赶赴该处查拿，当场拘获俞长源赌徒二人，解县严办。"[4] 1909 年，西乡巨镇黄古林地方开始筹备自治组织，当时上海《申报》报道说："兹悉该地张君峰桐拟组织一市会，为地方自治之雏形，现向各铺演说。闻该处店铺等均已赞成。张君拟延请深明法理者，订立章程，约六月暑假时，定期开会。"[5] 宣统二年（1910），宁波地方审判厅设立，乡约组织遂改为各乡办事处。城乡开始筹备自治公所，积极实行城乡自治。当时鄞县全境分为一城十八乡，鄞西有西成乡、同道乡、桃源乡、鄞江乡、章远乡，宣统三年（1911）鄞西各乡全部成立自治公所，并同时成立城乡议会。自治公所依法设乡董 1 人，乡佐 1 人。自治公所内设乡分议会，议员以各乡人口多寡而分配。民国临时政府成立后，鄞县城乡自治会再次开办，并相继举行县议会议员选举。根据选举办法，议员选举以 20 万

---

[1] 尹铁：《浙商与近代浙江社会变迁》，中国社会科学出版社 2010 年版，第 167 页。
[2] 《东方杂志》，第 3 卷第 11 期。
[3] 《设立乡约分局》，《时事公报》，1908 年 9 月 23 日。
[4] 《鄞县乡约之效果》，《申报》，1908 年 4 月 11 日。
[5] 《鄞县组织市会之先声》，《申报》，1909 年 7 月 21 日。

人为限，以下者为20名议员，以上者每增加2万人，议员增加名额1名，议员上限为60名。经选举，鄞西桃源乡议员2名、鄞江乡1名、章远乡1名。之后召开县议会成立大会，并通过设立东南西三乡高等小学，城乡均设议会。1913年底袁世凯解散国会后，各城乡议会随之解散，城乡自治却仍然正常运转。乡自治公所设委员1名，由县知事委派，任期3年。1922年鄞县恢复县议会，改选县议员，各乡仍设自治委员会。北伐战争后无形消散。[1]

表36　1912年选举县议员全县人口总数表

城乡名称	口数	城乡名称	口数	城乡名称	口数	城乡名称	口数
城厢	146617	盐梅乡	28274	同善乡	15743	渔源乡	24051
大咸乡	48400	鸣凤乡	14038	高嘉乡	25342	鄮溪乡	49966
首南乡	12991	塘界乡	30482	丰和乡	34446	永和乡	24341
和益乡	14502	天然乡	4348	西成乡	40508	同道乡	43976
桃源乡	24859	鄞江乡	46727	章远乡	20609		
总计	650220						

资料来源：张传保、陈训正等：《鄞县通志·舆地志》，成文出版社1973年版，第588—589页。

1922年11月，鄞西五乡士绅鉴于"近年鄞西各乡区天灾不断，乡区内不法宵小之徒横行，扰乱社会秩序"，联合发起成立自治联合会，拟协助办理社会治安。[2] 该会由西成、桃源、章远、同道、鄞江五自治区内住民和五自治办公处组成，设干事、副干事各1人，分干事5人，评议员5人，调查员若干，所有职员任期1年，连选可连任。自治联合会处理辖区内有关公共事务，如治安、路政、水利、社会救济等。由于鄞西乡区辽阔，警力不逮，自治联合会发起成立后随即向

---

[1]《清末乡约及城乡自治》，张传保、陈训正等：《鄞县通志·政教志》，成文出版社1973年版，第650—653页。

[2]《自治联合会成立后之手续》，《时事公报》，1922年11月8日。

宁波警察厅备案,希冀以乡治辅佐官治,协助警察局办理地方治安,以靖地方。[1]

各乡自治委员大多因恪尽职守、热心公益而广受好评,如鄞县桃源区自治委员汪培经,对桃源乡区的路政、水利事业颇为上心,常常亲自督导,不遗余力。为保护区农田,他协同当地士绅积极恢复横溪桥附近江塘数十丈,并为举办地方慈善事业,积极向桃源士绅募捐。[2]然而,也有一些委员违反民意,甚至假公济私,而遭到当地民众的唾弃。如鄞江乡自治委员朱正卿年近古稀,竟置地方自治宗旨于不顾,"身既在外,不思荐人自代,而以无赖之侄代庖之。其侄结识宵小,任花钱淫戏,蔓延各村。此次县议会选举,其侄又与二三劣绅虚造名册,未曾至各村实行调查,并将来当选之议员,已私行拟就,使公民等之自治权剥夺殆尽"。有鉴于此,当地公民强烈要求改选自治委员,并将朱正卿等移交法庭,以恢复自治秩序。[3]

进入20年代还值得一提的是,市民公会这种自治团体。市民公会其实是一种区域性的基层自治组织,当时在鄞县一地风行一时,类似于苏州一地于清末民初出现的以街道为范围的市民公社。鄞县城区鄞县市民公会创办于1922年。经过13次筹备会议,鄞县市民公会终于在是年7月30日成立。同年11月鄞南公会、次年江东公会也依次成立起来。1924—1926年,市民公会在鄞县城乡呈遍地开花之势。由于史料的残缺,我们并不清楚当时鄞西一地到底成立了多少公会,但可以明确的是桃源公会、鄞江区公会的存在。其中1922年8月23日《时事公报》报道说,桃源乡地方公民在桃源乡自治公所举行公民大会,讨论决定地方公款公开,公民有权监督公款的使用情况,公推汪佑楣、水扈生等人监领桃源乡公款账簿,监察桃源公会余积之款、水灾赈款等项。[4]这说明桃源公会与城区公会成立于同一时期。鄞江区公会则于1926年11月在该区自治公所成立,《申报》报道说:"是日到会会员甚多,下午二时开会,首推应伯虞为临时主席,并宣开会词。略云:地方事业,非有地方公会,无从发展云。次通过会章,并议会内须设自治办

---

[1]《乡治官治相辅而行》,《时事公报》,1922年12月27日。
[2]《自治员克尽其职》,《时事公报》,1922年3月7日。
[3]《自治委员选之反对声》,《时事公报》,1922年3月30日。
[4]《桃源区实行检查公款》,《时事公报》,1922年8月23日。

公处，又讨论经费，并选举职员。"[1]

各市民公会均有比较详细的章程或组织大纲，但具体内容大同小异，声称"市民公会本市民自决及主权所属之精神，由市民自动组织之。""以平民团体组合为原则。""由市民公会委员会行使其职务。""鄞县市民具有市自治制选民资格者均有选举权及被选举（委员）权。"[2] 各公会章程对宗旨、组织方法、入社、出社、职员、经费、会期等内容都有规定。至于市民公会涉及的事业范围，城区最早成立的鄞县市民公会发起初衷似乎专为市政问题而来。该会发起人称"同人等因鉴于地方市政，常由于少数人包办，是以发起市民公会，伸免少数人之操纵，以期大公"。并把矛头直接指向成立于1919年的宁波市政筹备处。认为"现在之筹备员17人，均非全体市民所公推，应视为非法，吾人组织市民公会，即以反对市政筹备处为宗旨"[3]。但实际上，其活动范围并不限于市政，诸如卫生、教育、慈善乃至治安、对外交涉，甚至调解本区域居民纠纷都在其职责之内。可惜限于资料，桃源公会、鄞江区公会具体活动并不清楚。

抗战胜利后的1946年6月，经鄞县临时参议会大会通过，鄞县各地开始筹组宪政协进会，全县共设六个分会：鄞东、东钱、鄞南、鄞西、四明、城区，各分会均由当地享有名望的人士负责筹建。[4] 该会实际上是一个官绅合作、以举办地方社会公益事业为己任的地方自治组织。如1946年7月31日东钱分会在陶公乡中心国民学校成立，即通过裁撤韩岭警察分驻所以减人民负担、设置乡村电话以利通讯、组织自卫团队以维治安、补助学校经费以维教育等提案。[5] 而鄞西分会首次筹备会开宗明义即是"商讨进行实施地方自治等事宜"[6]。此外，1947年8月，鄞西各乡镇为联络乡谊，促进地方事业建设，组织鄞县西乡地方协会。该会由地方官员和士绅共同组成，其目的在于促进地方社会的发展。鄞西协会主要从

---

[1]《鄞江区公会成立》，《申报》，1926年8月21日。

[2]《市民公会筹备会开会纪》，《时事公报》，1922年5月1日。

[3]《市民公会筹备会纪》，《时事公报》，1922年4月3日。

[4]《鄞筹组宪政协会》，《宁波日报》，1946年6月13日。

[5]《鄞东钱区宪政协进分会成立》，《宁波日报》，1946年8月2日。

[6]《地方零讯》，《宁波日报》，1946年6月23日。

事兴办学校、救济失业青年、设立职业介绍所、筹设小型工厂、利用公有土地组织垦殖团、兴修水利等活动。[1] 该组织还积极配合政府，协助完成清查户口及清丈土地工作，加强各乡自卫力量，以确保地方安宁，特别是在兴修鄞西水利方面颇有一番作为。张申之、汪焕章先后担任该会理事长。同年10月，鄞西协会发起组织职业介绍所。《时事公报》报道说："该会鉴于复员后，人浮于事，失业青年投身无门，而鄞西环境特殊，失业者比比皆是，因维持生活而误入歧途，前经发起倡设失业青年职业介绍所，以资救济，使有一艺一技之长者，各得其所，各安其生。"[2] 同年，鄞西士绅钟士康发起组织义忠建设社，也以建设乡村、谋求地方福利为宗旨。

二、商业团体

随着商业和手工业的发展与繁荣，进入民国后，各种商业性的同乡、同业团体先后在鄞西一地出现，并成为当时社会团体的主要组成部分。

有学者指出，清末以来，民间商业团体的发展，已经深入到了农村中间市场以及部分基层市场。[3] 而处在这一市场节点上的多个鄞西市镇，商业团体与会馆组织的出现自然是水到渠成的事情。明清以来特别是清末后，由于鄞江等地商业繁盛，吸引了众多外籍人士前来经营创业，在此基础上，各同乡组织应运而生。这也从一个侧面说明当时外地人士在鄞西市镇已有一定的规模。例如鄞江镇上的大德会馆据传便是一个综合性同乡会馆，"多数来自江西、安徽、广西等地，是外乡人聚会、息脚之地"[4]。而至今仍存在的鄞江镇养正路同乡会弄的地名则为当年同乡会的存在提供了确凿的证据。据传同乡会弄5—7号为福建会馆，"此地聚会、息脚和传递信息交往的以福建人居多"[5]。

---

[1] 《鄞西地方协会决议筹设私立鄞西初中》，《宁波日报》，1947年8月12日。
[2] 《鄞西地方协会举办失业青年职业介绍》，《时事公报》，1947年10月24日。
[3] 包伟民：《江南市镇及其近代命运：1840—1949》，知识出版社1998年版，217页。
[4] 陈思光：《历史名镇——鄞江桥》续编四，地方古掌参考资料，第32页。
[5] 陈思光：《历史名镇——鄞江桥》续编四，地方古掌参考资料，第33页。

而鄞西市镇商会的出现要到20年代以后。1924年初，樟村各商号集议减租并在此基础上成立镇商会。1924年3月19日《时事公报》报道说，樟村"类年以来，因受不景气影响，以致市面一落千丈，商民已陷岌岌殆危状态，殊难支持原状,商店闭歇者时有所闻。最近各商号咸感房租价格过昂"[1]。为此"各商号代表崔芳洲、邵郭节、崔鸿宾等邀同各该堂主，假章水镇公所交换意见"，"拟仿甬埠办法，集议减租"。计"到房东闻圣宾等二十余人"，"减租标准经商议结果，租于九一八以前者九折，租于九一八以后者八折。凡有特殊情形或另外订有契约者，由各商号径向房东情商酌减。闻多数房东已允自动核减，以恤商艰。又悉该处各商号为繁荣市场，划一市价起见，咸主组织正式成立镇商会"。[2]1926年初，黄古林镇商民方鼎峰、俞振生等因黄古林"商业繁盛，人烟稠密"，"为各商号联络感情起见，特发起黄古林商业联合会"。"邀集各号经理等在该镇关帝殿开会，讨论一切办法，经多数赞成，并订简章数条，拟呈县署备案。"[3]

市镇商会一般由有实力的商人与商号组成，往往是地方社会经济的中心所在。其活动从总体上说与大中城市商会相同，不同的是，由于乡村市镇自清代以来官方行政机构建设较为薄弱，虽然行政权力一直努力向下渗透，但是直到20世纪30年代以前并没有大的成效。因此，市镇商会在一定时期里弥补了行政权力的空缺，在有些市镇，商会很可能成为市镇社区的权力中心，俨然是地方的经济、政治与社会事务的总管。[4]

三、社会团体

除上述自治团体、商业团体外，农会、工会、妇女会及教育团体等行业性社会团体20世纪20年代起也先后在鄞西一地出现，其中乡镇农会与教育团体相

---

[1]《宁樟村各商号集议减租并将成立镇商会》，《时事公报》，1924年3月19日。

[2]《宁樟村各商号集议减租并将成立镇商会》，《时事公报》，1924年3月19日。

[3]《黄古林组织商业联合会》，《时事公报》，1926年3月11日。

[4] 郎友兴：《从传统走向现代：一个江南市镇社会结构在近代的嬗变》，《浙江大学学报（人文社会科学版）》，2005年第3期。

当活跃，对鄞西广大乡村有着重要的影响。

受清末重农思潮影响，鄞县一地在清末时已有农会成立，但农会在鄞县乡村普遍的设立要到 30 年代。1927 年初，作为大革命农民运动产物的农民协会纷纷在鄞县各地出现，其中樟村一地也有农民协会的成立。当时《时事公报》报道说："樟村属地辽阔，村落竟至十九村之多，有千户者，有百户以上者"，为乡民团结，推动农业发展，当地农民发起农民协会，"因草创伊始，故取临时办法"，并"分头向各村推行组织"。[1] 但没过多久，由于行动偏激，该团体被当局解散。随着革命高潮的消退，主要作为政治运动载体的其他农民协会也难以持久，很快不见踪影。进入 30 年代后，立足于农民的农民团体——农会在鄞县开始重新组织。其中鄞县农会于 1931 年 7 月成立，各乡农会相继于 1931 年 3 月，1934 年 11 月、12 月成立。到 30 年代中期，农会在鄞西一地已相当普遍（详见下表），组织也比较健全。1941 年 4 月，宁波沦陷后各农会相继解散。1944 年抗战末期，鄞县农会开始恢复，至 1946 年底，共恢复成立乡镇农会 77 个，会员近 2 万人。[2]

表37　20世纪30年代鄞县人民团体（农会）一览表

名　称	会　址	成立年月日	备　考
鄞县县农会	三湾弄	二十年三月廿七日	
鄞县永和区农会	胡家坟	二十年三月十三日	
鄞县高嘉区农会	盛家桥	二十年三月十七日	
鄞县同道区农会	石碶	二十年三月廿二日	
鄞县丰和区农会	横溪	二十年三月十五	
鄞县塘界区农会	高塘桥	二十年三月十四日	
鄞县首南区农会	傅家	二十年三月廿八日	
鄞县西成区农会	—	二十年三月廿一日	
鄞县永和区西林乡农会	胡家坟	二十年三月十二日	
鄞县永和区南林乡农会	蔡郎桥	同	

---

[1]《解散樟村农民协会》，《时事公报》，1927 年 4 月 3 日。
[2]《主要人民团体数及会员数》，《鄞县县政》，第 1 卷第 12 期，1947 年 12 月 31 日出版，宁波市档案馆馆藏：旧 1—1—93，第 20 页。

续表

名　　称	会　址	成立年月日	备　考
鄞县永和区和益乡农会	顾家	同	
鄞县高嘉区徐村乡农会	—	二十年三月十六日	
鄞县高嘉区盛家桥乡农会	—	同	
鄞县高嘉区大楳乡农会		同	
鄞县高嘉区聚奎桥乡农会		同	
鄞县高嘉区新市乡农会		同	
鄞县高嘉区青山乡农会		同	
鄞县同道区碧水乡农会	鄞西碧水观	二十年三月廿一日	
鄞县同道区布政乡农会	布政市	同	
鄞县同道区栎社乡农会	栎社	二十年十一月五日	
鄞县同道区古林乡农会	黄古林	二十年三月廿一日	
鄞县同道区南塘乡农会	石碶	同	
鄞县丰和区横溪乡农会	横溪	二十年三月十四日	
鄞县丰和区石桥乡农会	石桥	同	
鄞县丰和区甲村乡农会	甲村	同	
鄞县塘界区定桥乡农会	定桥	二十年三月十三日	
鄞县塘界区塘界乡农会	高塘桥	同	
鄞县塘界区桃江乡农会	桃江	同	
鄞县首南区姜村乡农会	姜村	二十年三月廿七日	
鄞县首南区缪家乡农会	缪家桥	同	
鄞县首南区首南乡农会	傅家	二十年三月廿七日	
鄞县西成区市西乡农会		二十年三月廿一日	
鄞县西成区九龙乡农会	梁圣君庙	二十年三月二十日	
鄞县西成区灵波乡农会	望春山庙	同	
鄞县西成区三成乡农会		同	
鄞县西成区白鹤乡农会		同	
鄞县西成区西山乡农会		同	
鄞县直辖东西岙乡农会	东塘西岙	二十年三月廿五日	
鄞县直辖捭竹乡农会		同	
鄞县直辖鄮山乡农会		二十年三月十七日	
鄞县直辖溪水乡农会	环村	二十年三月廿二日	
鄞县直辖马湖乡农会	马湖	二十年十月廿三日	

资料来源：《鄞县县政统计特刊·其他》第二集；南京图书馆编：《二十世纪三十年代国情调查报告》（第189册），凤凰出版社2012年版，第201—204页。

种植蔺草的农人

当时鄞县农会特别是乡镇一级农会具有相当强烈的乡土自治特点。根据县农会章程，农会应指导农民并协助政府或自治机关办理从土地水利改良到农民教育、从农民救济到农业改良等等诸多事项。[1] 由于经费等条件限制，当时农会不可能全方位地开展业务活动。尽管如此，各农会仍力所能及地开展相关工作，如经济方面协助购运耕牛，组织兴修水利、造林垦荒，协助防治害虫，提倡农业改良，协调减免有关税费等，特别是为事关本土本乡利益者鼓与呼，并经常为争取农民的权益而与当局针锋相对，不肯退让。由此获得广大农民的支持，并成为推动鄞西发展的重要力量。如鄞县地区水网密集，许多农户拥有自备农船。1946年，鄞县县税捐稽征处每季征收农用船税捐二千元，税额过重。于是鄞西一些农会联合国保、盐场、福明、福寿等鄞东乡镇农会，呈请县农会转呈县政府减轻农船征税额。县政府批复"俟饬船牌照税办事处查复后再行核夺"后，再无减轻农船牌照税的行动。由于事关农民负担，县农会"再行呈请县政府，令饬减轻，以苏民困"[2]。

---

[1] 《鄞县县农会章程》，宁波市档案馆馆藏：旧16—1—1，第9页
[2] 《鄞县县农会第五次理监事联席会议记录》，1946年，宁波市档案馆馆藏：旧16—1—1，第67页。

为更彻底地免除农户农船牌照税负担，1946年，县农会的参议员代表在鄞县第一届县参议会上"以农民之立场"[1]，提议农船牌照税应予豁免，获得通过，并由参议会函请县政府遵照办理。然而，县政府并未遵照县参议会的决议豁免农船牌照税。为此，县农会第十届第一次全县会员代表大会再次就农船牌照税问题进行讨论，决议再次呈请县政府遵照参议会的决议，迅速予以实行。[2] 但是得到的却是鄞县县税征稽处函请县农会转饬各乡农会代理各乡会员缴纳农船牌照税，"为代理手续简捷并体恤农户起见，凡系贵会所属农户自用船一律依照一千五百元之税率而减半征收之"的减税通知。[3] 次年3月19日，鄞县县农会再次呈请县政府免征农户自用船只牌照税后，方才接到鄞县县政府"农户自用船只如确系专供农业上应用者，依法应准免税"的训令。[4] 历时一年，在县农会的不断努力下，农户农船牌照税终于获得免除，减轻了鄞县一地农民用船的纳税负担。

当时乡镇农会还为维护会员——佃农的利益，多方与业主交涉，如丰成乡丰惠庙"每年佃户解缴业主租额向于立冬后五日，由丰惠庙干首会议议定解租标准，凡属境内业主佃户均愿遵守，数百年来旧习相沿，未闻发生异议，盖所以尊重习惯也"[5]。1947年11月13日，丰惠庙依照习惯集合各堡干首，讨论该年度缴租标准，丰成乡乡农会理事长陈应龙率农民数十人到场，提出缴租标准：每亩除解缴田赋谷五十五斤应归大业主解缴外，净付大业租谷七十斤。丰成乡"各干首以本年年成尚好，未遭受严重水旱等灾情，大业主每亩净收七十斤殊属损失太大，经再四与该理事长陈应龙磋商，坚决不允增加"。各业主对代表佃农利益的农会相当不满，认为"如此行为实为有意破坏，则本乡以后租额均应听从该农会指挥而本庙数百年来之习惯议租法被其破坏无遗，大业主之损失惨重，诚呼吁无

---

[1]《鄞县县农会训令》，农一字第178号，1946年，宁波市档案馆馆藏：旧41—122，第6页。
[2]《鄞县县农会第十届第一次全县会员代表大会记录》，1946年，宁波市档案馆馆藏，档案号：旧4—1—122，第10页。
[3]《鄞县县农会训令》，农一字第28号，1946年，宁波市档案馆馆藏：4—1—122，第13页。
[4]《鄞县县农会训令》，农三字第351号，1947年，宁波市档案馆馆藏：旧16—1—4，第8页。
[5]《丰成乡乡公所呈文》，社字第95号，1947年，宁波市档案馆馆藏：旧4—1—77，第122页。

门"。[1] 其实丰成乡乡农会所提出的共缴大业一百二十斤的缴租方案，还是比较平和的："以本县农田全年收获量最高额不过五百斤，则其应缴之大小业租谷总额至多为一百八十七斤半。……大业租谷一百五十斤实已全部缴清且有超溢。"[2] 以此为标准，丰成乡乡农会的缴租方案实际上只是八折缴租。

1947 年鄞县各乡虫旱为灾，佃农损失惨重，据说被灾五六成较为普遍，被灾三成已经是最少的了。[3] 丰成乡乡农会所提出的八折缴租实际是以被灾二成计算的，即使丰成乡条件较好，受灾较其他乡镇为轻，在其他乡镇受灾普遍受灾五六成的情况下，丰成乡以被灾两成计算应不为过。丰成乡乡农会理事长率领农民挑战该乡"数百年来旧习相沿"的"干首会"议定解租标准的传统，力图降低租额，维护了佃农的利益，其努力必然增加佃农对乡农会的认同感。

随着教育文化事业的发展，20 年代鄞西一地知识分子有了一定的数量并日益觉醒，为维护本团体利益并承担相应的社会责任，他们也开始有组织地联合起来。1925 年 7 月，鄞江区章溪学界为唤醒民众、指导民众，谋求知识阶层的利益，郑傅豫、崔真吾等人发起组织章溪学界联合会。该会有严格的自治制度和实施准则，内容包括学会宗旨、会员范围及入会员则、会员任期、大会组织原则、会期、会费和附则。其学会宗旨即为："联络感情，研究学术，并以互助之精神，谋社会之进化。"[4] 该会的成立，表明鄞西一地出现了独立于教育行政机关之外的旨在促进鄞西教育发展和维护知识阶层利益的教育团体。后该会发展为章溪学社，并对事关鄞西发展的重大问题予以高度关注，如于 1929 年 9 月间发起调查贝母生产组合所，认为贝母为本乡唯一生产品，贝母公司有关全乡地户切身利益，不得不详考其究竟。"本会同人为全乡地户谋利益，为社会明正义，有详尽考察之必要。"[5]

---

[1] 《丰成乡乡公所呈文》，社字第 95 号，1947 年，宁波市档案馆馆藏：旧 4—1—77，第 122 页。
[2] 《鄞县县政府指令》，社字第 01186 号，1948 年，宁波市档案馆馆藏：旧 4—1—66，第 103 页。
[3] 《鄞县县农会所属各乡农会三十六年份辖内荒歉状况表》，1947 年，宁波市档案馆馆藏：旧 4—1—98，第 74 页。
[4] 《章溪学界联合会之发起》，《时事公报》，1925 年 7 月 29 日。
[5] 《贝母生产组合所》，《时事公报》，1929 年 9 月 15 日。

1925年9月29日，鄞西教育界又发起组织鄞县小学教师联合会第二协会，会址西城区躬耕校。[1]12月23日《时事公报》报道说：宁波小学教师联合会第二协会，由鄞县五区小学教师组织成立，选定执行委员，业志本报。兹闻该协会对于会务颇能积极进行，现定二十七日开第一次常会。兹录其发出通告云，敬启者，本会定夏正十一月十二日下午一时，仍假西城区躬耕校，开第一次常会，讨论会务，共策进行，届期务请必到，随带入会费二角、常会费四角云。[2]而同月8日该报又报道了鄞江成立相关团体的消息："鄞县鄞江区俞梓芳等十一人，鉴于小学教联会之需要，特于昨日在该区组织协会，推定俞君为起草委员，并于月之十五日假启明学校开成立会云。"[3]

进入三四十年代，更是有多个文化教育团体在鄞西成立。如1935年10月，古林塘南乡发起组织塘南学会。该学会除研究学术，启发民智，维护自身团体利益以外，还有资助境内入学儿童学费的规定："凡在初级小学求学之七村内儿童，由本会津贴费用，每学期除无故中途退学者外，由本会补贴学费一元五角。"[4]抗战胜利后，由鄞西各校小学教师组成的鄞西小教联谊会在宁波教育界也是相当活跃的一个组织。该会不仅经常举行会议，而且经常为广大会员及教育事业鼓与呼。如1947年12月8日《大报》报道说："鄞西小教联谊会，昨（7）日上午九时，假青年馆举行第二次理监事联席会议，到赵文渭等十三人，列席周正祥，由毛子蔚主席。决议案如下：（一）请县政府于本月内发给各校教师生活补助及学校补助谷，联络各区小教联谊会，向县政府及参议会请愿。（二）本区清道、望春、鄮湖、丰成、后塘等乡农会，不遵县政府规定，擅议租额，影响各校田产收益至大，推由出席各区小教联谊会联席代表，向县政府及参议会请愿。（三）本县县预算列入百分之二十五教育经费，现学期将终，尚未动用，作何用途，请县政府明白公布。（四）建议县政府，扩大本县教育顾问委员会组织，增聘熟悉本县教育人士为顾问。（五）制发会章。（六）推毛子蔚、周诗贞、赵文渭、任思源为出席各区

---

[1]《小学教联会第二协会近讯》，《时事公报》，1925年11月19日。

[2]《鄞县小学教职会定期开会》，《时事公报》，1925年12月23日。

[3]《又有一小学教协会发起》，《时事公报》，1925年12月8日。

[4]《鄞古林塘南乡联合组织塘南学会》，《宁波民国日报》，1935年10月16日。

联谊会代表。[1]

其间,一些临时性的社会团体也常有设立,如 1925 年 5 月 30 日,因列强在上海屠杀中国民众,全国掀起了反对帝国主义侵略的爱国运动,即"五卅运动"。五卅事件传入鄞西后,爱国士绅和普通民众掀起了声援上海五卅运动的群众运动。6 月 17 日,章溪小学校教职员发起成立章溪外交后援会,并公开发表章溪后援会宣言:"凡是中华民国的国民,除非丧心病狂的汉奸,都应当联合一致,与万恶的帝国主义者死扛。同人等在此国亡无日,命在旦夕之时,起而运动,籍以唤起民众,又捐募金钱,接济罢工工人。但社会上一般劣绅地主,在此事件中,以不能从中取利,权由人操,难以维侮,同时打倒内奸,虽劣绅地主之欲破坏我们,阻挠我们,而我们的意志是毫不沮丧,反使我们的内部愈加巩固,我们的精神加倍奋发。"[2] 8 月 4 日,鄞江桥成立外交后援会。该会由鄞江桥自治委员会联合地方士绅、商号代表、地方人士组成,王智武为会长,作为外交后盾,旨在激发民众的爱国热情,声援上海人民反帝斗争。

综上所述,在近代化浪潮的不断冲击与影响下,原来以水利共同体为基础的鄞西宗法社会结构开始发生变化,有的变动还相当明显,由此推动鄞西社会由水利共同体向以市场为中心的市场共同体发展。但在这一过程中,水利共同体的作用并没有消失,不仅人口的集聚与村落的形成仍然以水利为依据,水利也往往成为人们通婚圈的范围,民间团体与自治组织也都以水利共同体为单位进行。所谓旧瓶装新酒,在一定条件下,传统与现代并非尖锐对立,而是相互交融,甚至相得益彰。

---

[1] 《鄞西小教要求县政府公布教育经费用途》,《大报》,1947 年 12 月 8 日。
[2] 《章溪后援会宣言之激昂》,《时事公报》,1925 年 7 月 10 日。

第四章　近代鄞西社会事业

"田家有子皆习书，仕子无人不织麻。"对于由它山水利孕育而成的鄞西人来说，强烈的社会关怀与民生情结几乎是与生俱来的。进入近代，得益于经济的发展与外来文明的影响，特别是在以近代商人为代表的地方社会的大力支持和参与下，鄞西一地教育卫生事业有了很大发展，并逐渐向近代转型；同时慈善公益事业更是此起彼伏，高潮迭起，成为鄞西社会变迁的重要组成部分，并有力地推动鄞西社会的发展与进步。可以说，到30年代中期，鄞西社会面貌有了很大变化，社会事业取得明显成就，由此抒写了鄞西社会发展史上的新篇章。

第一节　教育事业

五口通商后，在"欧风美雨"的侵染下，源远流长的宁波教育事业在地方社会的大力支持下在全国率先走上了近代化之路，鄞西也不例外。晚清时期，在地方绅商的推动下，鄞西近代教育的发展已走在鄞县的前列，进入民国后，社会办学更是此起彼伏，蔚然成风，其间鄞西一地教育团体众多，教育思想活跃，朗朗书声更是久久回荡在水乡的上空。到30年代，鄞西一地形成了学校教育、社会教育及职业教育（如上述的古林青华农业学校）在内的较为完整的教育体系,其中二三十年代鄞江一地学校数量是鄞县各乡镇最多的，地方教育近代化成绩可圈可点，成为推动鄞西社会近代化的强大力量。

一、近代鄞西学校教育

近代鄞西是宁波最早创办新式教育的地区之一。早在同治七年（1868），章水镇李家坑绅士李圣良受美国长老会传教士麦嘉缔办学的影响，在村中创办学塾，培养族中子弟。[1]鄞西新式教育从此揭开序幕。

甲午战后，严重的民族危机使教育救国在各地深入人心，各类新式学校纷纷创办，鄞西也不例外。光绪二十六年（1900）李家坑绅士李怀科在上述学塾基础上创办李氏学堂，并

钟表大王孙梅堂

亲自任教。光绪三十年（1904），章水镇蜜岩村人应维清在应氏祠堂创办俞愚国民学校。而在不远处，旅沪乡人应文生与儿子应桂馨创办崇义学堂，后来两处合并成为最初的蜜岩小学。[2]为迎合清政府的教育改革，当时鄞西地区陆续创办的新式学校以"新学"为基础，在内容上突破四书五经等传统教育的限制，开设了翻译、算术、天文、地理等新式课程。清宣统三年（1911）成立鄞县县立马湖初级小学。[3]乡人唐孙圆创办的启文学堂，民国元年改为县立建岙小学。光绪三十二年（1906），鄞江乡人徐兆康、徐原祥以徐兆康之别墅创办徐氏私立培才初等小学堂。1910年7月8日的《四明日报》还报道了该校为帮助学生升学，在校董支持下举办暑假补习科："鄞江桥培才小学校董事徐元祥、伯昆二君前次到校提议，因本届暑假时有校内学生预备送考高小学者，亦有前由本校送入高小学生回家者，拟定举行补习科一月，以期精益求精，教员戴君侠三等极表同情。兹悉自前月二十日起，该校各教员相约于旬日内轮流讲习，并由徐伯昆君按日莅

---

[1] 《高山古村——李家坑》，《鄞州日报》，2011年7月25日。
[2] 邱枫：《宁波古村落史研究》，浙江大学出版社2011年版，第215页。
[3] 张传保、陈训正等：《鄞县通志·政教志》，成文出版社1973年版，第959—960页。

堂,共任义务云。"[1]1906年,绅耆朱炳蕃就朱氏真君书塾改设为鄞县私立养正学堂。同年,旅沪绅商孙梅堂在北渡老宅余屋创办启贤初等小学堂。1910年改为高等小学堂,学校设备更趋齐全,如学校拥有生理化仪器、全套的西洋乐队乐器等,堪称当时宁波乡村学校之最。1922年12月3日《时事公报》报道说:"鄞县北渡孙氏私立启贤高小暨国民学校系孙君梅堂手创,孙君素以热心公益称于世,对于此校尤为注重,以教育族中子弟,校长应君办学最有经验,诸教员亦皆学界著名人士,以故校誉卓著,成绩优良。"[2]孙梅堂为创办该校前后共捐资了16299元,为此受到教育部的嘉奖。抗战胜利后,孙梅堂除努力复校外,还组织校友会,筹划添办初中,嗣因国内政局动荡,计划中辍。

清宣统三年(1911),里人周伦瑞、周松寿等借用周氏本村东南龙王堂设立周氏私立彰德单级小学堂。[3]据笔者统计,晚清时期,在鄞西一地由绅商创办的学校达22所,其中县立学校5所,私立学校17所,数量之多位居鄞县各地首位。

表38 清末鄞西新式学堂一览

时 间	名 称	所在地	创办者
光绪二十四年	卫济学堂	高桥三成庙卫济祠	—
光绪二十八年	敦本小学堂	西乡后仓冯家	校长冯丙然
光绪三十一年	龙嘘学堂	梁圣君庙	周生麟等
光绪三十二年	启贤初等小学堂	栎社北渡	旅沪绅商孙梅堂
光绪三十二年	养正学堂	由鄞江桥朱氏真吾书塾改办	绅耆朱炳蕃
光绪三十二年	徐氏私立培才初等小学堂	光溪镇许家桥	徐兆康、徐原祥等
光绪三十二年	雷山小学堂	大雷汪氏宗祠	汪培经、汪崇干
光绪三十二年	私立张氏启文小学堂	布政乡张家潭原张氏书院	—
光绪三十二年	鄞县惠江小学堂	句章乡三所私塾改办	—
光绪三十二年	知本初级小学堂	两湖乡吴龚	—
光绪三十二年	崇本初级小学堂	黄古林	—

---

[1] 《小学举行暑假补习科》,《四明日报》,1910年7月8日。

[2] 《小学运动会预志》,《时事公报》,1922年12月3日。

[3] 张传保、陈训正等:《鄞县通志·政教志》,成文出版社1973年版,第963页。

续表

时间	名称	所在地	创办者
光绪三十三年	周氏私立承启学堂	由爱读书塾改办，鄞西新庄	周学送创办
光绪三十三年	私立归正小学堂	狭山庙，旋迁鹳山常乐寺	朱积泮、朱积湘
光绪三十三年	顺德小学堂	董氏家塾（原为鄮湖书院）改办	—
光绪三十三年	蓝渡初级小学堂	高桥大西坝	
光绪季年	崇义学堂	樟村蜜岩	应文生（独资）
宣统元年	先河学堂	租借卖面桥镇民房	徐志鸿等
宣统元年	振秀初等小学堂	太平乡长潭王王氏宗祠	冯丙然、冯俊翰等
宣统元年	私立崇文小学堂	西徐乡百郎桥民房，经费由崇文义塾拨补	陈显桥创办崇文义塾
宣统元年	私立梅峰初级小学堂	梅岙思亲堂余屋	周修兰
宣统元年	西成初级小学堂	西山乡西岙	—
宣统元年	浣溪初级小学堂	武陵乡林村	—
宣统元年	迪贤初级小学堂	惠济乡董家桥	
宣统二年	初名无考，曾名鄞江区区立第十二小学	大皎夏氏宗祠（后移大岚山游府）	杨炳之等
宣统二年	博文初等小学堂	樟村许家许氏宗祠	村人许从清等
宣统二年	崇文初等小学堂	蜃蛟	
宣统二年	鄞县单级第二十九所小学堂	芦泾乡后马宣氏宗祠（今宁锋宣家）	
宣统三年	启文学堂	建岙宝寿庵	唐荪园
宣统二年	周氏私立彰德单级小学堂	周许乡岩下龙王堂	周伦瑞、周松寿
宣统二年	郑氏私立通德初等小学堂	月山乡郑家郑氏光裕堂	郑友伯、郑九香
宣统三年	私立明新国民单级小学堂	樟村长沙潭庄氏宗祠	
宣统三年	启民小学堂	崔家岙	
宣统三年	宏文初级小学堂	马湖乡前王民房	
宣统三年	广文初级小学堂	月山乡郑家祠堂	郑宏鳌
宣统三年	勉行初级小学堂	樟村街	

资料来源：周时奋主编：《鄞县志》，中华书局1996年版，1526—1528页。

1911年辛亥革命结束了中国两千多年的封建专制统治，促进了教育事业的大发展,办学活动高潮迭起。鄞西著名的鄞县第四高等学校于 1912 年发起创办,该校由"县议员冯友笙等提出,经同道、西成、鄞江、章远、桃源五乡自治委员及士绅筹议设立,聘请应廷赓为校长"。原为高等二学级,初名鄞县第四高等小学。校址借用王家桥旧章远区自治公所,"因校舍狭窄,设备简陋,且交通不便,学生仅 40 余人"[1]。此后在各界人士的支持下,学校得到了长足发展,不仅校舍扩充,师资、设备等也得到改善。至 1930 年,"全校 6 个班级,教师 15 名,在校学生 220 多名。求学者除本地人外,有来自鄞江、凤岙、古林等地,也有来自奉化"[2]。1918 年,蔡琴荪在鄞西创办云石幼稚园。[3] 1925 年,鄞江区大皎地方,原有区立两所学校,10 余年来校舍一直借用该村宗祠。"自去年杨一衷、应宁康接办学校以来,学生人数激增,原有校舍不敷容纳。杨、应二人发起募捐,就地人士皆踊跃捐纳,募得千数百元,将学校改单级为复式。"[4] 1926 年初,鉴于鄞西毛家岙地区人口稠密,住户不下五百,却依然采用私塾教育,该地乡民毛宗汉邀集当地士绅、耆老共同筹办西峰初级小学校,3 月开工建设,6 月完工并到县教育局备案。[5] 当时鄞西各乡学校创办时多利用祠堂、旧衙署、私塾等社会现存资源,这样可以在教育经费不足情况下节约费用。然而,随着时间的推移,学生数量的增加,校舍的改扩建往往成为必须解决的紧迫问题。这方面也常借助地方社会之力。如 1922 年鄞县第四高小学校,"近年来学生日形发达,校舍不敷。该校长应伯商请同道区自治委员戴挟三,将该区办公处头门五间改造楼房,借充该校附设半日学校教室之用。闻戴君已于昨日邀集地方士绅开会酌议,一致通过,不日可以兴工,约暑假前落成"[6]。1925 年,鄞江郑家地方通德学校校舍以广德庵根基,面积狭小,影

---

[1] 邬烈辉:《鄞县第四高等小学史略》,《鄞州文史》第 12 辑,2011 年,第 300 页。
[2] 邬烈辉:《鄞县第四高等小学史略》,《鄞州文史》第 12 辑,2011 年,第 300 页。
[3] 张传保、陈训正等:《鄞县通志·政教志》,成文出版社 1973 年版,第 1069 页。
[4] 《鄞江区立二校之扩充》,《时事公报》,1925 年 10 月 24 日。
[5] 《鄞西毛家岙筹设小学校》,《时事公报》,1926 年 3 月 28 日;《创立西峰学校呈请备案》,《时事公报》,1926 年 6 月 29 日。
[6] 《四高小学扩充宿舍》,《时事公报》,1922 年 3 月 17 日。

1926年由鄞县第四小学改名的县立第二小学毕业合影（位于今石碶）

响儿童上学。"校董遂开会，结果募捐三千元，建设新校舍"[1]。

根据1922年《鄞县十年度学校教育之概况》调查报告，民国10年来，鄞县全县共有学校140所，学校数量除城区外，当属鄞西之鄞江区和西成区最多，其中鄞江区私立学校20所，西成区私立学校11所。[2]1926年，鄞江一地即创办单式编制私立小学校5所，单级编制区立小学校2所，私立复式编制小学校2所。[3]

其间，鄞西各学堂根据民国政府的教育方针一律改称学校，禁用清政府学部颁布的教科书，中小学废止读经，初等小学实行男女同校，文理不分科。如前面提到的李氏学堂于1912年改名为私立李家坑善教小学。因为该校在当地办学较早，除杖锡外，赤水及余姚大岚等地的部分学生也到这里读书。在教学内容方面，改变单纯地讲授以儒家传统文化为基础的四书五经课程的局面，自然科学、社会科学、西方政治制度、职业教育课程也成为学校的教授课程。在教学方法方面，不再讲求死记硬背书本知识和课堂体罚学生，而是要求学校以学生的身心发展为基

---

[1] 《通德校拟建新校舍》，《时事公报》，1925年3月20日。
[2] 《鄞县十年度学校教育之概况》，《时事公报》，1922年12月31日。
[3] 《鄞县教育状况之报告（鄞江区）》，《四明日报》，1926年1月1日。

础，符合学生实际情况培育学生，反对在课堂上体罚学生，把学生当成一个独立的人，尊重学生的人格。在学制方面，根据1922年颁布的"壬戌学制"规定，实行小学教育六年制，前四年为初级，后两年为高级。在培养目标方面，不再以培养政府工作人员为目的，而是根据学生的实际情况，教授符合社会发展需要的知识技能，努力做到教育为社会服务。

进入南京政府时期，鄞西一地教育事业继续得到发展，特别是私立教育发展较快，社会办学热情不减。如1935年10月，旅沪商人应文生等捐资兴办蜜岩小学，校址位于崇义小学堂旧址，此举受到县政府嘉奖。[1] 对于当时鄞县各地教育事业经久不衰的原因，时人有以下的分析：鄞县各区人士对于教育近年来颇为提倡，教育发展很快。虽以鄞县的面积、户口而论，教育设施尚相去太远，然就其发展趋势言，局面仍然非常可观。鄞西私立教育发展很快，私立学校设立数量上升。考其实情，私立学校之所以增多，是因为：（一）旅外之绅商颇能热心于桑梓教育，或独自创办，或踊跃捐输；（二）自村里制施行以来，地方人士均了解自治事业困难之原因，在于民智未开，因而以办学为第一步紧要工作，且村里委员会成立以后亦均喜先办一学校，为委员会之建设树先声而立声望。（三）庙会、迷信会之保管主干人员，亦大多能了解迷信之愚妄，颇以此款拨办或提成捐助公益事业中之较久远较有实效者，厥为学校，且作为学校基金后必可保全不至于消耗分散。因此，几年来注册备案的学校数量几十余所，学生数目少者数十余人，多者几近百人。此外，其余拨产补助原有之学校或县区立学校增添学级者为数亦黑多。[2]

---

[1]《校董等捐资兴学》，《宁波民国日报》，1935年10月4日。

[2] 孙善根：《二十世纪三十年代鄞县奉化县情调查资料辑录》，宁波出版社2016年版，第222页。

表39 1931年全县乡镇初级小学状况统计表

学区	第一区	第二区	第三区	第四区	第五区	第六区	第七区	第八区	第九区	第十区	总计
已设立初级小学乡镇数	25	11	11	10	7	49	43	67	42	45	310
未设立初级小学乡镇数	6	无	3	无	5	无	无	1	11	11	37
户数	16543	6778	8049	9823	6941	29165	17224	23957	23923	29947	172350
人口数	83958	36478	38072	49646	36087	107649	67178	102291	95483	124428	741280
已设立初级小学数	47	24	16	27	16	121	65	110	59	82	567
已入学儿童数	5565	3212	2368	3479	2637	6580	3266	7595	4265	6818	45885
面积方里	100	55	881	304	155	6920	9890	5480	9190	7090	40065

资料来源：张传保、陈训正等：《鄞县通志·政教志》，成文出版社1973年版，第919—920页。

抗日战争时期，鄞县教育遭受极大损失，抗战全面爆发后，为免遭日机轰炸，城区各中小学校大多迁入鄞西四明山区，一时鄞西学校云集，成为战时教育中心。1938年，宁波著名的效实中学迁往鄞西高桥，进行战时学校教育，时有

1937年效实中学鄞西高桥临时校舍外景

图片来源：哲夫：《宁波旧影》，宁波出版社，2004年。

学生336人。1941年，宁波工业学校迁于鄞西锡山上课。[1]1942年，鄞县县政府教育科批准设立鄞县杖锡乡代用中心学校。

1945年抗战结束以后，内迁的学校纷纷回迁，鄞西教育也开始重建工作。在这一过程中，旅沪绅商纷纷慷慨解囊，发挥了重要作用。如鄞章乡周家时敏小学，沦陷时期破坏严重，学校被迫停顿。1947年，旅沪校董周福□捐款法币6000万元、粮食六千斤，添设办学器具，修复校舍，使时敏小学得以恢复办学。[2]1948年5月，蜜岩乡徐永年、周再舜等鉴于在抗战前创办的培成小学，于1941年宁波沦陷时停办，发起重建培成初中及附属高小。同年6月，鄞西士绅钟士康为鄞西后塘中心国民学校新筑校舍赴沪募得稻谷10万斤。然而，随着国共内战爆发，社会秩序混乱，物价飞涨，进入40年代末，鄞西教育事业举步维艰，已陷入极大的困境。

值得一提的是，近代鄞西一些世家大族在推进本地教育方面也发挥着重要作用。如鄞西周氏家族就订有"教育四条"，其条文曰：

> 一、本族向有启文义塾，置田二百四十亩。自宣统二年庚戌起改为学校，现定名曰崇文初级小学，址暂在景濂堂之左。凡我族人，无

---

[1] 杨古城、曹德厚：《四明寻踪》，宁波出版社2002年版，第119—120页。
[2] 《捐资兴学造福桑梓》，《时事公报》，1947年9月7日。

论男童女童，皆可就学。学费随家之有无酌定之，毋得紊乱。二、教员以训育儿童为本职。族内有冠笄丧葬等事，不得多渎，致妨功课。如其事有非教师不能为者，亦须于课毕后方可请教。三、本族多业农，早晚两季收获之时，必须破除旧习惯，不得旷课。为父兄者须知为学不可作辍，现时学校课本均有定程，不可旷废，贻误子弟。四、识字为立身之本。虽秉耒耜，不能不略识之无。既设学校，必力求扩充，添办高级，以臻完美。[1]

由此可见周氏家族对学校教育的重视与认同，同时也说明新式文化的影响已经深入乡村。这一点从鄞江朱氏宗谱中也可得到佐证："今族内裔孙有创办完全小学之建议，则另建校舍，添设高级，实行义务教育，以符国家定章，得教育普及之效不远矣。"[2]

当时鄞西各学校除注意提高教学质量外，还鼓励学生进行体育锻炼，开展各种课外活动。如1922年北渡孙氏启贤高小暨国民学校于农历十月廿二日下午一时至五时召开校运动会，并函请各界莅校参观。[3] 县立第四小学也十分重视学生的体育活动。随着学校人数的增加，该校所有空地都用于填筑校舍，使学生无运动场地，连各种运动器具都无法存放。为此1925年底该校校长借"疏浚南塘河机会，商于工头及河工局，将该校临近河底浚出泥土，搬至校外隙地，广约五亩，改成运动场"[4]。1932年，鄞县教育局制定《鄞县小学作文比赛办法》，规定："为鼓励全县儿童作文兴趣起见，特举行小学作文比赛，分分区及全县两种。分区由各校选派中高级学生各二人参加，全县又各区选派中高级成绩最优者各五人参加。比赛题目由县拟定，时间为四十分钟为限。"[5] 除知识类竞赛以外，30年代各学校还举行生产技术等竞赛活动。1935年第九学区在鄞江桥举行生产技术竞赛，有

---

[1] 周时奋：《〈鄞蛟川周氏宗谱〉考释》，董贻安主编：《浙东文化》，1999年第1期，第50页。
[2] 海飞：《它山传奇——四明首镇鄞江记忆》，大众文艺出版社2013年版，第205页。
[3] 《小学校运动会预志》，《时事公报》，1922年12月3日。
[4] 《鄞西四小校之近讯》，《时事公报》，1925年12月4日。
[5] 《鄞县小学作文比赛办法》，《时事公报》，1932年4月25日。

建岙、培才、养正等三校,其中培才小学学生徐美娥手工编织的金丝草帽取得最好成绩。[1] 显然这种竞赛活动不仅能丰富学生的文化知识,而且锻炼了学生的动手能力,有利于促进学生综合素质的培养。

其间,各校还鼓励学生参加爱国活动,增强其社会责任感。1925 年 5 月,反帝爱国的五卅运动在上海爆发,鄞西樟村镇各学校组织后援会予以响应。其中启明、勉行等 12 所学校学生三四百人走出校门,前往各村镇游行演讲,劝告各界与英日经济绝交,抵制英日两国货物,并向各店户发起募捐,支援上海工人罢工。[2] 抗日战争时期,鄞西各学校添设军事教育课程,组织学生义勇军,学习学生义勇军教育纲领和反日救国会规范,印发小学反日教材,进行抗日爱国教育。

二、鄞西社会教育

社会教育指学校教育以外的各种教育活动,与学校教育相互补充,是教育事业的重要组成部分。民国时期特别是南京政府时期,社会教育受到高度重视,旨在帮助民众普及文化知识,减少社会文盲率,丰富民众文化生活。其间,鄞西的社会教育也开展得有声有色,当时鄞西与其他地区一样,主要采用通俗演讲所、民众学校、短期小学班、县立民众阅报所、县立流通图书馆、私立及巡回通俗图书馆、试行家庭教育、民众问字处等形式,推动社会教育的开展。

1930 年,鄞县教育局成立流通图书馆,设一总馆八分馆。总馆由教育局人员管理,分馆由中心小学人员管理,不支付报酬。[3] 鄞西成立鄞县第六区区立农村图书馆,采购有关农村各种图书,供给区内民众阅览,以提高民众知识水平。[4] 当时民众阅报所在鄞西较为普及,其数量到 30 年代达到数十个。民众问字处是指导民众识字机关。30 年代初全国兴起识字运动,鄞西各区乡镇依照教育局指令,在各学校内设立民众问字处,规定学校教师有解答民众文字的义务,并成立

---

[1]《鄞第九学区昨召开学期实习》,《时事公报》,1935 年 5 月 26 日。
[2]《樟村各学校之演讲募捐》,《时事公报》,1925 年 6 月 20 日。
[3] 孙善根:《二十世纪三十年代鄞县奉化县情调查资料辑录》,宁波出版社 2016 年版,第 73 页。
[4] 张传保、陈训正等:《鄞县通志·政教志》,成文出版社 1973 年版,第 900 页。

位于鄞西偏僻的建岙村梅园乡校旧址

通俗教育讲演所，至各区乡镇巡回讲演，时间不定。凡遇有民众集会之时，亦可临时派员演讲，除设置专员出发各区巡回讲演外，各区乡镇还聘请有名望的讲演员，相继讲演，以求普遍。[1] 考虑到民众学校成立后，主动到校听课的民众数量很少，民众学校多改为夜校，以方便照顾因经济失学的学生和招纳夜间空闲社会民众。1935年，鄞西蜃蛟弄设民众夜校于崇文小学内，附近民众报名踊跃。[2] 然而，鄞西多数妇女受传统约束，整日忙碌家务，并且社会上普遍认为妇女学习文化知识是不遵"三从四德"的表现，已婚妇女很少参加民众夜校。因此，鄞县教育局试办家庭巡回教育，由教师分赴民众家庭，按户教育。家庭教育试行之后，妇女受益颇多，在社会上取得良好的效果。[3]

为推进民众教育，1935年起，鄞西各地利用各小学设施普遍设立短期小学班，在普及民众教育方面成效明显，具体情况详见下表：

---

[1] 孙善根：《二十世纪三十年代鄞县奉化县情调查资料辑录》，宁波出版社2016年版，第73页。
[2] 《鄞西蜃蛟弄设民众夜校》，《宁波民国日报》，1935年9月19日。
[3] 孙善根：《二十世纪三十年代鄞县奉化县情调查资料辑录》，宁波出版社2016年版，第74页。

表40 鄞西各小学及各社教机关附设短期小学班表

名　称	学区	地　址	开学时期	班　数	学生人数	经费（元）
县立石碶小学附设短期小学班	六	石碶镇石碶	二十四年十二月	一	41	72
区立布政初级小学附设短期小学班	六	布政乡布政市	二十五年八月	一	40	72
镇立古林初级小学附设短期小学班	六	古林乡黄古林	二十五年九月	一	40	72
县立大雷小学附设短期小学班	六	大雷乡大雷	二十四年十二月	一	38	72
县立凤岙市初级小学附设短期小学班	六	凤岙乡凤岙市	二十五年九月	一	40	72
私立明义初级小学附设短期小学班	六	太平乡戴家	二十五年九月	一	40	72
私立蜜岩小学附设短期小学班	七	蜜岩乡蜜岩	二十四年十二月	一	25	72
乡立悬慈小学附设短期小学班	七	句章乡悬慈	二十五年九月	一	32	72
县立建岙初级小学附设短期小学班	七	梅园乡建岙	二十五年九月	一	48	72
私立大皎初级小学附设短期小学班	七	大皎乡大皎	二十五年九月	一	40	72
私立培才小学附设短期小学班	七	鄞江镇鄞江桥	二十五年八月	一	40	72
私立丰文小学附设短期小学班	七	民正乡前虞埭	二十五年二月	一	37	72
私立通德初级小学附设短期小学班	七	章水镇樟村郑家	二十五年十月	二	58	72
私立李家岙初级小学附设年期小学班	七	鹳岭乡李家岙	二十五年十月	一	40	72
私立养正小学附设短期小学班	七	鄞江镇鄞江桥	二十五年九月	一	40	72

资料来源：张传保、陈训正等：《鄞县通志·政教志》，成文出版社1973年版，第1066—1067页。

为便于民众教育工作的开展，1936年5月，章水镇公所筹设镇立体育场、图书馆、俱乐部。[1] 为推进识字运动，帮助民众扫除文盲，当时各校还实行一种"小先生制度"。1936年3月20日《宁波民国日报》报道说："鄞县章水镇镇长崔润卿，为实施义务教育，扫除文盲起见，前特分函辖境内各小学校长，推行'小先生制度'，提倡识字运动。兹闻勉行、启明、梅峰等校咸表赞同，克日即将实施云。"[2] 黄古林也于1933年设立图书馆，"鄞县西乡第六区黄古林镇，人烟稠密，商业繁盛，向为一乡之冠，且系出席要区。兹有该地绅士及鄞县教育局，为普及人民智识，促进社会风俗起见，特在该镇设一鄞县古林民众教育图书馆，地址定黄古林庙西首。现闻鄞县教育局委王承槐为该馆筹备指导员，业已着手进行云"[3]。鄞江则设置民众阅报所，"鄞县第七区教育会，为使民众了解时事，激发爱国情绪，增强抗战意志起见，特订购本报，在区内热闹公家场所及偏僻山乡，设置民众阅报所十二处，已经教育会决定"[4]。

民众教育馆也是30年代相当重要的综合性社会教育机构，鄞西一地以古林民众教育馆最为著名。1934年，鄞西古林民众教育馆成立，以古林庙一部分及资善观全部为馆址，内设图书馆、阅览室、阅报室。其收入来源为县款911元，支出项目主要有薪给481元，设备72元，办公费119元，事业费240元。据《鄞县通志》记载，1934年12月黄古林民众教育馆受教人数中，男性120人，女性仅8人，主要是农工商人员，其中农人9人，工人9人，商人45人。[5] 事实上，民众教育馆当时是开展社会教育的中心，许多活动与工作都在此举办。如1934年3月18日《宁波民国日报》报道说："本县第六七学区辅导会议社教组，于十五、十六两日分区举行，七区在区公所，议决案如下：

一、联合本辅导区各社教机关举行社教成绩展览会案，议决，主

---

[1]《鄞章水镇筹设图书馆及体育场俱乐部》，《宁波民国日报》，1936年5月25日。
[2]《鄞章水镇将推行小先生制度》，《宁波民国日报》，1936年3月20日。
[3]《鄞西黄古林将设民教图书馆》，《上海宁波日报》，1933年12月6日。
[4]《鄞七区教育会增设民众阅报所》，《宁波民国日报》，1935年10月8日。
[5] 张传保、陈训正等：《鄞县通志·政教志》，成文出版社1973年版，第1161—1163页

持机关,古林民教馆;展览日期及地点,日期在县会前一星期,地点在古林民教馆;出品办法,遵照教育局办法。二、学区辅导会议开会时应通知参加案。议决:呈请教育局通令全县各教师,按时准出席所在学区辅导会议。三、提倡乡村副业应如何实施案。议决:1.原则,调查原有副业种类;选择较有把握的几种副业,先行着手改良;视察地方□□,介绍新副业;宣传利用科学方法。2.步骤,由古林民教馆拟定调查表式,印发各机关调查;根据调查结果,拟定改良计划,按步实行;搜集新副业,由古林民教馆先着手实施推行。四、教养运动应切实普遍举行案。议决:分地举行宣传大会;分队出发演讲。五、确定下届会议讨论中心问题案。议决:继续上届讨论民校招生留生问题。六、确定下届活动事项案。议决:举行民校各科教材展览会。七、筹设水上文库,以便乘客阅读案。议决:推古林民教馆办理之。[1]

为了便利乡民借阅图书,"以收增进乡民知识,提高乡村文化之实效",当时县立图书馆还组织巡回文库,在各乡镇设立乡村贷书处,普及文化知识。1936年,巡回文库陈列处增加到10个集镇,计石碶、凤岙、鄞江桥、胡家坟、桃江、陶公山、韩岭、邱隘、五乡碶、樟村。这一办法大大缓解了乡民因路程、时间等无法借阅图书的困难。其具体办法是:

一、本馆为谋乡村住民借阅图书便利起见,特于本区乡各乡镇设立乡村贷书处各一所。二、乡村贷书处暂由本馆呈转县政府指定乡区各乡镇公所负责办理图书出纳事宜,乡村贷书处名称,应定为"鄞县□□乡镇附设代贷处"。三、各乡镇住民欲借阅本馆图书,可请托贷书处代办。四、借书人须自行检阅书目,填写借书单、阅书单各一份,借书单存代处,配书单由代贷处转送本馆。五、借书单上除由借书人签名盖章外,并须加盖就地保长或商铺印鉴,负责担保。六、代

---

[1]《六七学区社教组辅导会议纪》,《宁波民国日报》,1934年3月18日。

贷处应在配书单上加盖各该乡镇公所图章,并□定与借书单租同至□次。七、本馆凭代贷书所送配书单配书,如有因故不能配发之图书,当另单通知各代贷处备查。八、借书范围以书目中刊有定价之图书为限。[1]

30年代中期,鄞县县政府还在鄞西推行一种流动施教团的社会教育工作方式,对象为基层保甲长及妇女,工作似乎颇有成效。1936年5月18日《时事公报》报道说:"鄞县政府西区流动施教团,近在乌岩施教,训练宣传组织等工作,推进甚速,第一期甲长训练班及妇女训练班,已于本月廿五日办理结束,测验成绩及格学员合计一百三十余人,平日极少缺席,秩序优良,精神之佳,殊属少见。廿七日下午一时,举行毕训式,发给及格证书。闻第二期妇训班及壮丁班学员二百人,亦已于廿八日开训。又该团同时举行孔子诞辰纪念会,会后为提倡工作卫生起见并举行全村大扫除,每户至少推派一人,由保甲长负责督率,乌岩初小全体师生亦参加,以家庭、道路、溪坑为扫除对象,一时扫帚铁耙土箕齐举,动员男女民众达八百人以上。团主任宋恩溥,干事□□朝、陈俊驹、徐爱玲等,分队宣传指导。又该团筹组救亡歌咏队,报名者已三十余人,不日即可成立云。"[2]

三、教育会及其运行

为联络联合广大教育工作者,谋求本地教育的发展与进步,清末起鄞西就有教育团体——教育会的设立。进入民国后,教育会在鄞西各地的设立相当普遍,并在本地教育事业的发展与进步中扮演了重要角色。

限于史料,我们不清楚清末鄞西一地有多少教育会,但从《四明日报》的记载中,至少有西乡教育研究会及鄞江教育分会的存在。1910年7月8日《四明日报》报道说:"西乡教育研究会初四日九时假崇本学堂开大会业志本报。兹

---

[1]《鄞县各乡镇设立乡村贷书处》,《宁波民国日报》,1935年8月9日。
[2]《鄞西区施教团在乌岩工作》,《时事公报》,1936年5月18日。

悉是日会员到者七十余人，先由会长报告开会宗旨，次提议劝学员冯绅良翰一再函辞，并主张分区调查问题，会众多数赞成，嗣因鄞江桥一区路途遥远，会员并未到会，经众决议下学期劝学员先行扩充，当场投票公举，以任宗淮君得票为最多数，遂举定为该乡劝学员，并拟由本会函告鄞江教育分会，以便接洽。至摇铃闭会时，已十二点钟矣。"[1]

民国初年，鄞西西城、鄞江、桃源区、章远区等纷纷成立教育会，同道区教育会则成立于1922年12月。[2] 当时各教育会定期开会，经常就本地教育事业或教学方面的事项作出决议，如统一教材、考试，举办成绩展览、暑期读书会等，要求各校实行。对于有损教育的事项则据理力争，或派代表出席相关会议。现摘录以下四则报道，以见其活动之一斑：

区教育会开会记

鄞县西乡桃源区区教育会，于本月二十五日开秋季常会，由会长汪企岜主持，会议秩序如下：一、宣读开会词；二、报告暑期读书会及成绩展览会等一切经过情形；三、报告账目（该会经费，本极有限，此次办事各项费用，得会员捐助之款不少）；四、改选职员，结果以汪奂伯及汪全保所得票数最多，当选为正副会长，后公推评议员七人、干事四人，并公推正会长（或副会长）为全浙教育会联合会出席代表；五、讨论以后进行事项，由会长会同西五区教育会，向商务印书馆租用通俗讲演影片，以为教育进行之助云云。[3]

章远区教育校员联席会纪

鄞县章远区教育会因会长虞洪筹有事赴杭，以至会务暂行停顿。

---

[1] 《教育会开会纪事》，《四明日报》，1910年7月8日。

[2] 《组织区教育会之先声》，《时事公报》，1922年12月4日。

[3] 《区教育会开会记》，《四明日报》，1923年8月28日。

兹闻该会长现已事毕回甬，特于本月二十日上午十时，在王家桥自治办公室召集职员，并各校校长开联席会议，到者职员方面有虞洪筹、李安智、周翅奉、项庆生、王九华、唐祖祥、王阳生、虞美棣、金广甫等十余人，校长有虞瑞康、许有广、虞维璋、杜道甫、虞尧年等十余人。由虞会长主席，计议决案六件，录下：一、划一教材，由教育会函知各校，于明年春季开始实行（决定世界书局出版物）；二、会试，照旧案办理，日期定于十二月十一日，地点在自治办公室；三、奖励案，分实物与荣誉，荣誉又分个人、团体两种，费定二十元；四、参观案，保留俟明年开学后，召集校长会议决定方针；五、小学教师第二协会来函请调查专员案，议决谓不应由本会负责调查，结果拒绝；六、组织小学教师协会案，公推虞洪筹先行筹备，保留至明年各校开学成立。议毕散会。[1]

章远区教育会改选职员

鄞县章远区教育会自虞会长任职以来，已届期满，前定本月四日在王家桥自治办公处开会，改选职员，曾志本报。兹闻该日到者有李安智、周翅泰等四十余人，由会长虞洪筹主席，次公推王阳生、虞东近为检票员，选举结果，正会长周翅泰，副会长王阳生、虞洪筹，评议兼干事李安智、虞瑞康、王九华、项应庆，次出席报告账略，次提议事项……；（乙）划一教材案；（丙）统一假期案；（丁）地图案，均通过，遂散会。[2]

鄞江区区教育会开会纪

鄞西鄞江区区教育会于夏正本月初七日假该乡自治公所开选举大

---

[1]《章远区教育校员联席会纪》，《时事公报》，1925年12月24日。
[2]《章远区教育会改选职员》，《时事公报》，1926年4月14日。

会,是日会员到者二十七人,下午一时开会,首由副会长徐伯高,宣开会词,及报告经过情形,次王智武报告账目,次选举职员,正会长刘圭瓒得十三票、次多数李锡祺,评议员六人,崔功纶、王智武、周世谟、李锡祺、应保赓、周达泉,次提议组织调查经济委员会,议决公推应保赓、李锡祺、汤傅蔡、毛樵笙、罗小五五人为委员,其第一次会议地点定樟村文昌阁,其经费由本会拨给。又闻该会开会地点,本定该区自治公所及樟村文昌阁两处,逐年轮流,此次开会会员中有欲固定在文昌阁,或大皎或天象岩或自治公所者,各有争执,致未决议而散。[1]

在各地教育会普遍成立的基础上,当时鄞西等地还成立了教育会联合会,简称教联会,其代表本地教育会对外联络的功能似乎更多一些。1925年5月11日《时事公报》就报道了鄞西教联会开会的情况:

鄞县西五区教育会联合会,于昨日(十日)下午二时,在鄞县教育会开临时大会,出席代表同道区熊松龄、戴挟三(熊代)、应圣尹,桃源区汪定保、徐金声、徐如恒(徐金声代)、汪振声(汪定保代),鄞江区徐伯高、崔功璋、应伯虞(徐代),章远区虞瑞□、王阳生(虞代),西成区周熹俊、陈荇荪等十四人,由值年桃源区教育会代表汪定保主席宣开会词。次报告省自治法会议代表庄景仲等来函,为促成省法事,众赞成。次汪定保提议拟联络县署各公团,组织省自治促成会案,经讨论结果,议决由本会提议县教育会组织之。次陈荇荪提议公电府院,呼请废止出版法案,众赞成。当推汪定保陈荇荪起草,经付大会通过,旋乃散会。[2]

进入南京政府时期,教育团体在鄞西一地也相当活跃,如1946年

---

[1] 《鄞江区区教育会开会纪》,《时事公报》,1925年7月29日。
[2] 《西五区教联会开会纪》,《时事公报》,1925年5月11日。

12月,"鄞西望春乡国民教育研究会,于前日在广德代用中心国民学校举行,出席该赛各小学教师三十余人,县政府刘督学列席指导。当举行教学演示,嗣讨论部定研究问题,颇为详情,末临时动议及推选出席县会代表"[1],演讲、宣传颇为生动。

总之,到30年代中期,鄞西一地教育事业的发展取得了显著成绩,学校和学生数量都在明显增加,小学教育的发展尤为突出。新建学校以现代科学知识为主题,并开展丰富多彩的教学与课外活动,在提高学生科学文化素质和爱国意识的同时,也促进了学生综合素质的发展。许多后来走向全国、走向世界的鄞西人都是在家乡接受了良好的基础教育。如著名的科学家族鄞西石塘翁氏就是在家乡完成基础教育而后大步走向世界的。其中,翁文灏1908年考取浙江省官费名额,留学比利时,获得中国第一个地质学博士。回国后,创办了多个地质学、考古学及古生物学等科研机构,并创立燕山运动学说,发现了玉门油田,成为现代中国地质学的创立者。其堂弟翁文波则被尊为中国地震学之父、世界预测学大师。当然不可否认,由于鄞西各地以山区居多,交通不便,经济发展水平较低,社会大众文盲率较高,意识相对封闭,鄞西教育近代化的努力仍然遭到很大的挑战。

---

[1]《鄞西望春乡举行国教会》,《时事公报》,1946年12月8日。

第二节 医疗卫生事业

医疗卫生事业不仅关系人们自身的健康与幸福,而且也是衡量地方社会文明程度的重要标尺。近代以来,特别是清末后,在地方社会的大力支持下,鄞西卫生医疗事业得到一定程度的发展。到30年代中期,鄞西一地初步形成了以第四公立医院为中心的公共卫生体系,不仅有力地提升了当地民众的医疗保障水平,而且对传播科学文化,遏止迷信活动,推动地方社会的发展与进步也发挥了重要作用。

一、鄞西医院发展沿革

近代宁波是西医进入中国大陆最早的地区。为方便传教,大多数来华传教士都兼有医生的职业。他们在建立医院的同时,深入内地为民众治病,以传播宗教。1845年7月,一个外国旅行者施美夫与他的中文教师以及一名传教士医生深入宁波内地传播宗教,并曾在鄞西西成区一户家庭中为病人看病,由于病人病情严重,延误了最佳治疗时机,最终治疗失败。[1]这是鄞西一地有西医活动的最早记录。而由于城区教会医院——大美浸会医院著名的白保罗医生在鄞江边上建有别墅,他的时常驻足无疑亦使人们感受到西医的存在。受西医的影响,也有鄞西本地人也开始学习西医,开设医院。

进入20年代,地方社会创办医院的积极性大为高涨,由地方绅商创办的私立医院和公立医院相继出现在鄞西。1925年初,鄞江区西医毛甲华开设鄞江医

---

[1] [英]施美夫著,温时幸译:《五口通商城市游记》,北京图书馆出版社2007年版,第136—137页。

院，看病求医者很多。[1] 同年 4 月，地方士绅在鄞江发起成立第四公立医院。[2] 1926 年 3 月，桃园区自治公所召集地方士绅开会，拟定在桃园区成立公立医院 1 所，以桃园区自治公所经费为筹办费用。[3] 特别是 1926 年 7 月，在鄞西五区自治联合会的多方努力下，1922 年鄞县县议会复会时定下的第四公立医院终于在鄞江桥、凤岙市分别成立。[4] 两院地位平等，经费均分。至于为何将鄞西第四公立医院分设两地，当时鄞西五区自治联合会也有慎重的考虑。因为鄞西五区地处偏远，境内山村数量占半数以上，地瘠民贫，交通极不便利，向无正规医院。鄞西五区，如同道、西成距城近且财力富裕，两区亦与桃源、鄞江桥各村、凤岙市相邻，区内民众如遇疾病赶赴鄞江桥、凤岙二所医院甚为方便；而章远地处鄞西五区的中心，距离鄞江桥、桃源也不是很远。因此，将鄞西第四公立医院设于鄞江桥、凤岙两地，就地理位置而言是最佳选择。[5]

第四公立医院的成立颇费周折。据说 1922 年鄞县县议会复会之初，拟定在城区及东、西、南三乡各设 1 所县立医院，并各给补助费 1000 元。然而时过境迁，第一公立医院早已成立，位于鄞东五乡碶的第二公立医院开办也有数年，鄞西第四公立医院的经费却迟迟未能落实。后经鄞西五区自治联合会坚持不懈的努力，至 1925 年相关拨款终于兑现。但离办院所需经费相距甚远，为此鄞西绅商纷纷行动起来，先后在上海、宁波以及鄞江桥等处开会筹集，并成立 11 支募捐队，共筹集医院建设经费 1850 元。[6]

1926 年 7 月，鄞西第四公立医院正式成立，设立董事会负责经费筹集事宜，并组织施仁医会，负责医院日常事务。[7] 第四公立医院名为公立，实际上发起与运

---

[1]《鄞江医院募捐之乐观》，《时事公报》，1926 年 4 月 14 日。
[2]《鄞西筹设第四公立医院之请费》，《时事公报》，1926 年 4 月 13 日。
[3]《桃园区筹设医院之会议》，《时事公报》，1916 年 3 月 2 日。
[4]《鄞西筹设第四公立医院之请费》，《时事公报》，1926 年 4 月 13 日。
[5]《鄞西筹设第四公立医院之请费》，《时事公报》，1926 年 4 月 13 日。
[6]《认募医院经费之概数》，《时事公报》，1926 年 4 月 28 日。
[7]《第四公立医院开幕纪》，《时事公报》，1926 年 7 月 3 日；《第四公立医院分院近讯》，《时事公报》，1926 年 7 月 23 日。

1918年由鄞奉人士发起创办的鄞奉公益医院为鄞西南百姓带来福音，图为该院外景

行多得力于民间。如鄞江桥旅沪商人徐诚炤不仅参与医院的发起，后又出资350元两为该院购置显微镜。[1] 第四公立医院的成立，对鄞西医疗卫生事业显然是一个有力的推动。

进入南京政府时期，鄞县地方当局致力于公共卫生事业，注意调动民间社会的办医积极性，将原公立医院补助县费若干，改称为县立。其中位于鄞江桥、凤岙市的鄞西第四公立医院分别改组为县立第三医院、县立第四医院，每年补助县款若干。各院还组织董事会进行管理并负责筹募部分经费。[2]

---

[1]《独资购助医院显微镜》，《宁波旅沪同乡会月刊》，第42期。
[2] 张传保、陈训正等：《鄞县通志·政教志》，成文出版社1973年版，第699页。

表41　1933年鄞县县立医院概况表

项别 院别	组织概况	全年经费			
		县款补助	本身收入	募捐	支出数
中心医院	院长1人，内科、外科、产科各设主任1人，下设医师、助产师、护士，药局设医师及调剂员各1人，事务设会计兼庶务及文牍各1人	12000元	12900元	由董事会负责筹募	25500元
第一医院	内外科、产科、眼科3科	750元	3000元	由董事会负责筹募	5300元
第二医院	内科、外科、产科3科	750元	2450元	由董事会负责筹募	5850元
第三医院	由董事会聘请院长主持院务，因经费不敷暂不分科	750元	2650元	450元	3500元
第四医院	由董事会聘请院长主持院务，因经费不敷暂不分科	750元	1100元	1000元	3500元

资料来源：张传保、陈训正等：《鄞县通志·政教志》，成文出版社1973年版，第699—670页。

对于贫病者，"县立各医院均办理免费施医，公私立医院也有免费者"[1]。1930年9月，鄞县县政府订立各医院附设免费专科办法大纲，以惠家境困难的患者。[2]

抗战时期，鄞西医疗卫生事业备受打击，战后在地方人士的大力支持下迅速得到恢复。与战前一样，医院多由各绅商组织董事会合力进行。如1946年7

[1]《鄞县县政统计特刊·弁言》第2集。
[2]《九月份鄞县政府工作概况》，《时事公报》1930年10月7日。

月,凤岙镇地方人士,与旅沪同乡一起捐资设立鄞西凤岙镇医院 1 所。[1] 同年 12 月,凤岙市鄞县第五卫生分院由就地士绅组织董事会筹备进行,"开办经费三千万元分向沪甬同乡劝募"[2]。其地址位于周家庄。几乎与此同时,位于鄞江桥的第四卫生分院也在董事长张申之领导下积极进行,并设法获得闽浙分署所赠的病床药械,"拟请常务董事徐诚炽捐募开办费一千五百万元"[3]。但也有个人独力兴办的,如 1946 年初地方人士崔洲鳌等在樟村药皇殿集资创办樟村公立医院,设内、外、产科,有医务人员 4 名。同年底,横街旅沪绅商陈福恩为解决家乡民众病痛,在横街捐资创办福恩医院,"于元旦日起先行施诊,闻该院将逐步扩充,普惠贫民云"[4]。

二、鄞西公共卫生事业

进入近代以来,由于人口的集聚与往来日趋频繁,加之社会经济活动的大量增加,使公共卫生问题日益受到挑战。地处水乡的鄞西同样遭遇公共卫生问题的困扰甚至威胁。如 1918 年初,宁波瘟疫猖獗,鄞江成为重灾区。当时《申报》记载道:"宁波自去岁以来天气亢旱,已达三月,兼之饮水秽浊不堪,尤易传疫。近日城乡喉痧颇盛,鄞江乡罹是症而死者已达八九人之多,他处亦时有所闻,而在往年视为无足轻重之猩红热(即红痧),今年亦大肆其虐,罹者朝发夕死云。"[5] 严峻的公共卫生问题引发社会各界的广泛关注,进而谋求改进之道。

清末民初,由于地方政府的缺位,公共卫生事项多由地方社会或个人分别进行,如清理河道、清洁街道等。进入南京政府时期,由于地方当局的高度重视,不仅从上到下的公共卫生管理与监督体系先后建立起来,有关公共卫生的活动也有序进行。在这一过程中,本地绅商则多方参与,从而有力地改善了当地公共卫生事业。

---

[1]《鄞西凤岙镇成立复兴委员会》,《时事公报》,1946 年 7 月 13 日。
[2]《凤岙市鄞江桥分别筹设卫生分院》,《宁波日报》,1946 年 12 月 17 日。
[3]《凤岙市鄞江桥分别筹设卫生分院》,《宁波日报》,1946 年 12 月 17 日。
[4]《鄞西设立福恩医院》,《宁波日报》,1947 年 1 月 5 日。
[5]《疫症传染之可畏》,《申报》,1918 年 3 月 4 日。

1929年后，市县卫生委员会相继成立，并在各区成立分会，健全和发展组织机构。1932年，鄞西成立第六分会，地址位于卖面桥丰惠庙，负责第六区卫生区域。鄞江桥原第二分会改组为第七分会，会址设于鄞江桥旧自治公所，负责第七区卫生区域。[1] 随着管理体系和组织的建立，1932—1936年间，鄞西地区公共卫生事业逐渐展开。为应对瘟疫，各类医院免费为当地居民注射预防疫苗。据统计，1934年，第四公立医院霍乱疫苗注射人数：布政乡237人，集士镇16人，高桥乡19人，雨湖乡245人，另外古林镇、秀水乡、横街头镇由当地镇民教馆医院或医师注射预防。[2] 此外，为预防天花，鄞西各乡区还设立牛痘局，为各区民众免费接种牛痘。本地绅商还在各乡镇设立一些临时疫所或时疫诊所，免费为感染时疫的贫民施医、施药。

　　为改善环境卫生，地方当局相继出台《公坑规则》《设立公坑取缔私坑规则》《管理公坑规则》，其中规定：为谋公众卫生和清洁道路，各村里民众均应明了斯旨共同进行。建筑公坑费用由各村委员会体察就地情形妥筹办理。每村设公坑若干，由村委员会就地户繁简酌定（至少每闾筑一公坑），并设专门组织处理粪溺。[3]1932年2月，宁波公安局在鄞县各地设立垃圾箱，其中第六分区设立水泥垃圾箱46口，木质31口；第七分区设立水泥垃圾箱30口，木质35口。[4]

　　此外，有关公共卫生的宣传发动工作也经常进行，如举办夏季卫生运动会，举行卫生展览活动，进行夏季时令疾病宣传活动等。如1936年8月18日，鄞县夏令卫生展览会在鄞西古林民教馆举行，"展览品计有小儿卫生粪便诊断等模型十余种，肠胃寄生虫及牙齿等标本二十余种，卫生习惯、家庭卫生学校卫生习惯、父母教育、儿童科学挂图生理卫生组、健康与经济、妇婴卫生、学校卫生、传染病、幼童卫生等挂图十余套，共一百二十余幅"，颇受乡民欢迎。这次展览曾先"在韩岭展览三天，观众达一千三百余人。该馆并随时由指导员卢德源、秦其寿指示解

---

[1] 张传保、陈训正等：《鄞县通志·政教志》，成文出版社1973年版，第678—679页。
[2] 《民国二十三年霍乱预防注射队注射人数表》，张传保、陈训正等：《鄞县通志·政教志》，成文出版社1973年版，第723—724页。
[3] 邱枫：《宁波古村落史研究》，浙江大学出版社2011年版，第192—193页。
[4] 《城厢垃圾箱统计》，张传保、陈训正等：《鄞县通志·政教志》，成文出版社1973年版，第763页。

释，每晚八时至九时，复举行卫生讲座，同时开放无线电，听众亦极踊跃，每晚总在百五六十人以上"[1]。

根据统一安排，当时各乡镇拒毒宣传、大扫除、设立公坑、取缔私坑、灭蝇灭蚊等工作也开展得有声有色。如1929年10月4日的黄古林拒毒宣传就颇具声势。次日《时事公报》报道说："鄞县政府拒毒运动周集会宣传昨为第四日，在黄古林前黄公庙废址举行。出席除县政府派往各员外，有县党部代表郭立言及直属二区分部代表林德祺等，各村里会长副代表王介卿、朱淇园等五十人，学界有崇本崇贤等十余所小学之全体师生，古林乡农协，西成区款产会，亦均到有代表，合黄古林公安分局长警共二百余人。十时开会，仪略，主席张醒民报告，大致谓拒毒运动周是中华拒毒会议定，由国府行知各省办理。今天为本县拟订四乡集会宣传的末了一天，明后天及七日还有教育局派的人在各乡游行宣传。继述鸦片毒物之害处，希民众暨各村里会协助政府，努力扫除烟毒云云。继党代表郭立言演说，大意如下：一、各村里会应将鸦片等毒物伤脑耗财的害处，尽量宣传给民村众知道；二、查出有染毒的，应劝导阻止，限期戒绝，不听可借政府的力量来取缔，要破除情面，竭力检举。次朱淇园演说，略云吃鸦片的非但害及自身，且儿女亦不壮健，至民族有沦亡之险。和政府合作，同心协力，肃清烟毒云。末由林德祺等演说（词略）。演说毕，仍由土地陈报主任池宝珊讲土地陈报之利益与必要，治虫专员孙骏讲治虫之方法，旋呼口号、摄影，列队游行全市一周，回会场散会。"[2]30年代，配合新生活运动，戒烟工作也强制推行，如当时第七区筹设戒烟所。1934年10月29日《宁波民国日报》报道说："鄞县第七区烟民，前由区公所等阅查完竣后，共计总数为九十三人。兹悉区长陈□会同第二公安分局长吴一雄，邀请地方热心人士讨论补救方法，经商定筹设戒烟所于鄞江桥，预算为一千零七十六元，全区烟民分两次戒绝，期约二月，当经推定委员负责。"[3]

其间，集士港、黄古林、鄞江桥、石碶等地的卫生宣传活动也经常举行，以资引起民众注意。[4]

---

[1]《鄞夏令卫生展览移黄古林民教馆举行》，《时事公报》，1936年8月19日。

[2]《黄古林之集会》，《时事公报》，1929年10月5日。

[3]《鄞第七区筹设戒烟所》，《宁波民国日报》，1934年10月29日。

[4] 张传保、陈训正等：《鄞县通志·政教志》，成文出版社1973年版，第686—689页。

第三节　社会救济与慈善公益事业

鄞西一地救济与慈善事业历史悠久，进入近代，在地方绅商的大力支持下，民间慈善公益事业得到很大发展，并出现新旧并存、多元发展的格局，在整个慈善救济事业中具有举足轻重的地位；而在南京政府时期，政府救济体系在地方当局的重视下也初步构建起来，从而改善了社会弱势群体的生存环境，并有力地推进了鄞西社会的发展与进步。

一、近代社会救济事业的演变

进入清末，由于政府财力匮乏，加之吏治腐败，由政府主导的救济体系极为脆弱，尽管对于火灾等灾祸，官府也有临时性的赈济举措。如1891年9月，"宁西鄞江桥里草村之上陈地方，于本月初旬风火为灾，烧毁房屋三百余间，被灾各户赴郡报灾。道府县各宪闻报之下，委员下乡勘验灾户，查系赤贫者居多，露宿风餐，情殊可悯，于是造册送道。道宪吴观察见而恻然，首先捐廉五百元。府宪胡太守、邑尊杨大令亦各捐廉五百元。十八日，道宪札饬杨大令会同鄞江巡检徐少尹，前往该处督饬庄书照册赈给。闻共赈给一千二百余元，余交庄书暂存，以待补给未赈之灾户。"[1] 可见，其救济钱款不仅为数甚微，而且出资人均为官员个人，政府救济体系实际上已名存实亡。

北洋政府时期，清末以来政府主导的社会救济状况并没有大的改善，其间，一些救济行动也大多是在地方绅商的支持下而得以实施。但这种情况到南京政府时期有了较大变化。以"三民主义"为国是的南京政府相当重视民生问题。国民政

---

[1]《赈济灾民》，《申报》，1891年9月26日。

府建国大纲第十一条规定,"关于育幼、养老、救灾、医病等慈善事业均为地方政府所经营之要务"[1]。1927年后,鄞县地方当局在重组、规范旧有慈善机构的同时,也采取切实措施发展地方救济事业,以应对趋于严重的地方民生问题。当时社会救济体系基本上以县为单位进行,如设立鄞县救济院,建立游民工厂、平民工厂,举办贫民借贷等,其惠及范围也包括鄞西一地。当然,一些救济工作由于各地执行力度不一,取得的成效也有差异,其中当时鄞西各乡镇在积谷备荒方面的成绩相当突出。

"建设首在民生,民生急需在足食。"[2]积谷备荒是我国历来的社会救济制度。进入清末民初,这一仓储制度已经日渐式微,几同虚设。作为宁属首邑的鄞县,"仓政久已废弛",仓址亦早已售为民业。为此1927年后成立的鄞县县府高度重视,力图予以恢复,积谷备荒也成为30年代前后鄞县地方政府着力最多的一项社会救济事业,特别是在乡镇仓储建设与管理上取得了一定成就。从1930年起,鄞县倾力建设乡镇仓储并按亩抽谷,规定:"每年每亩收谷二斤,佃业各半,以筹足每户一石米为准。"[3]并制定《区乡镇仓管理细则》《鄞县各乡镇公所贷谷办法》《鄞县各乡镇公所征收仓谷办法》加强了仓谷的管理工作,发挥各乡镇积极积谷备荒的作用。

关于当时积谷仓设立的具体做法,我们可以从西成区的情况管窥一斑。为拟定仓谷管理办法,1930年7月28日,该区村里联席会第七次会议召开,拟定并通过《各村里积谷仓设立办法》,规定:第一、以仓址、祠庙、寺庵或其他公共场所充之。第二、开办费由各村里之会捐或募捐充之,征收仓谷手续费,在村里公款内酌给。第三、征手续,每亩征收官税燥谷2斤,有村长通告各闾长,会同邻长负责征收。第四、保管方法,遵照本县乡镇仓管理细则办理,除村长副外,加推保管委员3人或5人。[4]

---

[1] 《令各慈善机关为款产均不得挪用并限期改良以杜流弊由》,《宁波市政月刊》,第1卷,第12号。

[2] 《民政厅令各县改组旧仓筹设新仓》,《时事公报》,1930年6月14日。

[3] 《鄞慈筹办区乡镇仓》,《时事公报》,1932年7月18日。

[4] 《西城区设立积仓谷有办法》,《时事公报》,1930年7月30日。

至1934年,鄞西各乡镇仓储建设工作取得相当成效,下表为当时鄞西第六、七区积谷与存款情况。

表42　20世纪30年代鄞西第六区积谷及存款表（单位：石、元）

乡镇名	成立年月	仓廒所数	谷款		总数		备注
			原存谷	原存银	使用	余存	
卫民乡	1931	2	126.64	—	—	—	1934年未办
九龙乡	1932	2	264.04	—	—	—	1934年未办
高桥乡	1931	2	354.12	—	—	—	1934年未办
柳堰乡	1930	6	204.28	22.828	谷69.11	谷135.17 银22.828	1934年未结束，贷与
月塘乡	1932		267.20	—	—	—	1934年未办
鹤山乡	1930	2	472.72	—	—	—	1934年未结束
新民乡	1932	2	60.60	150.000	—	—	1934年未办
秀水乡	1931	1	377.02	—	—	—	1934年未办
龙化乡	1930	2	255.18	—	—	—	1934年未办
孚惠乡	1930	1	79.57	—	—	—	1934年未办
清道乡	1930	2	144.24	—	—	—	1934年未办
韧元乡	1930		54.20	—	54.20	无	移作学费，现已饬追
段塘镇	1930	2	45.30	65.320			1934年未办
同仁乡	1930		66.68	—	66.66	无	董亏，现正追缴，1934年未办
殷浦乡	1930	2	52.19	104.980		—	1934年未办
石峡乡	1930	2	143.49	—	141.46	2.03	董亏111.46，1934年未办
溪渡乡	1930		36.00	70.000	36.00	银70.00	董亏，现在追缴，1934年未办
明农乡	1931	1	146.46	—	136.13	10.33	董亏，现在追缴，1934年未办
后仓乡	1930	1	72.75	—	—	—	1934年未办
丰惠乡	1930	2	66.25	778.902	—	—	1934年未结束，已收13903斤未计入
布政乡	1930	2	143.96	—	62.00	81.96	民欠
澍水乡	1930	—	129.56	—	95.12	34.44	1934年未办，民欠7106斤，移作学费2406斤

续表

乡镇名	成立年月	仓廒所数	谷款		总数		备注
			原存谷	原存银	使用	余存	
保佑乡	1930	—	149.50	—	194.50	无	全数移作自治经费，现正追缴，1934年未办
栎社镇	1931	1	80.16	—	—	—	1934年未办
太平乡	1931	3	148.96	11.000	—	—	1934年未办
两湖乡	1932	4	312.00	—	25.36	286.64	民欠
桂林乡	1930		93.98	—	—	—	1934年未办
集士镇	1930	2	181.32	12.802	—	—	1934年未办
惠济乡	1930	1	154.72	—	—	—	1934年未办
青湖乡	1930	2	197.35	—	—	—	1934年未办
望春乡	1930	2	180.55	—	139.49	41.01	
横街镇	1931		—	34.000	—	—	1934年未办
象南乡	1930	1	26.64	—	—	—	1934年未办
塘南乡	1932	2	112.18				
西徐乡	1932		42.22	—	—	—	1934年未办
茅里乡	1932		90.88	150.00	—	—	1934年未办
镇源乡	1930	1	38.42	—	—	—	1934年未办
北渡乡	1930	1	94.15	—	—	—	1934年未办
镜水乡	1930	2	120.47	—	19.24	101.23	1934年未办
碧水乡	1930	1	105.00	—	—	—	1934年未办
上王乡	1931	1	16.71	—	—	—	1934年未办
横涨乡	1930	3	70.50	—	—	—	1934年未办
凤岙镇	1930	1	117.72	74.080	—	—	1934年未办
武陵乡	1930		20.52	95.904	20.52	银95.904	1934年未办，贷与。
西山乡	1930	1	128.16	—	—	—	1934年未办

说明：第六区积谷仓1934年多未举办者，因为此年旱灾歉收。

资料来源：张传保、陈训正等：《鄞县通志·政教志》，成文出版社1973年版，第140—144页。

表43　20世纪30年代鄞西第七区积谷及存款表（单位：石、元）

乡镇名	成立年月	仓廒所数	谷款		总数		备注
			原存谷	原存银	使用	余存	
青阳乡	1931	1	21.66	290.449	—	—	
长春乡	1930	1	201.22	50.805	—	—	
前虞墔镇	1931	1	55.80	374.660	—	—	1934年未办
蜃蛟乡	1930	1	262.01	102.973	—	—	
力义乡	1931	1	134.97	63.492	—	—	
镇宁乡	1931	—	81.84	—	81.84	—	移作他用，近正追缴，1934年未办
马湖乡	1934			—	—	—	1934年未结束
仁里乡	1930	2	137.21	—	—	—	1934年未办
百梁桥乡	1930	2	130.08	—	—	—	1934年未结束
中兴乡	1931	1	48.84	—	—	—	1934年未办
民正乡	1931	1	148.05	—	—	—	1934年未办
大众乡	1934	—	—	—	—	—	1934年未结束
梅园乡	1934		24.07	—	2.82	21.21	贷与
悬慈乡	1931		83.99	—	3.56	80.43	使用数额系贷与数
蕙峰乡	1932	1	23.51	—	14.00	23.37	民欠数
清源乡	1934		26.27	—	—	—	仓廒系借用祠宇
环溪乡	1934	—	—	—	—	—	1934年未结束

资料来源：张传保、陈训正等：《鄞县通志·政教志》，成文出版社1973年版，第145—146页。

从上可见，至1934年，鄞西各区乡镇仓廒都已经建立，并存有一定的谷物与存款。当然，鄞西各乡镇仓廒发展很不平衡，甚至某些乡镇未建仓廒。有无仓廒对鄞西乡镇民众生活有很大的影响。据1934年报告，鄞西大皎乡，因田亩稀少，产谷不多，未建仓廒，所有米粮全由船只运抵，粮食价格受运费影响很大。"（米价）价格较昂，因运费加重也。周公、自新等乡稻田极少，向无仓储，粮食甚缺，米价极昂，因运费挑力每米一石，须加洋一元五角也。"[1] 当然鄞西各乡镇仓储创建

---

[1] 张传保、陈训正等：《鄞县通志·食货志》，成文出版社1973年版，第24页。

工作相比其他乡镇而言，规模大，数量多，建设齐全，对保障鄞西民众粮食供应具有积极的意义。

此外，30年代鄞西各区自治公所积极规划公共墓地建设。1935年5月，鄞西大众乡公墓成立。[1]第二年，章水镇公所在大岙山设立公葬墓地，面积10余亩，地形平坦，交通便利，并组织公墓建筑委员会进行管理。[2]此后，鄞县第七区举办公墓登记，除章水镇外，至同年8月15日各乡镇完成公墓筹建登记工作。[3]由此鄞西各乡区公墓建设工作积极展开，同年王头山鄞江公墓成立，并制定鄞江公墓章程二十六条，规范公墓使用与管理秩序。[4]

二、传统慈善事业

进入近代，以收养老弱病残等社会弱势群体为主要内容的传统慈善事业在鄞西一地仍有很大的发展，并且种类齐全，从设立义庄、救济族内贫民到收养女婴，从平粜民食到施送贫民棺木，可谓应有尽有。

在传统中国社会，家（宗）族是家庭的扩大，它既是一个经济单位，也是一个社会单位，承担着族内成员的生活保障责任。为此有经济实力的家族纷纷创设义庄，以从经济上救济贫困族人。特别是在广大农村，义庄成为社会救济力量的重要补充。在同族相济方面，宗族还往往将族田租给族中较贫者，由其象征性地交点田租或仅为清明祭祖提供祭品和香火。同族成员之间借贷也往往无息或低息。从清中后期起，鄞西一些有经济实力的家族就开始购置土地与房屋，设立义庄，附设义塾。义庄以房屋、田租为收入，除去供祭祀、修谱等开销外，主要用来救济同族内的贫苦者，义学则是解决同族适龄儿童读书问题。至同治年间，鄞西一地至少设有义庄3处，其中道光年间设立在鄞江的朱氏义庄颇具规模，拥有1000余亩土地。在人多地少的江南地区，这是一个不少的数字。

---

[1]《鄞西大众乡公墓地择定》，《宁波民国日报》，1935年5月15日。

[2]《鄞章水镇筹建公墓》，《宁波民国日报》，1936年2月14日。

[3]《鄞县第七区举办公墓登记》，《宁波民国日报》，1936年4月5日。

[4]《鄞西创设鄞西公墓》，《宁波民国日报》，1936年4月30日。

表44 晚清鄞西部分义庄一览表

名 称	创办时间	地 点	创办人	事业内容	拥有田产数目
朱氏义庄	1833	鄞西南二十五都五图它山庙东	朱孝铨	赡养族内孤寡，办有义学，后改为养正小学。	1000余亩
冯氏敦本义庄	1837	鄞西后仓	冯一桂及其子冯善任、冯信健	赡给族之孤寡、废疾及年老无依者，庄内附设义塾，后改为初级小学。	400余亩
杨氏义庄	1868	鄞县西成桥杨陈同后河棠荫义塾内	杨葆镛	赡给孤寡及贫寒者婚娶丧葬与教育等费。	440余亩及涂地1方、市屋若干

资料来源：张传保、陈训正等：《鄞县通志·政教志》，成文出版社1973年版，第1479、1484页。

19世纪中期的太平天国战争使江南等地人口锐减，分布在各地的育婴堂也受到很大破坏，这使保婴问题在战后受到社会各界的广泛关注。于是，战前曾实施过的保婴会在包括鄞县在内的江浙地区得到普遍的推广。其间，鄞西绅商就因发起设立多个育婴机构而远近闻名。如清同治四年（1865）鄞西南李家坑里人李思堂创办恤生会。"以育婴为宗旨，有田十余亩，租入以充费。"[1]1869年，绅士宋绍芬、徐时栋、董枋等在鄞西樟村成立拯婴公所，以集资置产的收入，给生女贫妇以津贴，使不溺弃。为此设公所专司其事，拥有正厅五间、东西楼房各三间。1877年12月10日《申报》的一则报道也说明这一拯婴机构仍在运行："同治年间，里人方某同十九村乡民联名具禀于鄞县，始开乾一行于樟村街上，每千捐钱十文，作是处创建药王庙、义兵祠及拯婴之经费。"[2] 尤为注目的是，晚清以来一批以施材、寄柩、安葬为慈善内容的掩埋类善堂在鄞西相继设立，在全县此类善举中占有重要地位，当然这与鄞西多山区的地理环境有关。

---

[1] 张传保、陈训正等：《鄞县通志·政教志》，成文出版社1973年版，第1475页。
[2] 《太守新政》，《申报》，1877年12月10日。

怀仁北局,在鄞西十五里新桥,道光三十年(1850)由里人高雨亭、陆元贵、钟廷诏、施尔标、张春生、钟穆泉、钟昭芬、高能泰、顾启宇、顾大赍等募捐创设,后陆续增置,至20世纪30年代有田220余亩,屋14楹,举办修椁舍材、施茶赠药、瘗埋暴露等事。

怀仁南局,在布政镇布政街,光绪二十五年(1899)由本地士绅冯丙然等募捐创立,设有常务董事主持局务。1923年归同道区自治委员管理。1927年重行组织,公举委员7人,互推1人为常务委员,置有民田40余亩、布政市市房4间,全年收入作为施棺施药等费。

施仁公所,在凤岙市,光绪二十二年(1896)地方士绅水嘉蓁、祝启唐、华志青、汪凤述等创立,不能殓者给以棺椁,兼瘗埋暴露之尸骸。[1]

1932年,里人童滨渭、徐诚炤、周子衡、缪德渭等筹办鄞江四明公所,地址设在鄞西定山桥附近。"二十三年秋,鸠工庀材,构造所舍,二十四年春落成,糜银二万金,专以寄客死于外之棺椁,留待迁葬。"[2]

这些助葬善堂还购置义地15处(见表45),每年春冬两季收拾城乡无主暴露棺木,迁葬于义山,并施送贫民棺木,有路毙者代为棺殓。除体仁局外,所有义庄、义山均由当地绅商建立。

表45 清代鄞西各乡镇义山一览

地　点	时　间	创办人	义山数目
西山潘岙山	雍正八年	吴乾阳及章炳、孙诏	57亩
西山凤岙市山	乾隆四十二年	徐崐	8亩5分
西乡潘岙山	—	体仁局	墩岙8亩5分,潘岙6亩
西乡河尽埠头	道光十五年	叶仁	6亩
西乡念亩坪	道光十五年	余庆堂徐氏	20亩
西乡黄㧐	道光十七年	周彦	13亩
西乡杨梅湾	咸丰元年	林春溶	6分

---

[1] 张传保、陈训正等:《鄞县通志·政教志》,成文出版社1973年版,第1485—1486页。

[2] 张传保、陈训正等:《鄞县通志·政教志》,成文出版社1973年版,第1487—1488页。

续表

地 点	时 间	创办人	义山数目
西乡谢岙杨家坪	咸丰四年	汪海良	5亩
西乡念亩坪	—	体仁局	1亩
西乡陈家湾	—	汪祖秋	2亩
西乡河尽埠头	—	—	6亩
西乡画树同	—	—	9亩
西乡应家观	—	—	2亩
西乡石马湾	—	—	3亩
西乡陈家湾	—	—	3亩8分

资料来源：张传保、陈训正等：《鄞县通志·政教志》，成文出版社1973年版，第1489—1490页。

由于贫者不仅度日为难，而且身故后也无力安葬，以致经常出现停柩浅土，雨浸日晒的现象。鉴于此，进入民国后，这些助葬类善堂善会仍多有设立。如1918年，鄞江许绍位、许承忠等以村内贫苦者身故后无力安葬，心殊不安，乃发起济良会，"募款施石，与贫者造坟之用，置有民田二十二亩二分，并积有现金三百余元"，并于1925年10月呈请县署立案。[1]1922年冬，鄞县四乡普仁会王维之雇用工匠赶制百套工具，下乡掩盖裸露棺木。[2]1925年12月，鄞江桥地方士绅发起长生施材会，为客死他乡无家可归的裸露尸骸施棺掩埋。[3]1929年里人俞钧甫、俞不才、胡莲生等在鄞西童家横设立永德施材公所。1932年里人童滨渭、徐诚炤、周子衡、缪德渭等于鄞西定山桥附近设立鄞江四明公所。[4]

每当天灾人祸发生或每年青黄不接民食为难之时，济贫扶困等传统善举仍发挥着重要作用，闻风而起者也大有人在。1920年7月10日《时事公报》以

---

[1]《济良会呈请立案》，《时事公报》，1925年10月15日。
[2]《套盖露棺之义举》，《时事公报》，1922年12月27日。
[3]《乡善士热心掩埋遗骸》，《时事公报》，1925年12月25日。
[4] 张传保、陈训正等：《鄞县通志·政教志》，成文出版社1973年版，第1486—1487页。

"一片筹办平粜声"为题集中报道了鄞县各地绅商出资购米举办平粜之事，其中"同道区吴龚地方龚晓阳、龚至全二君素来热心公益。近鉴于米价腾贵，贫民难以为生，前日雇船来甬，购米四十余石，装运到村，实行开办平粜。又西乡北渡地方孙梅堂君近鉴于该村贫户谋食维艰，独自筹款，向各处购到白米二百余石，已在该村设所平粜。又鄞西乡石马塘地方，闻明泉君等前日亦筹款办到白米数十石开办平粜"。同年 8 月，樟村旅沪商人徐永炎、周炳文等眷怀桑梓，筹集洋二千三百元，采办米石接济家乡贫民。[1]1935 年 5 月，徐永炎购米五百石在鄞江桥赈济破产贫户。[2]1940 年 6 月间，正是青黄不接之际，贫民粒食维艰。鄞县"西南乡、石碶镇所属各乡，米荒尤为严重"。为此石碶镇镇长陈晓麓来沪募款运米救济。"即请旅沪巨子袁履登、张申之、方椒伯诸君协助，纷向旅沪乡人及热心各界人士劝募捐款，一面于今日起，委托贵州路宁波公报馆代收捐款。昨晚已有杨枝水君闻讯自动捐助一百元，李申如君捐助五十元，均送交该报代收。"[3] 同时在石碶举办平粜，"捐助者颇称踊跃"。该年 6 月 14 日《申报》报道说："宁波石碶镇各乡此次发生米荒，举办平粜，近日捐助者颇称踊跃，计有杨老太太捐助三千元，其余数百元不等。"[4]

三、近代慈善公益事业

甲午战争后特别是进入民国以来，随着民族救亡运动的深入人心和地方自治运动的逐步开展，以捐资办学办医、建桥筑路、兴修水利以及启蒙、改良风俗为内容的近代慈善与公益事业迅速发展起来。在鄞西一地，水龙会、慈善医院、孤儿院的创办以及捐资办学、兴修水利等近代慈善公益活动在这一时期不断涌现，使近代慈善事业开始超过传统慈善事业，在民间慈善事业中占据主要地位。

---

[1]《殷商捐资赈济贫户》，《时事公报》，1920 年 8 月 9 日。
[2]《赈济赤贫》，《宁波民国日报》，1935 年 5 月 6 日。
[3]《定海石碶米荒惨状》，《申报》1940 年 6 月 7 日。
[4]《甬绍贫民逃荒来沪》，《申报》，1940 年 6 月 14 日。

清末民初，随着鄞西商业的发展、人口的集聚，火灾对居民生命财产构成巨大威胁。为此地方社会纷纷行动起来，发起成立水龙会等消防组织。到民初，鄞西一地消防组织已相当普及并在火灾应对上发挥重要作用。如鄞西蛟川在小菜场西南隅设有长安水龙局，系1927年周氏"族人翅泰君以邻近各村常有祝融之患，创议开办。新购水龙采取欧式，故亦称洋龙。计开办费千金，悉数由四图长清会提拨"[1]。当时消防设施和组织发展较好的是鄞江镇，该镇上有三支铜制手工作业的老式揿龙，大都是清末和民国初期的产物，分别设置在悬慈村、水中村、鹤光溪村三地。当地若有火警，以鸣锣为号，传递火灾信号，相互救应。具体分布情况是：悬慈村消防龙会，名称永安会，属鄞江镇第二消防龙会，位于该村刘氏宗祠前；水中村消防龙会，名称长安会，属鄞江镇第一消防龙会，位于鄞江桥北堍；光溪村消防龙会，名称保安会，属鄞江镇第三消防龙会，位于该村上和头徐氏宗祠旁。[2]据时人回忆，消防龙会以慈善义举为主，由当地较有威望的士绅出头集资组建龙会，并设有专人保护管理。若有火警，消防队的工作人员由老成持重的人作指挥，其他人员均由青壮后生为主，临时性组成义务救火队。"参与消防队救火的工作人员均尽义务，但在实际的救火操作之中，根据情况，如水源距离较远，对挑水的消防人员，设置极少的奖励制度；如光溪村水龙会，在火灾发生时，在盛水的大木桶内，放有一块竹简，涂有红漆，标有'光溪保安会'字样。凡挑水的消防人员，最快的一人必能捞得竹简，可向光溪村保安会领取四角银圆的奖励，其他挑水人员均奖励银圆二角。按当时的物价，以稻谷每百斤值大头洋二元四角计算，二角银元只能折谷八斤，其费用均由当地集资解决。"[3]

消防组织的建立对保护乡民生命财产安全具有不可忽视的作用，每当火灾发生，它们总会出现在现场。如1923年10月15日《申报》报道说："甬西成区卖面桥后楼下陈地方陈祥生、陈金生家，于十一日夜九时许，忽然失火，计焚毁楼屋平屋十七间，并焚死大小家人五口。幸白龙王庙何家公益会水龙，及高桥全

---

[1] 海飞：《它山传奇——四明首镇鄞江记忆》，大众文艺出版社2013年版，第206页。
[2] 陈思光：《历史名镇——鄞江桥》续编四，第42—43页。
[3] 陈思光：《历史名镇——鄞江桥》续编四，第42—43页。

高桥恤孤院院生西乐队

安会水龙到场,竭力施救,越四时始扑灭云"[1]。1924年1月,"鄞县西乡俞家宅跟俞云廷家,于八日上午六时许,忽遭回禄,火势甚烈,延烧邻家俞祥云等数家,后经古林水龙会及二区四分署派警驰往施救,至八时余,始行扑灭。事后检查,烧毁邻居十余家,计楼屋六十余间,损失约万余金云"[2]。

在鄞县近代慈善事业中,一批孤儿院的创办相当引人注目,如宁波佛教孤儿院、四明贫儿院、四明孤儿院、高桥恤孤院等。孤儿院是以收养、教育贫民子弟为内容的近代型慈善教育机构。他们与纯粹以收容、留养为目的的传统慈善机构在慈善内容上呈现出明显差异,而往往教养并重,甚至更重视教的功能,以便被教养者日后能自立于社会。而在近代宁波,最早的孤儿院是1911年在鄞西高桥创办的中华基督教高桥恤孤院,该院的成功创办对后来宁波各地孤儿院的接踵

---

[1] 《失火焚毙五名》,《申报》,1923年10月15日。

[2] 《西乡俞姓火警之损失》,《申报》,1924年1月12日。

而起有着直接的影响。

该院位于鄞县西乡高桥新民联合乡周家花园。"由中华基督教徒本其基督博爱的精神创设。"据该院章程称,"本院专收无依孤儿,授以相当学识及工艺,以养成健全有用之国民"。"本院设有两级小学及印刷、地毯、缝纫等科,视年龄体格分别学习。"[1] 作为教会慈善机构,该院由宁波中华圣公会、浸礼会、中华基督教会、圣道公会、基督徒会所合办,并各推代表若干人组织董事会,推定院长副院长各1人,下设事务科、教务科、会计科、工艺科、农务科,各科设主任1人,管理各科事务。农务科办有农场,院中有地70余亩,部分出租,其余雇老农4人,指导孤儿耕种,粮食、蔬菜能做到自给。可能由于这个原因,该院孤儿教养成本在当时宁波各大孤儿院中是最低的。[2] 其经费收入分常年捐、认捐、田息及其他特别捐项。1931年全年收入7105元,支出5182元。[3] 为更好地开展募捐工作,该院在各地设有募捐员。根据该院1931年报告册,当年108名募捐员,大多分布在省内,其中宁波一地48个,占44%,但也有远至山东烟台,江苏扬州、无锡,江西永昌的。从行业分布看,除教会系统(含教会学校、医院)约占一半外,其余行业分布相当广泛。[4] 为筹募经费和安排孤儿出院后的就业,恤孤院后在上海和宁波建立院董事会。由于高桥恤孤院是当时远近闻名的孤儿教育机构,1934年曾作为宁波唯一代表参加全国第二届慈幼大会。

抗战胜利前后,上海董事会负责人汪炳炎(即为该院早期出院孤儿),在经济上为恤孤院提供了巨大支持。1933年,高桥恤孤院人均经费达58元,这个数字超过当时鄞西各乡镇普通家庭人均生活用度。民国时期,高桥恤孤院收容人数及用费如下表:

---

[1] 《基督教恤孤院十九年度报告章程》,存宁波市档案馆。
[2] 张传保、陈训正等:《鄞县通志·政教志》,成文出版社1973年版,第2084—2085页。
[3] 《基督教恤孤院第二十一期报告》,存宁波市档案馆。
[4] 《基督教恤孤院第二十一期报告》,存宁波市档案馆。

表46　1918年至1935年高桥恤孤院收容儿童人数及用费年表

年份	开办年数	上学期人数			下学期人数			每人每年平均所用经费（元）
		进院	出院	学期终了在院人数	进院	出院	学期终了在院人数	
宣统元年至民国七年	10	—	—	56	注：该院原表仅列每年收养人数、出院人数、留院人数，不分上下学期，兹皆载入上学期，又原表不列经费一列，今将其民国十八年至二十三年支出经费总数以各年人数除之作为平均经费。其多寡悬殊者，盖有新兴事业之临时费亦并入其中也		
民国八年	11	—	—	63				
民国九年	12	—	—	63				
民国十年	13	13	5	71				
民国十一年	14	23	13	81				
民国十二年	15	13	9	85				
民国十三年	16	11	12	84				
民国十四年	17	5	15	74				
民国十五年	18	19	27	71				
民国十六年	19	15	24	62				
民国十七年	20	22	16	68				
民国十八年	21	19	18	69				102.987
民国十九年	22	14	15	68				128.686
民国二十年	23	22	25	56				93.933
民国二十一年	24	24	16	54				95.969
民国二十二年	25	17	8	63				122.076
民国二十三年	26	9	7	65				58.559
民国二十四年	27	15	15	65				

资料来源：《收容儿童人数及用费年表》，张传保、陈训正等：《鄞县通志·政教志》，成文出版社1973年版，第2087—2088页。

兴修水利、修桥铺路等善举在地处江南水乡的鄞西，历来都受到人们的推崇。进入近代以后，在当地绅商的主持与大力推动下，此类公益事业更是此起彼伏，前呼后应，得到前所未有的发展，其中对兴修水利与桥梁方面着力尤多。《鄞县通志》称："鄞人好建桥，其性习然也。有一人独建一桥者，有数人合建一桥者，亦有鸠集微资而成一桥者，如一元桥等是，甚有一人独建数桥者，如陈庆裁、姜忠汾等所建是。民国以来，新建改建者大小不下数十百桥。"[1] 清咸同年间，西乡冯薜亭热心公益，出资参与修复它山堰，又设立宗族义庄，总计耗费不下万金。[2] 1907年，孙梅堂追随其父亲孙廷源将横跨奉化江上的方桥改建为单孔环形铁桥，时人称之为"鄞南第一桥"。该桥地处鄞奉要道，建成后鄞奉两邑旅途称安，一直沿用迄今。地处樟村的红溪桥是四明交通要道，为细岭经皎溪去樟村、鄞江、宁波方向必经之路。相传很早前，行人在这里过河，是以过水石头埠跳跃行走。后来用木段架桥，有洪水时不得不终止交通。1915年初，当地公民捐资建桥，名通津桥，系3孔石拱桥，上面有桥屋，1921年毁于特大洪水。后来又在以下500米和尚潭重建木板桥，宽2公尺，其中二段有大铁锁住。为了修桥建桥，细岭村特地组织桥会，由徐永炎捐助巨资，先后购置田地、山地及市区房屋，其收入用于建桥及维护支出。[3]

而民间兴修水利的活动进入民国后也是前后相继，高潮迭起。如1914年，张申之疏通光熙河道。"1918年，孙梅堂奉父遗命，出资重修在北渡坝东首的何家小碶，该碶虽高仅1.26公尺，阔3.52公尺，对御卤蓄淡、改善本村农田水利的作用却相当巨大……为了舟车停靠行驶方便，孙氏先后建造还金桥、还金亭、岩桥。这一系列的建设，终于引来了许多客商行贩。1935年，北渡集市（每逢一、六）正式开市，每逢市日，鄞奉两县商贩云集于此，自清晨至晌午人声鼎沸，成为本县出南门西南乡的最大农贸市场。"[4]

至于常态性的修路浚河之举更是不胜枚举。如1921年4月8日《时事公报》报道说："鄞江乡樟村郑家一带地方，为往来慈奉两邑之要道。自遭去秋水灾后，该处道路大半为之冲坏致往来行旅殊觉不便。日前有该处巨商周炳文、徐永炎自申回家，有鉴于此，特邀集就地公民共同商议兴修。惟须费两千余元，除由周徐两君各承认洋二百五十元外，不敷之数由各村公民就劝募，集有成数，业于日前动

---

[1] 张传保、陈训正等：《鄞县通志·工程志》，成文出版社1973年版，第127页。
[2] 《褒扬故绅准给匾额》，《时事公报》，1922年1月22日。
[3] 《四明细岭徐氏支谱·重修徐氏支谱序》，第94页。
[4] 宁波市政协文史委、政协鄞州区委员会编：《鄞县籍宁波帮人士》，中国文史出版社2006年版，第140—141页。

工,……大约夏初即可告成云。"[1]地处水乡的鄞西沿河乡村道路修成时大多没有安装护栏,一到夜晚路上行人不免有落水危险。1928年,因鄞江镇光溪东路古小溪港桥至许家桥东侧埠头并无栏杆,当地耆民朱忠林发起集资,用竹栏杆筑成护栏,以防行人落水。1931年,朱忠林、毛仓房、毛孝祥等士绅集资建成铁护栏。[2]鄞县第七区仁里镇宁两乡交界鄞江下流之处,有感江渡,为鄞奉交通要道,清光绪年间就地公民潘文寿曾募集经费,"购置民田大小二十四亩,以租息所得,充作常年经费"。后受灾荒影响,经费无着,桥梁失修,乡民往来不便。潘孝思等以事关公益,邀集商绅,特向政府呈请,令饬乡公所扩充置业经费,以维交通。[3]

此外还有一种公益——鄞西蛟川周氏拓建席市,建造亭台,便利乡民。据周氏后人回忆:"本镇市集向有草席之买卖。旧有市场占地不甚广阔,往往拥挤不堪。民国十年,逢英公于开辟小菜场外,复经营扩展此场,并建众乐亭于其南。"[4]蛟川小菜场的建立大大便利了乡民贸易活动,可谓繁荣一方经济。小菜场占地一百余亩,"由集胜桥会十二柱合资百二十元价买。开辟之时,又购东向市面上房十余间,租与他人营业,于是四九市期两街不至于拥挤"。[5]

至于上述捐资办学、办医义举也是近代慈善公益事业的重要内容,在此不再赘述,仅追述一二民间史料,以为补充。例如,章水人应文生,原本是石匠,后来从事地产生意,结识外国商人,加之头脑聪明,善于与官府周旋,积攒数十万两白银,开设造纸、纺织、火柴等企业,声名显赫。受当时教育兴国意识影响,努力培养儿子并吩咐他回家乡办理新式学堂。[6]又如,古林俞家小学,是上海纱业巨子俞福谦于1927年创办的。为了改变家乡的落后面貌,他决定在家乡建造一所设施一流的小学。为此耗银16万两,一所占地4000多平方米的教学大楼终于落成。当时的校舍是两层楼房分前后两进,俱以西洋风格设计建造。环境优美,校

---

[1]《修桥浚河》,《时事公报》,1921年4月8日。

[2] 陈思光:《历史名镇——鄞江桥》续编四,第51页。

[3]《感江渡经费无着》,《宁波民国日报》,1935年4月8日。

[4] 周时奋:《〈鄞蛟川周氏宗谱〉考释》,《浙东文化》,1999年第1期,第33页。

[5] 海飞:《它山传奇——四明首镇鄞江记忆》,大众文艺出版社2013年版,第203页。

[6] 徐志定主编:《四明锁钥章水》,中国方正出版社2006年版,第86页。

内设施应有尽有，学费全免。后又出银 4 万元作基金，聘请德高望重、具有丰富教学和管理经验的俞蔷珊出任校长。由于教师治学严谨，学生勤奋，毕业学生广受欢迎，宁波著名的效实中学对福谦学校毕业的学生只凭毕业证书就可免试入学，故各地慕名前来求学者甚多，遍及鄞县、奉化及宁波城区等地。[1] 该校虽在乡村田野，但农家子弟的朗朗读书声长久回响在水乡上空。沪上钟表大王庄鸿皋对家乡樟村的建设也是亲力亲为，倾注了很大的热情。1948 年 2 月 12 日《宁波日报》报道说："庄鸿皋对于故乡樟村一带之道路、医院、学校、恤孤施衣等公益，三十年来，每年无不有巨款捐输。其对于故乡长沙潭之明新学校，除历年担负巨额经常费外，并独斥巨资建筑楼房十一栋为校舍，本学期起，鉴于校舍大部毁于兵灾，乃发起修理，同时购配风琴等，所费不下数亿元。"[2] 另如鄞江光溪徐原祥（1851—1923）自少奋于艰难，经营商业，一生立义树信，至老不衰。辛勤所积，稍有余资，就一意务义于乡里。乡子弟有贫困无法就学者，其即上门走访，馈送资金供学生读书。又出资设立培才学堂，供邻闾儿童入学。他待学堂教师如上宾，故为师者人人感奋，培才学生的事业成就超过他校。[3]

经过八年抗战，鄞西一地损失惨重，社会弱势群体处境更是每况愈下，慈善公益事业成为战后社会重建的重要组成部分。在这一过程中，民间积极行动起来，发起成立多个慈善公益组织（详见表 47），其中以 1947 年 8 月由张申之等发起成立的鄞西地方协会最为著名，为战后鄞西公益事业的恢复发挥了重要作用。

表47　战后鄞县社会公益慈善团体一览

名称	创始人	成立时间	主要业务
鄞县救济事业协会	鄞县县政府	1945年	统筹管理鄞县慈善救济事业
宁波社会福利促进会	官绅合作	1946年	计划并推进鄞县各项公益事业

---

[1] 吕海庆主编：《中国席乡古林》，当代中国出版社 2004 年版，第 107—109 页。
[2] 《地方零讯》，《宁波日报》，1948 年 2 月 12 日。
[3] 陈思光：《历史名镇——鄞江桥》，地方古掌参考资料，第 43—51 页。

续表

名　称	创始人	成立时间	主要业务
鄞西协会	张申之等鄞西士绅	1947年	兴办学校，救济失业青年，设立职业介绍所，筹设小型工厂
鄞东协会	沈明才等	1947年	谋求地方复兴事业
五乡复兴委员会	傅隆才等	1947年	谋求地方复兴事业
鄞西义忠建设社	钟士康（鄞西士绅）	1947年	建设新乡村
鄞东自治服务社	邱嗣华等	1948年	社会公益

资料来源：《宁波日报》，《时事公报》相关报道。

四、水灾及其应对

地处水乡的鄞西与水相生相克无疑是人们经常遭遇的问题。所谓水能载舟，也能覆舟，水在带来巨大利益的同时，也不可避免地带来了巨大的挑战乃至灾害——水灾就经常肆虐鄞西地区。应对水灾不仅是对鄞西人生存的一大挑战，也是对人们公益心的重大考验。民国时期，鄞西一地在夏秋季节经常遭受台风、暴雨袭击，造成重大灾害。其间，以本地绅商人与旅外同乡为代表的地方人士奋起救援，有效地减少了水灾造成的危害，并积极寻求长久之策，如兴修水利，倡导绿化植树等。

1921年8月，"阴历本月十一夜三时许，鄞县小溪鄞江乡地方，因暴风疾雨，山洪陡发，所有沿溪六七百家人口，及濒水田植，均遭漂没，哀鸿遍野，惨不忍睹。幸涨锐退速，离溪二十丈许以内之户口，尚无灭顶云"[1]。因地方政府无力救济，鄞县知事不得不赴上海寻求帮助。该乡商绅闻风而起，并发起成立鄞江乡旅沪同人水灾急振会，组织救灾。《申报》报道说："该乡旅沪同人，邀同宁波旅沪诸巨子，假大东旅社宴请姜知事，并讨论办法，决先赈济灾民，修筑桥路，以利交通，而维生计。又该会现经公议，推定职员姓名如下：正会长应启霖，副会长徐永炎、鲍功扬，干事长童滨滑，干事员周志衡、朱岁云、应纬青、徐诚照、鲍祥熊、徐震

---

[1]《甬属风灾水灾之沪闻》，《申报》，1921年8月21日。

法、周彭春、应志造、崔如才,文牍应美布、崔纯青,常务长庄鸿皋,常务员许有益、庄鸿华,会计朱庚年。"[1] 随后该会即筹款赈济,"诸乡老解囊赈济,恢复旧观,乡民称颂至今"[2]。其间,上海基督教青年会也派人赴鄞江调查灾情,拨款赈灾。

1933年9月,宁波沿海飓风为灾,其中鄞江飓风两次过境,受灾奇重,桥梁道路多被冲坍,堰坎水道又被淤塞,水陆交通均被断绝。该乡旅沪人士立即组织鄞江水灾救济会,以张申之为主任,徐永炎、庄鸿皋为副主任,进行赈济活动,并"请将鄞江人力车行月捐修路费全数报充,以资挹注"[3]。

---

[1] 《鄞江乡旅沪同人水灾急赈会纪事》,《申报》1921年9月11日。
[2] 《鄞县西区鹳岭乡告灾》,《申报》,1933年10月3日。
[3] 《鄞县鄞江区组织水灾救济会》,《时事公报》,1933年3月13日。

第五章　近代鄞西乡风民俗

润物细无声。人是环境的产物，鄞西的山水无疑是铸就鄞西乡风民俗的基本因素。长期以来，它山水利文化在形塑鄞西物质世界、改变人们生活方式的同时，也在有力地影响着鄞西百姓的精神世界与精神生活，并形成当地民众共有的信仰与价值观念。尽管这种影响有的随着时间的推移而有变化，有的发生变异，有的则成为一种地域基因而不绝如缕、生生不息。

第一节　市镇风貌与建筑

根据美国学者克里斯塔勒的中心地理论，市镇是人类社会经济活动在空间的投影，是区域的核心。市镇应建在位于多个乡村中心的地点，起周围乡村中心地的作用；中心地依赖于收集输送地方产品、为周围乡村人口提供所需货物和服务而所在。按此看来，江南水乡便利的交通运输使得江河沿岸早早地成为本地贸易往来的重要平台，市镇理想的场所便是便捷的河道两岸。包括鄞西在内的江南地区无疑为克里斯塔勒的中心地理论提供了很好的注脚。在广大鄞西地区，分布着大小不同、层次有别的市场，而连接这些不同市场的当属河流、河道以及沿河的陆路。它们连接着四方，形成了较为固定的街市、定期的集市，成了市镇，南塘路上的集市便是如此。对此周时奋有一段生动的记述：

南塘路上的街市直冲南城门，远远地可以望见耸立着的长春门雉堞城楼。就像南塘河直冲南水关一样，也远远就能望见甬水门。远行的人走过夏家桥后，望着远远的城楼，先会在南郭街市边歇歇脚，吸一窝旱烟，讨碗水喝，买两个咸光饼点点饥，打听清楚入城要去的走法，或者给马匹喂点草料，自己方便一下，然后整装入城。到了城里，说不定还找不到地方喝水喂马解小便。这就显出南郭街市的功能了。

　　南郭街市一看就像个典型的江南集镇。两边是层楼乌瓦、粉壁高墙的街面屋，北边一排沿河的街屋，是一溜长长地连接在一起的檐唇廊屋，也就是从南塘河的航船上看到的那些从水中长出来的屋子，都出落得整齐有致、亭亭玉立。廊屋的一边悠闲地排开了杂货店肆，另一边则是偶有泊船的埠阶码头。[1]

　　从作者流畅的文字中，我们可以感受到水乡街市的风貌。"河水塑造了这条街路特有的情趣。岸上定居的是坐贾，水上往来的是行商，物物交易，货畅其流。小船在河流上漂浮游弋，河边的关帝庙戏楼里唱着很正宗的越剧。就地取材、随物赋形的建筑形式，使街市的空间显得十分自由，有一气呵成的流畅。这种自由，表现为随处可见的非常实用的房屋和宽度适中的街道。街道上即使看不到水也能听到水声，或者闻到水的气息。"[2] 纷纷攘攘的行人、商客，与沿街而设的裁缝店、印染店、糕团店等，与之一起构成了鄞西水乡的市镇面貌。

　　在江南，市镇往往沿河流布局，周围农村也常常以河流走向而生成，这便是独特的水乡特色。通俗地说，在广大的鄞西地区，水流与河道构成了本地市镇的格局。鄞西市镇往往设立在河旁溪边，如号称"河汇五港源流长，街分南北商贸旺"的古林老街，就依河分为南北两街。据林如悌记载，清朝、民国时期两岸店铺林立，商贸兴旺，凭借草席集散地的独特优势，在一里的沿河街上各式店、行百余家，草席行也有四五十家。"人声遥接五更鸡"，每当晨曦初露，北街草席行就开始收购草席。一时间人头攒动，摩肩接踵。五港桥畔百舸争流，两

---

[1]　周时奋：《风雅南塘》，宁波出版社2012年版，第26页。
[2]　周时奋：《风雅南塘》，宁波出版社2012年版，第27页。

19世纪70年代流经甬城南门的南塘河

街熙熙攘攘，人声鼎沸。其中北街十六间，是古林商业的精华所在。各类名店云集，其中不乏百年老店。尤其是在农历初三、初七、初十黄古林的传统集市日，古林老街可谓占尽天时、地利、人和三大因素，由各路水道而来的商贾云集于此，近乡的草席，山区的竹木山货，海边的鲜货，鱼腥肉荤，南北百货，四时果品，应有尽有。街上人头攒动，赶集的，摆摊的，耍艺的，汇成一团，岸边桥畔车水马龙，一派繁荣景象，有宁波"清明上河图"之誉。[1]黄古林"每逢农历三、七、十黄古林集市，天色朦胧，五港桥席行跟，人头攒动，摩肩接踵，一河两街席船泊满，叫买叫卖声，讨价还价声，此起彼伏，闹猛异常"[2]。

如果我们仔细看一下这几处的地理位置和分布情况，不难发现，这几处都是处于水陆交通发达的地方，这是江南市镇发展的一个特色，而且这些市镇多依东西走向的交通干线分布而呈线状。

小桥流水人家，鄞西地区的居住环境具有浓厚的江南水乡特色。乡民多沿

---

[1] 吕海庆主编：《中国席乡古林》，当代中国出版社2004年版，第128—129页。

[2] 俞舜民：《鄞州草席史话》。

一河两街是水乡集市的主要场所

河建屋,傍水而居,这不仅方便取水用水,而且有利人们出行。如鄞西建岙曾经就是这样一个地方,有千余户人家,百姓杂居,以陈、郑、唐、马、童五姓居多,与绝大多数的鄞西乡村一样,这里也是伴水而居,缘溪挨着山脚"丫"字形铺排,按地势自西向东分布,绵延好几里。[1]在承袭传统的基础上,西式建筑元素被吸收到鄞西乡民的建筑中。清末担任宁波城区华美医院院长的美国传教士白保罗在鄞江桥畔建起西式的建筑,作为自己度假的居所,曾吸引了许多鄞西人的眼球。据说每每当乡民乘船经此,不禁纷纷驻足观望。而常年在外的鄞西商人在感受现代建筑魅力的时候,纷纷在家乡建筑起具有西方风格的房子。如有"上海青帮大佬"之称的章水镇蜜岩人应桂馨就建有多座洋房,其子应祖禄于1934年将其中朝南的9间洋房赠予蜜岩小学。[2]

这时,传统建筑上也出现了新式建筑材料,如玻璃窗户的使用。时人记载说:"中国房子受了洋屋的影响,即不是洋房,窗户现在也多用玻璃了,哪

---

[1] 海飞:《它山传奇——四明首镇鄞江记忆》,大众文艺出版社2013年版,第171页。
[2] 邱枫:《宁波古村落史研究》,浙江大学出版社2011年版,第215页。

里能够看到纸窗呢？在都市之中，一般人都以为纸窗是太不考究了，只有穷小子才买纸来糊窗，明亮而光滑的玻璃，不是很合适吗？"[1]近代兴办的新式学校建筑则多为西式建筑。而随着贸易往来的加快，经济的繁荣，鄞西一些大的集镇多有客栈，店主往往以宅中余屋设三五张床铺，接待过往客商。

清末鄞江桥边白保罗医生所居住的中西合璧式建筑

千百年来，鄞西乡民形成了较为稳定的建筑风格和模式，然随着西式建筑的出现，这一模式开始被打破，尽管这些建筑只是少量地出现在鄞西地区，但却使得这里的建筑结构与风格不再是单一的了。特别是中国的建筑与家族密切相关，而"洋风建筑"中已经没有了家族制度的痕迹，也没有为祭祀留下专门的空间，它完完全全地从家庭地位出发来组织内庭空间。虽然在当时，家族制度并未崩溃，但其地位显然已经受到了挑战。

水乡的桥与民居（黄友平摄）

---

[1] 木梁：《纸窗》，《时事公报》，1937年3月31日。

第二节 民间信仰与庙会

长期以来，鄞西一地在与水灾斗争的过程中涌现了大批治水人物，其中最为著名的是唐代县官王元暐，他主持开建的它山堰及其附属水利设施，成就了鄞西一方的平安，由此赢得了鄞西百姓普遍的尊崇与敬仰。饮水思源，鄞西人民深感王元暐之德，在堰侧的它山上立庙以祭祀。初建为王元暐生祠，北宋咸平四年（1001）在生祠原址扩建了它山庙。南宋乾道四年（1160），被敕赐为遗德庙。至此，王元暐的水利成就和政绩算是有了官方的正式认可。南宋宝庆三年（1127）王元暐加封善政侯，淳祐九年（1249）加封灵德侯，清嘉庆十四年（1809）加封孚惠侯。

随着王元暐逐渐被神化，为王元暐建庙立祠亦越来越多。除了它山遗德庙外，在鄞西地区其他12个乡中，自唐宋至明清，先后建了19处，其中两处到清末才改祭县丞童义。

表48　鄞县祭祀王元暐祠庙一览表

名　称	所在地原地址名称	今属乡镇	建庙时间
遗德庙（俗称它山庙）	鄞江镇它山堰旁	鄞江镇	唐时建祠，宋咸平四年重修
童君庙	鹳岭乡大路沿妙智寺侧	龙观乡大路村	初建五代吴越，清末改祀童义，原因不详
乌金庙	镇宁乡，乌金碶旁	洞桥乡上水村	宋
天兴庙	中兴乡洞桥头	洞桥乡洞桥村	宋
童君上庙	芦泾乡树桥头	洞桥乡树桥头村	元，此庙该乡有两处
童君庙	鹳岭乡	龙观乡	元，此庙该乡有三处
童君庙	清道乡	高桥镇	元
童君庙	芦泾乡宝丰庄	宁锋乡宝丰庄村	明
浮石庙	清道乡新庄	高桥镇新庄村	不详

续表

名　称	所在地原地址名称	今属乡镇	建庙时间
里它山庙	环溪乡桓村	龙观乡桓村	不详
新它山庙	民益乡柴家	梅园乡柴家	明崇祯时
童君庙	清源乡王家潭西	鄞江镇悬慈村	清乾隆六十年
童君庙	鹳岭乡薛家岙	龙观乡雪岙村	清乾隆五十四年
东王君庙	钱岙乡陆广桥镇山南	横溪镇钱岙村	嘉庆十三年重修
石塘庙	月塘乡石塘街西	高桥石塘村	清嘉庆十九年
西王君庙	钱岙乡钱岙西	横溪镇钱岙村	光绪十二年重修

资料来源：姚汉源：《〈四明它山水利备览〉集释初稿》，《它山堰暨浙东水利史学术讨论会论文集》，中国科学技术出版社1997年版，第65—66页。

为一位治水先贤立祠数量如此之多，不仅在宁波一地前所未有，即使在全国各地也极为罕见。在这19处纪念王元暐的祠庙中，论建筑规模、修建历史及影响范围当首推遗德庙。遗德庙俗称它山庙，因筑它山堰而建，堰成立祠。经历代兵火之灾，时加修葺。后来重建的它山遗德庙雄伟高耸，大殿门厅前，筑有马鞍形平台，可俯视古堰全貌。东首遗存有清嘉庆年间"片石留香"碑亭，联语、碑文记述了修筑它山堰始末以及后人对王元暐功德的追思。大殿内供奉王县令和为它山堰奠基而献身殉职的十名壮士的塑像。……伫立庙前，缅怀先贤，感慨万千，遐思无限，留给后人的是无尽的思念。[1]据说出生于鄞西高桥，后成为著名爱国人士、现代中国地质学先驱的翁文灏早年也曾随家人前往它山庙祭拜。当他了解到一个人做了好事，竟被人们如此地纪念，就发誓也要做这样一个为生民立命，为民族和国家作贡献的大丈夫！

同样值得记述的是，鄞西它山庙旧时盛极一时的"三月三""六月六"、"十月十"庙会，也与纪念王元暐有关。其中十月十既是它山堰奠基的日子，又是王元暐的寿诞之日。三月三是堰体竣工之期，巧的是这一天正是王元暐夫人的生日。而六月六又称稻花会，与陶沙会谐音。原来，它山堰建成前，樟溪上游经常泥沙淤积，每年需陶沙清淤，乡民自愿陶沙集会，俗称陶沙会。它山堰建成后，陶

[1] 鲍贤昌、陆良华编：《探寻古鄞》，宁波出版社2012年版，第267页。

沙会废弃，改为六月六庙会。六月适及稻花盛开，遂加祈五谷丰登之意，又称稻花会。庙会活动从农历六月初六凌晨迎神出殿巡游开始，将神像请上神轿出游，经鄞江至洞桥、宁锋、句章3个乡镇，行程20里左右，俗称行会。沿路有祠庙设的大供点10处，途中迎神抢抬神轿是庙会的高潮。至夜九时回庙进殿，有河台戏班演1台进殿戏。第二天又演日夜2台戏，名安神戏。演毕安神戏，庙会结束。庙会其间，镇上形成集市。各地农民前来鄞江桥拜神、看戏、赶市集，熙熙攘攘，人山人海，热闹非凡。[1]

鄞江庙会历史悠久，北宋咸平四年（1011）就已初具规模，到清代康熙、乾隆年间最为鼎盛。庙会不仅是当地百姓的盛事，也吸引了附近乡镇乃至浙东邻县的百姓与商贾前来赶集求利，盛时人数常达10万以上，被称为"宁波第一大庙会"。

鄞西庙会之所以能够长期存在，与其拥有稳定的经济来源密不可分。如在鄞江，据陈思光先生记载，自邵家平水潭起至界牌下的光溪河和南塘河的水产收入统归庙会使用。它山庙界下共

王元暐塑像（黄友平摄）

有庙会田二百余亩，其中它山庙庙田六十余亩，其租金收入用于庙宇维修，庙会的祭祀演戏等费用均由此开支。其他如伏头会有田二十亩，摇堂会有田六十亩，九如会有田十七亩，河台会有田三十亩。銮驾会有器二十四件，因为会器一次性置办后不再花钱，故无会田。其他小会有田数亩、十数亩不等。有的会有现金积蓄，不足部分也有乡民乐助和界下弟子兜会解决。[2] 此外，乡村里的

---

[1] 谢振岳：《鄞县庙会风俗》，1993年自刊本，第33—34页。
[2] 陈思光：《历史名镇——鄞江桥》，第36页。

祀庙也大多有庙田或者庙山，靠出租这些土地或者承包给庙脚，收取固定的年租。例如，鄞西段塘胡长漕康将军庙，庙下组织有12堡，庙脚（户）1200户；栎社北渡风棚庙有12堡，1300户，布政长板桥殷浦庙有4堡，千余户；石碶冯家会稽庙有8堡，1500户；望春桥将军庙有18堡，1500户；集士港杨观桥丰惠庙有10堡，1223户；高桥邵家渡义忠王庙有18堡，1300户；西郊徐家渡白龙王庙有12堡，1021户；古林镇黄古林村黄古林庙有10堡，4000户；古林蜃蛟村棋樘东庙有8堡，1000户；樟村蜜岩蜜岩庙有4堡，2000户；龙观桓村银山庙有1堡，8户。[1]不难看出，庙社的存在与鄞西乡民的经济关系极为密切，大部分的乡民就是在信仰上并不完全依附于神灵，在经济上也难以割舍他们之间的关系。再加上庙会的举办，兴旺香火，凝聚庙脚，表现能力，并积累一定的余款，这也是宁波各地的庙会连绵不绝的原因之一。[2]

近代以来，庙会也出现了新的变化，这主要表现在迷信色彩逐渐变淡，经济的成分日益占据主导地位，实际上演变成为宗教信仰、神祇祭奠活动等形势下的集市贸易行为。[3]因此，鄞西庙会除了对先人先事的纪念之外，更多的是作为乡民间经济贸易的重要平台。每当庙会来临，鄞西各地的乡民纷纷汇集于此，商贩负物而来，场面热闹。桥会每年三月举行，每逢庙会之时，除了本地百姓，慈溪、余姚、奉化、镇海、象山以及上海、杭州等地的观众也来观看，其规模常达几十万人。[4]在它山庙市中，三月三插秧在即，商品以犁耙、锄头、蓑衣、戴笠等为主；六月六早稻收割前，以镰刀、扫帚、竹箩、畚斗等为主；十月十天气开始转冷，庙市则以冬令商品、衣着类为主。[5]农历三、七、十为鄞江桥的集市贸易日；每年二月初二起至清明节前，乡民们都要制作纸灯举办鄞江纸会，祭祀东岳宫菩萨；还有不定期举办的为期两日的用真人、真物等与纸会交叉举行的正会。因此，庙会实际上是集纪念、娱乐、贸易等多种功能为一体的民俗文化形态。

---

[1] 周时奋：《宁波老俗》，宁波出版社2008年版，第71—73页。

[2] 周时奋：《宁波老俗》，宁波出版社2008年版，第112页。

[3] 俞福海主编：《宁波市志》，中华书局1995年版，第2840—2844页。

[4] 王慕民：《宁波通史》（民国卷），宁波出版社2009年版，第516页。

[5] 俞福海主编：《宁波市志》，中华书局1995年版，第2844页。

庙会巡游　　　　　　　　　　　龙舟赛会

图片来源：周时奋：《宁波老俗》，宁波出版社2008年版，第181、185页。

而历史悠久的鄞西高桥会几乎与鄞江桥庙会同样盛名，一般在每年春秋两季举行。1947年9月12日《宁波日报》就报道了当时正在举行的秋季高桥会的盛况：

> 一切都向西，人力车、自由车、十号吉普，都朝向着西郊路而行。一时许，最先望春桥一带聚集起熙攘的人头，此后来的人更多，有如未用过火柴盒内之火柴般的人头，在西郊路两岸各自站住位子。河港中，拥得水泄不通，满眼是点点红头。
>
> 据闻，此次赛会，自今春预备以来已月余，所耗费之资约千余万。若将此钱用于修筑道路如何？
>
> 高桥会内之精刻纱船，都用名贵之牙骨雕刻，其中雕刻所花之时日有需二三千工者，其中几扛早年曾运往美国展览，使那些喜欢东方艺术的美国人，一时叹为观止，实替我国增光不少。
>
> 会中节目有二十四节龙头十六条，每条之把龙头者皆为老当益壮富有经验之老将，此可谓"老者多世故"。又大令旗十余面，皆为绸绢质地，窃公务员中有人说"拿来做衬衫，实为好衣料！"。
>
> 正当队伍行了一半之时，突来牛一条，拼命往人丛中乱动，幸未出险，此牛亦可称是扰乱会场秩序的暴徒。

会散后，观众又相互挤轧，在后突来小汽车一辆，"呜呜"长鸣，意思要两旁行人回避，有一人骂曰："在此民主之世，我们毋需让路。"

然汽车仍叫呜呜之声，其人又曰："此实封建时代之官吏，硬要我们小百姓肃静回避。"

担任会内任务者不下二千人，修理及所费用之钱由各户共同负担，被召集者个个都不推辞，兴头十足。从这里可以看出老百姓是肯出力出钱的，问题是在于他们是否愿意。[1]

由于庙会举办过程中奢侈浪费的现象相当突出，引起有识之士的忧虑，认为每次赛会往往消耗大量人力、财力和物力，于生活、时势不相宜。[2]地方当局对于庙会引发的治安事件也深为担忧。于是南京政府时期，要求禁赛的声音甚嚣尘上。一些赛会在有关方面的坚决要求与当局的禁止下，不得不停办，如1947年3月13日《时事公报》报道说："鄞县政府以近据报，有武陵乡等地方，有人发起迎神赛会情事，际兹时局未靖，民不聊生，此种耗费财务，妨碍治安之迷信举动，即应禁止。闻已令饬该乡公所乡长及古林警察所迅予查明阻止云。"[3]1948年春季的高桥会也在当局禁止下停办。"鄞西高桥会，前以奉令禁止迎赛，经各会董一致向县请求未果，已于日前决定今岁停止举行，前曾一度犹豫之经堂庵，因鉴于高桥会中止举行，亦决停止迎赛云。"[4]在迎神赛会中，往往滋生社会治安问题，如"鄞西鄮湖乡资教寺太平会，先后迎赛四日，颇极一时之盛，当地治安机关，未予禁止，致迭发生殴斗事件。第三日迎至武陵乡深溪山时，与当地石宕工人十余人，因细故而起纠纷，工人用石块猛击，幸经人出面调处，未酿巨祸，第四日在鄮湖乡后刘家集会时，有原为鲍家聚与社会友屠兴裕，忽然加长生社，致鲍家众人与屠某发生争执，双方各不相让，遂至动武，结果屠兴裕之子

---

[1] 《高桥会拾零》，《宁波日报》，1947年9月12日。

[2] 《高桥会等决停迎赛》，《宁波日报》，1948年4月19日。

[3] 《鄞县政府禁止迎神赛会》，《时事公报》，1947年3月13日。

[4] 《高桥会等决停迎赛》，《宁波日报》，1948年4月19日。

鄞江十月十庙会（黄友平摄）

当被闹钟击伤，头破血流，伤势颇剧，后经其他各社会友劝阻始罢"[1]。因而出于此种考虑，地方政府力图予以制止。

特别是在30年代的新生活运动中，在地方当局看来，各种庙会几近迷信，而与新生活运动宗旨相背离，竭力加以取缔，并试图以新的节日庆典取代各种庙会。如为庆祝1929年元旦，国民党鄞西黄古林第三区三分部就慎重其事，多方准备。先是为庆祝元旦事，于12月23日"召集各机关各团体，开会集议，推施俊翰等为总务股，任庚容、方志和、张茂善等为指挥，郭立言等为陈设，方鼎峰、张於廷、施天慨等为招待，徐世除等为游艺，俞氏福谦小学任西乐及童子军，黄古林警察署任纠察，三区三分部为主席团并负责宣传，经费由各机关分担"。各方积极筹备，以"革故鼎新"为宗旨，"由各机关各团体开会集议"，决定通过，"仰各民众一体参加"，并登报公示具体安排。办法如下：

一、元旦日上午十一时，举行庆祝典礼，由各机关各团体及邻近民

---

[1]《迎神起纠纷》，《宁波日报》，1947年7月15日。

众一律参加。二、除日夕及元旦夕举行提灯会,亦由各机关各团体及一切民众参加之,并规定每夕六时半集合出发。三、集会地点均在黄古林庙。四、元旦日各商号悬旗休息,元旦夕及除夕各户挂灯。五、元旦典礼后,各校参加游艺以缀余兴。六、凡关游行事项,向施氏崇本小学本会游艺主任徐书中君接洽,提灯会事项,向古林第二打米厂本会总指挥任庚宸君接洽(以上两项均须于本月卅日前接洽完善,以便排印节目及秩序等)。七、各项参加物品费用,均由参加者自行筹备负担之。八、其他要破破除迷信旧习,而以庆祝元旦之至意为归(附标语要点如下:废除阴历,革除陋习,施行阳历,建设新业)。[1]

但是,赛会特别是一些著名的庙会由于历史悠久,影响巨大,群众基础广泛,虽有反对之声,结果往往是如期举办。如1947年春季高桥会,先是开会筹备,"鄞西高桥会,各社代表百余人及警士数名,昨在鄮湖乡宁德观(国宁寺)召开筹备会,当决定迎赛日期,准自本月廿九日起至四月一日止。第一日自西门外望春桥起,至本城西郊路大卿桥止,其他三日为卖面桥、横街头、集士港、高桥等各大市镇"[2]。当年3月29日该会如期进行:"……该会昨日开始,节目比去年更为伟大,计高台搁二十座,又精刻黄扬纱船十只,都用名贵牙镶雕,费时五六年方克完成,早年曾运美展览,叹为奇观,博得盟邦好评。其他最为出色者,有元宝马和踏高跷,元宝马是雇了美女骑在马上唱小曲,高跷队扮演的是唐僧、孙行者,和张嘉祥向帅拉马等,并衬以锣鼓管弦,尚有许多九连大令以及各社二十四节大老龙,不胜枚举,于是轰动一时的高桥会,在人山人海之中演出了。"[3]此外,当时与高桥会同负盛名之鄞西经堂庙会,也于3月初由当地农民开会决定"于本月十四日提早开始"[4]。可见,传统习俗的力量何等强大,其变革非一朝一夕之事,也不是靠单纯的行政命令所能禁止的。

---

[1] 《鼓舞欢忭筹庆元旦》,《时事公报》,1928年12月27日。

[2] 《高桥会定期迎赛太平会人山人海》,《时事公报》,1947年3月26日。

[3] 《鄞西高桥会》,《宁波晨报》,1947年3月30日。

[4] 《鄞西经堂庵会决定期迎赛》,《时事公报》,1947年3月7日。

第三节　迎神祈雨习俗

祈雨这一行为在旧时社会非常普遍。长期以来，鄞西一地由于水利失修，每至天旱无雨，人们便束手无策，转而寄希望于鬼神，通过禁屠、把神像抬出庙来游行、举行祭会，企图以此感动上苍降雨。对此地方当局一般也予以支持，甚至亲力亲为。关于此类的活动在晚清《申报》中经常予以报道。例如，1879年8月18日，"宁郡自六月十三日得雨后，早晚大有秋意，自十八九日起又炎炎烈日，酷热异常，日甚一日，至今未减，寒暑针已升至百度外，故城市居民无不殷殷望雨，以期稍减暑气。闻西乡一带晚禾俱已如炽，据农人云若在经旬不雨便无望矣。日内宣传有又将禁屠求雨之信，刻尚未奉有官谕也"[1]。1886年7月30日，"宁郡自交六月以来连日亢旱，西乡沿山一带稻已枯槁，即东湖所蓄之水亦已放尽，故早禾或可无碍，而糯稻湖白野稻晚青等种土将坼裂，难望有秋。鄞县朱邑尊现已出示禁屠求雨，不知何日能感格苍穹也"[2]。1892年夏，因"旱象已成，农民忧心如捣"，于是"西乡白龙王庙、西南乡铜盆浦、南乡万山等处好事者各舁龙神土像，簇拥入城，约计乡人千余名……既而舁入提道府县各署，各官皆行三跪九叩首礼，复每起赏给饭钱，或十六千，或二十千……初八日西乡白鹤山庙、望春山庙、高桥等处，又有数起乡人舁龙入城，事同一律，各衙门赏亦如之"[3]。

求雨的过程，往往带来大量物力、人力和财力的损耗，乃至生命的付出。1886年8月15日《申报》报道说："最奇者，西南乡上水碶杨姓女，年十七岁，同母编席度日。近因官民盼雨情殷，遂于初二日晨乘母赴市，竟沐浴更

---

[1] 《宁郡气候》，《申报》，1879年8月18日。
[2] 《宁郡求雨》，《申报》，1886年7月30日。
[3] 《兴雨祁祁》，《申报》，1892年8月31日。

众人将菩萨太初庙殿巡游

图片来源：周时奋：《宁波老俗》，宁波出版社2008年版，第181页

衣，径赴方桥江躬蹈龙潭而死。查光绪十五年间，有黄公林地方施姓两寡妇亦因旱投蒋山龙潭中，此已难能可贵，不图此女今又追随于后也。"[1]即使是到了20世纪30年代，这种行为仍有发生，就在1934年夏，一鄞西老妪"生有子女七人，均已婚嫁，近因天久不雨，秋收势将绝望。该氏乃于昨日下午一时，更衣沐浴，辞拜祖先后，竟独往附近封桥口（俗称龙潭），投水舍身祈雨，迨其家属发觉，早已溺毙"[2]。《申报》记者在报道这一消息时颇为感慨，认为这是"无谓牺牲"。

---

[1]《宁波近事》，《申报》，1886年8月15日。
[2]《亢旱中老妪舍身祈雨》，《申报》，1934年7月8日。

第四节　水利共同体下的价值取向

　　鄞西境内地少人多的生存困境铸就了这一区域经济社会集约化的特点，特别是山水相连的自然环境使人们形成了以水利为中心的利益共同体，人们之间的相互依存度大大增强，水利兴衰与个人利益休戚相关，个人与社会的相关性尤为突出。所谓一荣俱荣，一损俱损，个人之间以及个人与地方之间的关联度十分密切。相同的遭遇迫使人们联合起来，齐心协力，共同迎接挑战，由此共同体生死攸关的水利工程等公共事业受到高度关注。于是人格价值的表现首先不是个体价值的实现，而是个体对群体的作用。急公好义、乐善好施成为最受人景仰的品格；肝胆相照、任侠利人是极被推崇的德行。尤其是这种品格与德行在遭遇重大灾害与变故中不断得以深化，成为许多鄞西人的一种伦理取向与价值追求。在日常社会生活中，这种急公好义的品格便集中表现为乐善好施的行动，从而使鄞西一地的慈善事业常盛不衰。同时，鄞西一地多世家大族，他们长期居住一地，与地方社会的依存度相当密切，其利益已与地方社会的秩序与安宁结为一体。正因为此，也为了维护家族的声望，他们大多关心地方事务，乐于行善，热心公共事业，且好善之风世代相传。而在其表率与示范作用下，一地的为善乐善之风相率而成，乃至蔚成风尚，源远流长。

　　这种公益意识既表现在兴修水利等重大工程方面能登高一呼，众人皆应，也表现在对其他社会公益事业的广泛认同和支持上，更体现在人们社会公益意识的日益增强上。根据自身力量参与慈善公益事业，成为人们的共识，并在一定程度上成为人们的自觉行动。如在二三十年代一批敢作敢为的鄞西人士发起疏浚南塘河、中塘河等鄞西水利工程时，广大本外地鄞西人士都奋起响应。他们或出钱出力，或奔走呼号，不仅设立河工局或董事会等组织，主持疏浚事宜，而且迅速筹集起所需经费，从而确保了水利工程的成功。期间在救助鄞西历次水灾活动中，鄞西人的公益心也得到了充分的展示。不仅本地人士奋起救援，众起响应，旅外同乡也是前赴后继，不落人后，特别是当时旅沪鄞西人士"得此消

历经千年的它山庙依然挺拔

息,异常焦急,群谋设法救济"[1]。乃纷纷发起组织急赈会,各界人士往往倾巢而出,场面十分感人。如1921年8月,鄞西连发大水,损失惨重,旅沪鄞西人士闻讯立即组织鄞江乡旅沪同人水灾急赈会,并设立会长、干事长、常务长、干事、常务员等为数众多的职员队伍,开展募捐与赈灾工作。[2]而对日常慈善公益事业的支持同样体现了人们浓厚的公益意识,如高桥基督教恤孤院在1932年1—2月间共有72件捐款(详见表49),其中最大的一笔(1000元)来自旅沪宁波商人徐庆云,其他71件捐款加起来也不过693元,其中2元以下的捐款有36件,占全部捐款件数的一半。最少的捐款为1角,也有捐1角2分、1角7分6厘的。显然,捐款者生活并不会太富裕,甚至可能把零用钱也捐出来了。捐赠也不限于金钱,如恤孤院报告册上载有"朱太太助鞋8双,秋桂芳大善士助新棉袄裤100套,陆鸣海嫂助鞋2双,王庆林先生助带鱼15尾"[3]。可见,当时向慈善机构提供捐款者,更多的是家境一般甚至

---

[1]《旅沪甬人发起筹募梓乡赈款》,《申报》,1921年8月22日、

[2]《鄞江乡旅沪同人水灾急振会纪事》,《申报》1921年9月11日。

[3]《基督教恤孤院第二十一期报告册》,存宁波市档案馆。

并不宽裕的平民百姓。尽管他们的捐款数目不多，但人多力量大，特别是由此培育出来的社会公益意识，则是当地慈善公益事业得以常盛不衰的社会基础。

表49　高桥基督教恤孤院（1932年1—2月）捐款收入分类表

金　额	个　人	法　人
1000	1	—
100	2	—
30—50	4	2
20	2	2
10—15	2	4
2—8	16	1
1—1.76	17	2
0.3—0.788	6	—
0.2	7	—
0.1—0.176	4	—
合计件数	61	11
合计金额1693.062		

资料来源：《基督教恤孤院第二十一期报告册》，存宁波市档案馆。

在此还值得一提的是，长期以来，王元㫶因在兴修水利方面的杰出表现而彪炳史册，其包含的为官一任造福一方、勤政为民的责任意识，勇于担当、励精图治的实干精神受到人们普遍的尊崇与颂扬，进而成为后任者竞相仿效的榜样。据不完全统计，鄞县从唐贞观十年至民国十七年的1290年间，有姓名可查的县令、知县、知事、县长共有340多个，其事迹被民国《鄞县通志》记载的有33个，而兴修水利几乎无一例外地成为他们政事的首选。其佼佼者如宋代鄞县县令王安石重修东钱湖、清理湖界；张峋筑广德湖环湖湖堤9134丈；虞大宁修风棚碶、北津疏淀、修堤作闸；龚行修修它山堰；高尧明修灵桥。明代徐易辟万金湖；夏儒筑塘黄潭、决堑张村，为鄞永利；沈犹龙修洋河、狗颈二塘；张伯鲸治双湖、城河，护长春塘，建西津坝，葺堤堰。清代杨懿开大嵩河道，建横山大小礁、南北球琳、舵艟等闸，筑大嵩港滚水坝，筑蔡塾至舵艟3500丈土塘及辅闸，垦荒涂2万亩等。晚清段光清捐资重修它山堰，重修洪水湾塘与大石塘，浚辟南塘河，均颇有建树。

同时，这些责任意识与实干精神作为文化基因成为地方文化的组成部分，也深刻影响了本地人士的人格塑造与价值追求。包括孙梅堂、张申之、翁文灏、王宽诚在内的大批鄞西籍人士就是在这种地域文化与社会氛围熏陶下成长起来的，后来他们那种报效国家、造福桑梓的家国情怀，奋发有为、自强不息的精神追求不能说与此没有关系。

可见，近代鄞西一地的文化精神与市镇风貌仍具有明显的水乡文化特征，水利无疑是构成鄞西人精神生活与精神世界的"底色"。人们择水而居，依水而市，以舟代车，信神好祀。民间文化活动，往往以宗族为组织依据，庙祀娱神为表现形式，水系区划为行动流向，具有风俗性、群众性的特点，而在精神品质上更铸就了鄞西人不拘礼数、注重人情、刻苦自励、急公好义的人生态度与价值追求。

第六章　近代鄞西社会经济转型的历史思考

孕育于它山水利文化的鄞西近代社会经济变迁与转型，乃是在传统社会尤其是明清时期发展基础上的历史演进。从晚清开始，尤其是进入20世纪后是鄞西社会走向近代化的重要阶段。在这半个多世纪的发展进程中，鄞西社会经济发生了诸多有意义的变化。尽管这些变化孤立地看来，都是缓慢的、琐碎的，乃至微不足道的，聚集起来却构成了一幅颇为生动的社会变革的历史画面，标志着鄞西社会进入近代化的进程。回顾和总结这段历史，不仅有助于从一个侧面较为深入地认识区域社会发展的轨迹和道路，而且对于正确认识和把握当前鄞西乃至鄞州地区社会发展现状，推进城镇化建设进程，营造区域特色与优势，也具有重要的现实意义。

第一节　转型成就与困境

近代鄞西社会转型起步于晚清，在20世纪后进入了较为快速的发展阶段，到30年代中期达到繁盛。后因战乱不断陷入停滞状态乃至倒退，战后略有恢复，但不久即由于内战而告中断。总体看，这一转型取得了一定成就，体现于经济、社会、生活等各个方面，其中社会经济有明显的发展与进步，区域近代化进程加快，尤其在经济市场化、水利与交通建设、社会事业以及人的素质诸方面，表现得相当明显。

近代乡村社会转型是一个全方位的发展过程，其核心是由传统小农经济形态转向现代农业经济形态，也就是实现农业经济的市场化、产业化。在明清市镇发展基础上，借助于水利之力的近代鄞西市镇得到了较好的发展，其市场功能明显增强。在经济上，鄞西地区依托优越的自然条件形成了较为著名的支柱性产业，即贝母和席草制品业。因外贸需求的扩大和近代交通的改善，本地产品出口，有了明显增长，与国际市场的联系日益密切。为了发展本地农业、手工业，特别是这些支柱性产业，生产技术有所改进，呈现明显的专业化倾向，其中草帽业更成为市场与原料两头在外的新兴手工业。同时二三十年代随着合作运动的兴起，鄞西经济竞争力有了一定增强。更具历史意义的是，鄞西地区近代工业开始出现，打破了传统社会经济结构，使农产品品质得到明显提升，并吸纳了一部分从乡土"游离"出来的乡民，代表了区域近代化的发展方向。随着近代金融业的发展，尤其是钱庄业的繁荣和近代金融业的出现，鄞西地区经济有了一定的资金保障。工商业的兴起，逐渐改变了乡民们传统的生产生活观念和行为方式，吸引了越来越多的乡民走出鄞西，远离家乡，投入到近代工商业的发展潮流中，人口流动加速。面对新的世界，乡民的观念日渐革新。在这一过程中，尤为明显的是从商风气的兴盛，从中涌现出一大批商业成功人士，成为近代著名"宁波帮"的重要组成部分。他们还积极参与家乡建设，其中在社会公益与慈善事业方面成就尤为显著，成为推进鄞西近代化的强大力量。与此同时，随着近代地方自治运动的兴起与南京政府对地方社会控制力的加强，形成了以乡镇为中心的农村行政体系，国家政治权力逐渐深入到农村。尤其值得一提的是，得力于民间社会的大力支持和参与，近代鄞西公共事务与社会事业的进步相当明显，其中水利事业得到了很大恢复与发展，教育与医疗卫生事业的进步也可圈可点，慈善公益事业更是高潮迭起，一浪高过一浪，社会发展保持了相当的生机与活力。这些变化汇合成推动近代鄞西发展与进步的强大力量，使30年代中期鄞西发展达到一定水平。

当然，不可否认，近代鄞西社会经济转型的成就仍是相当有限的，甚至可以说转而未成，不仅转型过程曲折而艰难，各方面发展很不均衡，而且有些方面的转型更是缓慢和滞后的。经济上，近代鄞西"不仅经历、承受着资本主义市场化带来的变化，而且注定要承受新生产方式发展不足的困扰"[1]。具体而言，鄞西经济仍然是以农产品的生产与商贸活动为基础，虽然日益被卷入到外部市场特别是国际贸易体系之中而一度相当繁荣，但在生产领域，技术上的进步微乎其微，从而使其在国际市场的竞争中往往处于被动地位。近代工业虽然于20世纪初出现在本地区，但受资金、技术等因素制约，发展极其有限。近代工业不仅为数甚少，且相当分散，更谈不上形成初步完整的工业门类。由于缺乏引领本地经济发展的核心产业，故难以从根本上改变传统的经济结构。就市镇发展而言，近代鄞西尽管有了一定程度的发展，但仍停留在定期市集这样较低的层次上，并没有上规模的、较大的市镇出现，不仅难以与杭嘉湖地区相比拟，甚至与鄞东、鄞南也有不少差距。据30年代编纂的《鄞县通志》记载，全县上规模的12个镇多数分布在鄞东、鄞南。[2]市镇建设方面也是乏善可陈。在社会事业上，尽管成就显著，却缺乏系统性与计划性，即使是颇为发达的鄞西教育事业，也基本上是小学教育一枝独秀，直到40年代末期本地才开始筹备初级中学，职业教育也是昙花一现。同时鄞西社会生活虽有很多新气象，甚至不乏生机与活力，乡民的观念也出现了某些变革，"但基本趋向仍是传统的，虽然亦步亦趋地追随工业都市风气，却总是追不上，不断落后"[3]。可以说，新旧生活观念与风俗交织在一起，体现了乡村社会介于传统与现代之间的二元特征。而且，从某种意义上讲，较之现代因素，传统因素所起的作用与影响还要更大。特别是乡村精英分子的大量流失，使鄞西一地缺乏乡村建设的组织者与骨干力量，尽管有旅外绅商的热心参与，但两者毕竟是不能替代的。

  近代中国内忧外患，战乱不断，成为中国近代化的严重障碍。相对于近代中国其他地区，包括鄞西在内的近代宁波在相当一个时期还算是比较太平，由此

---

[1] 李学功：《南浔现象——晚清民国江南市镇变迁研究》，中国社会科学出版社2010年版，第180页。

[2] 这12个镇分别是姜山、五乡碶、咸祥、韩岭、邱隘、瞻岐、钟公庙、桃江、横溪、鄞江桥、黄古林、东吴。陈晓燕：《近代江南镇人口与城镇化水平变迁》，《浙江学刊》，1996年第3期。《鄞县通志·舆地志》，辰编，市集。

[3] 包伟民：《江南市镇及其近代命运：1840—1949》，知识出版社1998年版，第327页。

社会经济发展与进步取得了明显成就。但覆巢之下安有完卵！如上所述，到30年代中期，鄞西一地经济社会发展取得相当成就，社会转型达到了一定水平。1937年七七事变后日本军国主义的野蛮入侵，特别是1941年初宁波沦陷，彻底打断了这一进程。社会转型呈现停滞甚至倒退，多年的发展与进步毁于一旦。1945年抗战胜利后，为医治战争创伤，战后重建工作迅速展开，经过多方的努力，鄞西社会经济有了一定程度的恢复。但好景不长，日益加剧的战乱又很快将鄞西推入困境，甚至使其陷入崩溃的边缘。正如时人所记述的"在抗战期中，农村里年轻的农民，应征参加抗战阵营杀的、被敌伪强拉虐杀的，为数已是很多很多了。抗战结束后，不幸内乱继起，现在已是抗战后第四个年头，战乱正酣，不知将于何时停止，最近通令一保征一丁，层层催得极紧，青年农民逃避的逃避，应征的应征，劳动力日渐在减少中，妇孺多无法从事耕作，春耕在即，真是如何耕耘呢！？"[1]其间，持续不断的匪患也对鄞西百姓生命财产造成很大威胁，为此一些殷实之家与社会精英纷纷迁居宁波城区乃至上海。可见，战乱是人类社会发展与进步的大敌，只有稳定的社会环境才有可能实现区域社会经济的发展与转型，否则一切无从谈起。

尽管鄞西社会经济转型的成就比较有限，但相对于一个实际上只有半个多世纪的短暂时间与动荡不宁的外部环境，其所达到的水平已属难能可贵，近人为此所作的努力应该予以充分肯定，而且它还为本地进一步的发展准备了各方面的基础与条件，更成为当代鄞西发展与进步的源头活水。

---

[1]《鄞西的农村》,《宁波日报》,1948年3月8日。

第二节　当代启示

人类社会犹如一条流淌不息的历史长河,我们与前人一样都是其中的一个环节。历史关乎过去,又在很大程度上制约现在,影响未来。历史何为?知古鉴今。近代鄞西社会经济的变迁,是传统与近代的交流与博弈过程,也是新旧并存、新旧相间、由旧趋新的过程。传统走向现代是一种必然趋势,问题在于,在近(现)代化过程中如何对待这一转变,以何种态度去审视历史,并能从中获得何种启示与借鉴。透过对近代鄞西近百年发展历史进程的梳理,我们认为至少可以得到以下启示:

一、挖掘与弘扬地方优秀传统文化,是涵育文明乡风,增强乡村社会凝聚力的重要载体,也是进一步让社会主义核心价值观在乡村深深扎根的重要途径

鄞西历史悠久,文化灿烂,历史上曾是宁波政治、经济、文化的中心,特别是以王元暐为代表的它山堰水利工程,不仅奠定后来鄞西与宁波繁荣的基础,而且由此形成的它山堰水利文化精神孕育了一代代志士仁人。它山水利是鄞西之根,是地域文化的灵魂,或提升为文化精神、观念形态,或外化为乡风民俗、风土人情。它山水利文化由于植根于鄞西沃土之中,虽历经千年而生生不息。

沧海桑田,历经千年,以庙会等为载体的它山水利文化仍历久弥新,对本地乃至周边地区社会经济与精神文化有着深远的影响。尽管民国南京政府时期特别是1949年相当长一个时期,在革命文化的喧嚣之下,庙会文化备受打击,但它山水利文化仍禁而难绝,改革开放后又得到了恢复与发展,说明它山水利文化由于具有深厚的历史底蕴、广泛的群众性和参与性,加上浓厚的乡土性,因而有着强大的生命活力。当然,对于其重要载体——庙会文化所附带的迷信成分我们应

该具有清醒的认识,科学地加以引导与辨别的同时,也应从地方优秀传统文化中寻求资源,并加以传承弘扬,使之成为社会主义新农村建设的强大力量。

二、充分发挥乡贤或曰社会领袖在地方建设与社会治理中的作用,是实现区域发展与进步的重要途径

"乡贤"是指在本土本乡有德行、有才能、有声望而深为当地民众所尊重的人。他们熟悉地方,又对地方有着强烈的责任感,从而享有名望,具有很大的号召力,往往成为地方社会的代言人。如上所述,清末以来,鄞西一地在兴修水利的过程中形成了乡贤群体,且代有其人,在地方发展与进步中扮演了重要角色。如张申之就是一位著名乡贤,他早年追随孙中山的民主革命事业而浪迹天涯。20年代后回归故里,一心为造福家乡而奔走,为百姓福祉鼓与呼,特别是为鄞西水利的发展倾注了毕生的心血。他于1924年担任鄞县水利局局长,1928年担任宁波救济院第一任院长。其间,张长期担任宁波佛教孤儿院董事长、宁波旅沪同乡会办事处主任,战后还兼任鄞西协会理事长、鄞西水利会会长、桃浦水利协会会长、鄞县沿江碶闸修建委员会主任委员、鄞县救济院基金保管委员会主任、鄞县第五卫生分院董事长等。1937年8月,在中国青年励志会浙江省鄞县分会举办的鄞县乡贤选举中,张申之即以较多的票数名列候选人名单。[1]

有的乡贤虽然在外经商,却心系故里。长期以来,享誉上海商界的钟表大王孙高潘、孙梅堂父子对家乡北渡的建设不遗余力。北渡是一个座落在奉化江边的小村,面江(奉化江)负河(南塘河),扼鄞奉通道要津;又为上溯鄞江、下出镇海口的必经之路。其乡村建设如何,不但观瞻所及,影响殊大,而且关系家乡父老福祉,为此孙高潘父子几十年来为家乡面貌的改变,倾注了很大的心血。正因如此,1912年孙高潘病逝时,人们悲痛不已。《申报》以"宁波善士逝世"为题报道说:"孙高潘鄞西同道乡北渡人也,生平热心公益,无役不预,最著者如鄞奉交界之方桥、元贞桥,曾以石桥改建铁桥,众难其工,而孙始终其

---

[1]《鄞励志分会乡贤选举揭晓》,《时事公报》1937年8月13日。

鄞西后塘河景观规划设计图

事，创成伟举，尤事功之昭然在人者。本月七号因病遽归道山，邑人士闻者无不坠泪。兹闻于今日上午孙君出殡之期，想素车白马执绋者当极一时之盛也。"[1] 孙梅堂对于家乡办医办学、兴办农场与市场更是无役不从，从而名闻遐迩，受到人们广泛的赞誉。

可见，乡贤热心公共事务，造福一方百姓。他们不仅在经济上支持公共事务，而且在具体管理中，都发挥了重要作用。同时，乡贤在维持乡土社会有效运转方面也发挥着重要作用。无论是中央政令在地方上的有效实施，还是民间社会愿望的上传，作为政府和基层民众之间的中介，乡贤都起到了积极作用。此外，乡贤在维系地方社会的文化、风俗、教化方面有着特殊作用。他们以自己的德行义举垂范乡里，规范与引导着人们的伦理生活。当下中国的乡村治理和乡村社会重建呼唤乡贤精神的回归，独特的乡贤地域文化通过本地区历代乡贤名流的德行贡献，凝聚成民众的共同精神。乡贤精神对于提升本地区民众的文化自信心、自尊心，敦厚民心、民风，激励社会向上，恢复乡村生机、激发乡村发展潜力，将具有特殊的现实意义和价值作用。

---

[1]《宁波善士逝世》，《申报》，1912年7月31日。

三、包容开放的社会环境是实现区域发展与进步的重要条件

海纳百川，有容乃大。山水相连的鄞西在地理环境上比较封闭，与外界的联系似乎不如鄞东、鄞南方便。但水运的便捷毕竟使鄞西社会一直保持了相当程度的开放，特别是近代以来，借助宁波开埠的优势，鄞西与外部世界的联系日益紧密，尤其是大批鄞西人领风气之先，具有开放的进取意识与包容的文化心态，纷纷走出大山，走出鄞西，主动迎接外部世界的挑战。他们敢于并善于学习西方文化，努力吸收外来文明成果，从而在屈辱中奋起，在落后中前进，由此成就自己的宏大事业。尤为重要的是，在外创业有成的鄞西人多具有公益意识与家乡情怀，他们反哺家乡，大力参与家乡现代化建设，成为推动近代文明在鄞西一地茁壮成长的强大力量。与此同时，以传教士与洋货为载体的西方文化深入鄞西各地，这对近代鄞西人接纳与认同西方文明有着重要的影响，特别是高桥基督恤孤院的成功举办以及当地民众的广泛支持，从一个侧面说明当时鄞西社会的包容与开放。而30年代宁波基督教青年会在鄞西的作为更是为乡村变革与进步带来活力。海纳百川，不择细流。正是各种力量在此汇聚，中外思想观念在此交流融合，才使近代鄞西充满生机与活力，为社会的发展与进步提供了不竭的源泉。

四、重视市镇在乡村发展中的核心作用，并努力恢复传统水乡的生机与活力，是实现包括鄞西在内的广大江南乡村可持续发展的关键所在，也是中国城镇化道路的重要选择

介于城市与乡村的市镇并不是凭空产生的，而是存在于农村经济上面，而发达的河网交通是包括鄞西在内的江南市镇形成并发展的先决条件之一。市镇既是附近乡民上镇出售农副产品以及购买日常用品的农村经济集散中心，即乡村经济活动的中心，又是乡村社会活动与文化生活的中心，更是乡愁的主要载体。可见，市镇是乡村的灵魂，这种地位是自然选择的结果，是经过了数十年年、数百年乃至上千年的发展而形成的，并在长期的发展过程中呈现出自己的特色与优势。它们都是市场配置的产物，其中很少看到政府的影子，更不是规划和打造的结果。对于江南繁华而宁静、自由而不失秩序的市镇生活，不少文人墨客与学者

都有精致的记述而令人向往。如著名学者王家范对明清时期的江南市镇生活有一番生动的描述:"在我看来,明清江南市镇还是相当自由的,彼时政府管得很少,一切听任自然。在市镇可以感受到一般人的悠闲与淡泊。无论是戴毡帽的乡民,还是穿长衫的'先生',街上相逢一笑,或许他们还是经常往来走动的亲戚,乡民认镇上人为干亲的也常有。生活很平常,人与人的感情靠得很近,没有城市里的那种疏离感与紧张感。我们曾经期待过有所谓'离乡不离土'的中国特色现代化。不去说什么'现代化',在数百年前,市镇倒是曾经实现过'离乡不离土'的情景,乡与镇是一种没有人为边界的联体结构。"[1]事实上,总体来说,民国时期的江南市镇生活仍基本上延续了明清时期的状况。当下,被快节奏生活压得喘不过气来的现代人向往那种舒适安逸、温情和谐的生活方式,更增添了江南市镇的无穷魅力。实际上,以水乡为特色的江南小镇代表了与大城市迥然有别的一种生活方式。但如今,这种江南小镇似乎已成为往事而难以寻觅。

上世纪80年代初,以研究江南市镇而闻名的著名社会学家费孝通连续以"小城镇大问题"为题发文,呼吁人们重视乡村小城镇建设,主张中国现代化应走具有我们自己特色的小城镇发展道路。但事与愿违,80年代开启的中国城市化浪潮以西方早期的发展道路为模式,实际上是城市吃掉城镇、吃掉乡村的圈地运动。这种千篇一律的、钢筋加水泥并在政府统一规划与强力推进下进行的城市化在全国各地一再复制,不仅造成了巨大浪费,也难以持续,更不是人们所需要的。同时,这种各类资源向城市倾斜的城市化又往往是以广大乡村与城镇的破败与颓废为代价的,曾经的江南小镇已消失殆尽。如今,中国城市化已到了一个临界点,对此我们应该有一个清醒的认识与深刻的反思。在强调可持续发展的今天,我们必须确立科学的、全面的发展观,尊重自然,敬畏历史,珍惜老祖宗留下来的一切,以水为脉,在古镇保护开发中始终把"水"放在中心,围绕水道、水体、水岸、水景、水韵和水利工程做文章,努力保持传统市镇的特色与风貌,恢复其生机与活力,并充分发挥其在建设新农村中的引领作用,从而使包括鄞西在内的曾经繁荣的江南市镇不再是一种美好的历史记忆。

---

[1] 黄晓峰:《王家范谈明清江南的"市镇化"》,《东方早报》,2013年7月14日。

参考文献

一、地方志

1. （宋）魏岘：《四明它山水利备览》卷上，《四明丛书》第三集，张氏约园刊本。
2. （清）钱维乔修，钱大昕等纂：乾隆《鄞县志》，清乾隆五十三年（1788）刻本。
3. （清）张恕等纂：光绪《鄞县志》，清光绪三年（1877）刻本（影印版）。
4. （清）臧麟炳、杜璋吉：《桃源乡志》，清康熙二十七年（1688）修，民国二十三年（1934）油印本。
5. 实业部国际贸易局编纂：《中国实业志（浙江省）》，1933年。
6. 张传保、陈训正等：《鄞县通志》，成文出版社，1973年。
7. 周时奋主编：《鄞县志》，中华书局，1996年。
8. 缪复元等：《鄞县水利志》，河海大学出版社，1992年。
9. 俞福海主编：《宁波市志》，中华书局，1995年.
10. 俞福海：《宁波市志外编》，中华书局199版8年。
11. 柴望：《小溪志》，宁波出版社，2009年。

二、报刊、杂录及其他

《工商半月刊》《申报》《浙江省建设月刊》《合作月刊》《浙江省道路月刊》《东方杂志》《中行月刊》《市政月刊》《宁波日报》《宁波人报》《宁波民国日报》《宁波旅沪同乡会月刊》《上海宁波公报》《上海宁波日报》《大报》《四明日报》《鄞县县政府统计特刊》《时事公报》。

《四明细岭徐氏支谱》。

三、著作

1. 鄞县政府建设科：《鄞县建设》，1934年。
2. 章元善、许仕廉：《乡村建设实验》第2集，中华书局，1935年。
3. 戈公振：《中国报学史》，三联书店，1955年。
4. ［美］何炳棣：《中国会馆史论》，学生书局，1966年。
5. 张津：《乾道四明图经》（影印本），成文出版社，1970年。
6. 欧阳修、宋祁：《新唐书》，中华书局，1975年。
7. 陈序经：《中国南北文化观》，牧童出版社，1976年。
8. 上海博物馆图书资料室编：《上海碑刻资料选辑》，上海人民出版社，1980年。
9. 张永言：《词汇学简论》，华中工学院出版社，1982年。
10. ［英］呤唎：《太平天国革命亲历记》上册，上海人民出版社，1997年。
11. 费孝通：《江村经济》，江苏人民出版社，1986年。
12. ［美］帕克·R·E，E·N·麦肯锡著，宋峻岭等译，《城市社会学》，华夏出版社，1987年。
13. （清）万斯同：《石园文集》卷二，《四明丛书》第四集，民国二十五年（1936）张氏约园刻本。
14. （清）陈世元：《金薯传习录》卷上，农业出版社，1982年。
15. （清）徐兆昺：《四明谈助》，宁波出版社，2001年。
16. 陈锡暇：《秋风歌》，载《四明清诗略》，中华书局聚珍版影印本，1930年。
17. 吴知：《乡村织布工业的一个研究》，商务印书馆，1936年。
18. 湖南省银行经济研究室编印：《湖南经济》，1947年。
19. 费孝通：《乡土重建》，上海观察社，1948年。
20. 姚贤镐：《中国近代对外贸易史资料》，中华书局，1952年。
21. 严中平：《中国棉纺织史稿》，科学出版社，1955年。
22. 彭泽益：《中国近代手工业史资料》，三联书店，1957年。
23. 郑昌淦：《明清农村商品经济》，中国人民大学出版社，1989年。
24. ［美］吉尔伯特·罗兹曼：《中国现代化》，江苏人民出版社，1988年。
25. 江绍原：《中国礼俗迷信》，渤海湾出版公司，1989年。

26. 鄞县政协文史资料委员会：《鄞县文史资料》第四辑，1991年。

27. 陈旭麓：《近代中国社会的新陈代谢》，上海人民出版社，1992年。

28. 乔志强：《中国近代社会史》，人民出版社，1992年。

29. 唐力行：《商人与中国近世社会》，浙江人民出版社，1993年。

30. 汪熙、魏斐德主编：《中国现代化问题》，复旦大学出版社，1994年。

31. 钱穆：《中国文化史导论》，商务印书馆，1994年。

32. 乌丙安：《中国民间信仰》，上海人民出版社，1995年。

33. 费正清、赖肖尔：《中国：传统与变革》，江苏人民出版社，1995年。

34. 曹幸穗：《旧中国江南农家经济研究》，中国编译出版社，1996年。

35. 小田：《江南乡镇社会的近代转型》，中国商业出版社，1997年。

36. 宁波市对外贸易经济合作委员会编：《宁波市对外经济贸易志（638—1995）》，宁波出版社，1997年。

37. 中国水利学会水利史研究会：《它山堰暨浙东水利史学术讨论会论文集》，中国科学技术出版社，1997年。

38. 蔡元培：《向参议院宣布政见之演说》，《蔡元培教育文选》，人民教育出版社，1997年。

39. 姜涛：《历史与人口——中国传统人口结构研究》，人民出版社，1998年。

40. ［美］施坚雅著，史建云译：《中国农村的市场与社会结构》，中国社会科学出版社，1998年。

41. 戴鞍钢：《港口、城市、腹地：上海与长江流域经济关系的历史考察（1843—1913）》，复旦大学出版社，1998年。

42. 包伟民：《江南市镇及其近代命运1840—1949》，知识出版社，1998年。

43. 李占才：《当代中国经济思想史》，河南大学出版社，1999年。

44. 熊月之主编：《上海通史》第5卷，上海人民出版社，1999年。

45. 马寅初：《中国之工业化》，《马寅初全集》第9卷，浙江人民出版社，1999年。

46. 正平、肖朗：《世纪之理想——中国近代义务教育研究》，浙江教育出版社，2000年。

47. ［美］斯格特，黄洋等译：《织理论：理性、自然和开放系统》，华夏出版社，2001年。

48. 张海英：《明清江南商品流通与市场体系》，华东师范大学出版社，2002年。

49. 中华人民共和国杭州海关译编：《浙海关、瓯海关、杭州关贸易报告集成》，浙江人民出版社，2002年。

50. 杨古城、曹德厚：《四明寻踪》，宁波出版社，2002年。

51. 黄宗智著，程农译：《国家与市民社会：一种社会理论的研究路径》，中央编译出版社，2002年。

52. 冯贤亮：《明清江南地区的环境变动与社会控制》，上海人民出版社，2002年。

53. 马敏：《官商之间：社会剧变中的近代绅商》，华中师范大学出版社，2003年。

54. 陈晓燕、包伟民：《江南市镇——传统历史文化聚焦》，同济大学出版社，2003年。

55. 陈国灿：《江南农村城市化历史研究》，中国社会科学出版社，2004年。

56. 章辉美：《社会转型与社会问题》，湖南大学出版社，2004年。

57. 常建华：《社会生活的历史学：中国社会史研究新探》，北京师范大学出版社，2004年。

58. 哲夫：《宁波旧影》，宁波出版社，2004年。

59. 冯筱才：《在商言商:政治变局中的浙江商人》，上海社会科学院出版社，2004年。

60. 杜赞奇：《文化、权力与国家——1900—1942年的华北农村》，江苏人民出版社，2004年。

61. 樊树志：《江南市镇：传统的变革》，复旦大学出版社，2005年。

62. 梁漱溟：《乡村建设理论》，上海人民出版社，2006年。

63. 王笛：《跨出封闭的世界——长江上游区域社会研究》，中华书局，2006年。

64. 徐志定主编：《四明锁钥章水》，中国方正出版社，2006年。

65. 宁陈守义主编，波市政协文史委、政协鄞州区委员会编：《鄞县籍宁波帮人士》，中国文史出版社，2006年。

66. ［英］施美夫著，温时幸译：《五口通商城市游记》，北京图书馆出版社，2007年。

67. 周宪：《文化研究关键词》，北京师范大学出版社，2007年。

68. 孙善根：《民国时期宁波慈善事业研究（1912—1936）》，人民出版社，2007年。

69. 丁贤勇：《新式交通与社会变迁——以民国浙江为中心》，中国社会科学出版社，2007年。

70. 王美英：《明清长江中游地区的风俗与社会变迁》，武汉大学出版社，2007年。

71. 王玉茹：《中国经济史》，高等教育出版社，2008 年。

72. 陈宏雄：《潮涌城北：近代宁波外滩研究》，宁波出版社，2008 年。

73. 周时奋：《宁波老俗》，宁波出版社，2008 年。

74. 陈国灿：《浙江城镇发展史》，杭州出版社，2008 年。

75. 李涛：《浙江近代乡村教育史》，杭州出版社，2009 年。

76. 傅璇琮编：《宁波通史》，宁波出版社，2009 年。

77. 中国社科院近代史所、河北师范大学历史文化学院：《晚清改革与社会变迁》，社会科学文献出版社，2009 年。

78. 林星：《城市社会风俗的演变：福建城市现代化研究 1843—1949——以福州、厦门为中心》，天津古籍出版社，2009 年。

79. 乐承耀：《宁波经济史》，宁波出版社，2010 年。

80. 凌先有：《中华江河水文化》，长江出版社，2010 年。

81. 尹铁：《浙商与近代浙江社会变迁》，中国社会科学出版社，2010 年。

82. 李学功：《南浔现象——晚清民国江南市镇变迁研究》，中国社会科学出版社，2010 年。

83. 张学军、孙炳芳：《直隶商会与乡村社会经济（1903—1937）》，人民出版社，2010 年。

84. 王瑞成、孔伟：《宁波城市史》，宁波出版社，2010 年。

85. 徐文明：《现代转型与民国时期宁波市民的文化娱乐》，宁波出版社，2010 年。

86. 安涛：《中心与边缘：明清以来江南市镇经济社会转型研究——以金山县市镇为中心的考察》，上海人民出版社，2010 年。

87. 费孝通：《乡土中国生育制度乡土重建》，商务印书馆，2011 年。

88. 邱枫：《宁波古村落史研究》，浙江大学出版社，2011 年。

89. 刘俊凤：《民国关中社会生活研究》，人民出版社，2011 年。

90. 南京图书馆编：《二十世纪三十年代国情调查报告》（第 189 册），凤凰出版社，2012 年。

91. 海飞：《它山传奇——四明首镇鄞江记忆》，大众文艺出版社，2013 年。

92. 宁波市鄞州区档案馆：《近代鄞县史料辑录》，天津古籍出版社，2013 年。

93. 周时奋：《故土家园》，上海社会科学院出版社，2013 年。

94. 乐承耀：《宁波农业史》，宁波出版社，2014 年。

95. 陈思光：《历史名镇——鄞江桥》《历史名镇——鄞江桥》续编、《历史名镇——鄞江桥》续编三、《历史名镇——鄞江桥》续编四，内部印行。

96. 孙善根：《二十世纪三十年代鄞县奉化县情调查资料辑录》，宁波出版社，2016 年。

四、期刊论文

1. 鲁迅：《随感录二十五》，《新青年》，1918 年第 3 期。

2. 应墨如：《浙江浦江的农民生活》，《中国农村》，1935 年第 5 期。

3. 章有义：《本世纪二三十年代我国地权分配的再估计》，《中国社会经济史研究》，1988 年第 2 期。

4. 陈亚平：《近代江南城市化市镇的社会结构》，《河北学刊》，1993 年第 5 期。

5. 成岳冲：《论宋元宁波地区主干水利工程的分布与定性》，《浙江学刊》，1993 年第 6 期。

6. 姜涛：《中国近代人口变迁及城乡人口结构的现代启示》，《战略与管理》，1994 年第 4 期。

7. 乔志强、陈亚平：《江南市镇原生型城市化及其近代际遇》，《山西大学学报（哲学社会科学版）》，1994 年第 4 期。

8. 陈晓燕：《近代江南市镇人口与城镇化水平变迁》，《浙江学刊》，1996 年第 3 期。

9. 徐扬：《晚清西方宗教与近代中国妇女解放思潮》，《黔西南民族师专学报》，1997 年第 1 期。

10. 成岳冲：《浅论宋元时期宁波水利共同体的褪色与回流》，《中国农史》，1997 年第 1 期。

11. 刘玲玲：《社会转型的类型和当代中国社会转型的实质》，《教学与研究》，1997 年第 4 期。

12. 李可可：《关于水利文化研究的思考》，《荆州师专学报》，1998 年第 21 卷第 1 期。

13. 江沛：《民国时期华北农村社会结构的变迁》，《南开学报》，1998 年第 4 期。

14. 王先明：《近代士绅阶层的分化与基层政权的蜕化》，《浙江社会科学》，1998 年第 4 期。

15. 徐永志：《晚清婚姻与家庭观念的演变》，《河北师范大学学报（哲学社会科学版）》，1999 年第 2 期。

16. 董贻安编：《浙东文化》，1999 年第 1 期。

17. 刘秋根：《关于中国古代高利贷资本的历史作用——读资本论第三卷第五编》，《史学月刊》，2000 年第 3 期。

18. 陈晓燕：《近代江南农村工业化与妇女社会地位的变迁》，《浙江学刊》，2001 年第 6 期。

19. 任东升、孟科：《水利文化初论》，《吉林水利》，2001 年第 3 期。

20. 赵林凤：《民国时期江苏农村金融变动的探析（1912—1937）》，南京农业大学硕士学位论文，2003 年。

21. 邹晓昇：《二十年来中国近代乡村经济史的新探索》，《历史研究》，2003 年第 4 期。

22. 马戎：《试论语言社会学在社会变迁和族群关系研究中的应用》，《北京大学学报（哲学社会科学版）》，2003 年第 2 期。

23. 彭南生：《论近代中国乡村"半工业化"的兴衰——以华北乡村手工织布业为例》，《华中师范大学学报（人文社会科学版）》，2003 年 5 期。

24. 彭南生：《半工业化：近代乡村手工业发展进程的一种描述》，《史学月刊》，2003 年第 7 期。

25. 李文芳：《中国当代水利文化建设研究》，武汉大学硕士学位论文，2004 年。

26. 李长莉：《以上海为例看晚清时期社会生活方式及观念的变迁》，《史学月刊》，2004 年第 5 期。

27. 汪波：《南浔社会的近代变迁》，浙江大学博士学位论文，2005 年。

28. 李金铮：《内生与延续：近代中国乡村高利贷习俗的重新解读》，《学海》，2005 年第 5 期。

29. 李玉敏：《民国乡村合作社研究》，《北方论丛》，2005 年第 6 期。

30. 李文芳：《水利文化的历史发展与演变》，《水利发展研究》，2005 年第 7 期。

31. 唐力行：《20 世纪上半叶中国宗教组织的态势——以徽州宗族为对象的历史考察》，《上海师范大学学报》，2005 年第 1 期。

32. 丁贤勇：《新式交通与生活中的时间：以近代江南为例》，《史林》，2005 年第 4 期。

33. 黄兴涛：《清末民初新名词新概念的"现代性"问题——兼论"思想现代性"

与现代性"社会"概念的中国认同》,《天津社会科学》,2005年第4期。

34. 郎友兴:《从传统走向现代:一个江南市镇社会结构在近代的嬗变》,《浙江大学学报(人文社会科学版)》,2005年第3期。

35. 陈勇:《论唐代长江下游农田水利的修治及其特点》,《上海大学学报(社会科学版)》,2006年第2期。

36. 蔡勤禹:《小农经济型态下的渔民组织及其职能——以民国青岛渔会为例》,《中国社会经济史研究》,2006年第3期。

37. 薛显林:《民国时期的水利立法理念》,《云梦学刊》,2006年第4期。

38. 金学种:《一个殉道者 又一个殉道者》,《钟山》,2006年第5期。

39. 彭贵珍:《论民国城市社会转型中的婚约纠纷》,《社会科学辑刊》,2006年第5期。

40. 郑永福:《近代中国民事习惯中的合会与互助会》,《郑州大学学报(哲学社会科学版)》,2006年第6期。

41. 彭南生:《论近代中国农家经营模式的变动》,《中国近代史》,2006年第6期。

42. 关威:《"五四"新文化时期两性伦理观念的嬗变》,《中国社会历史评论》,2006年第10期。

43. 袁北星:《近代武汉社会生活与思想观念变迁》,《江汉论坛》,2006年第11期。

44. 庞广仪:《口岸开放与近代广西乡村社会变迁》,广西师范大学硕士学位论文,2006年。

45. 席明旺:《交通、水利与城市的兴衰——以清代开封为例》,四川大学硕士学位论文,2007年。

46. 谢忠强:《试论社会转型与社会整合中同乡组织的民间介入——以清末民初上海地区为中心的考察》,《漳州师范学院学报(哲学社会科学版)》,2007年第3期。

47. 王东昕:《环境与文化互动关系的文化生态学反思——以怒江峡谷为例》,《云南民族大学学报(哲学社会科学版)》,2007年第6期。

49. 汪效驷:《江南乡村社会的近代转型研究》,苏州大学博士学位论文,2008年。

49. 徐峰:《试论近代江南市镇的城市化》,《兰州学刊》,2008年第2期。

50. 李永伟:《鄞江:古镇风韵流淌的文明》,《宁波经济》,2008年第4期。

51. 朱英:《乡村视野下的近代中国社会变迁》,《华中师范大学学报(人文社会科学版)》,2008年第3期。

52. 万振凡、张开东：《弹性结构：一个本土化的乡村社会变迁史分析模型——以1927 至 1937 年江西乡村革命、改良冲击为例证》，《南昌大学学报（人文社会科学版）》，2008 年第 1 期。

53. 常红萍：《明清江南农村经济组织研究》，西北农林科技大学硕士学位论文，2008 年。

54. 蹇福阔：《报纸广告中的社会变迁——以二十世纪二三十年代的上海与重庆为例》，西南大学硕士学位论文，2008 年。

55. 李小辉：《近代"解放"话语下的婚恋观——以上海民国日报副刊觉悟为中心》，上海大学硕士学位论文，2008 年。

55. 谢鸣：《民国后期的县级政权重构——以 1937—1948 年浙江鄞县为例》，复旦大学硕士学位论文，2008 年。

57. 王先明：《从自治到保甲：乡制重构中的历史回归问题——以 20 世纪三四十年代两湖乡村社会为范围》，《史学月刊》，2008 年第 2 期。

58. 汪效驷：《合作运动与乡村经济的近代转型：以江苏省无锡县为中心的考察》，《古今农业》，2009 年第 4 期。

59. 曲春梅：《近代胶东商人与地方公共领域——以商会为主体的考察》，《东岳论丛》，2009 年第 4 期。

60. 薛毅、张水根：《民国时期河南合作事业发展略论》，《商丘师范学院学报》，2010 年第 4 期。

61. 梅芸、韩春玲：《水利文化——物质水文化与精神水文化的结合》，《中国水运（下半月刊）》，2010 年第 10 期。

62. 李伟燕：《近代宁波内河轮运业研究（1895—1949）》，复旦大学硕士学位论文，2010 年。

63. 徐宇珊：《政府与社会的职能边界及其在实践中的困惑》，《中国行政管理》，2010 年第 4 期。

64. 鄞州区地方文献整理委员会：《鄞州文史》第 12 辑，2011 年。

65. 陈吉光：《民国时期宁波集市研究》，宁波大学硕士学位论文，2011 年。

66. 江畅：《也要重视文化自我批判》，《道德与文明》，2011 年第 5 期。

67. 毛春梅：《新时期水文化的内涵及其与水利文化的关系》，《水利经济》，2011

年第 4 期。

68. 吴志锋、倪根金：《晚清时期广东乡村赌博及其治理》，《五邑大学学报（社会科学版）》，2011 年第 4 期。

69. 李先明：《曲阜乡村文化的百年变革及其启示》，《温州大学学报（社会科学版）》，2012 年第 5 期。

70. 梁敬明、王大伟：《民国时期浙江水利事业述论》，《民国档案》，2012 年第 4 期。

71. 李长莉：《"碎片化"：新兴史学与方法论困境》，《近代史研究》，2012 年第 5 期。

72. 周向频、陈枫：《矛盾与中和：宁波近代园林的变迁与特征》，《华中建筑》，2012 年第 6 期。

73. 何思聪：《荆楚地区水利文化兴起与展望探讨》，《现代商贸工业》，2012 年第 8 期。

74. 《水利文化传承与发展的轨迹——基于 1980—2012 年水利志的分析》，《中国水利》，2012 年第 18 期。

75. 姜省：《近代广东四邑侨乡的城镇发展与形态研究》，华南理工大学博士学位论文，2012 年。

76. 李先明：《曲阜乡村文化的百年变革及其启示》，《温州大学学报（社会科学版）》，2012 年第 5 期。

77. 吴媛媛：《明清时期徽州民间水利组织与地域社会——以歙县西乡昌堨、吕堨为例》，《安徽大学学报（哲学社会科学版）》，2013 年 2 期。

78. 何浩轩、吴昌：《从新词语看近代婚恋观念变迁——以五四时期婚恋变革为中心》，《现代语文（语言研究）》，2013 年第 12 期。

79. 张俊飞：《以东钱湖为中心的水利社会考略》，《农业考古》，2013 年第 3 期。

80. 汪效驷：《政府和民间在社会建设中的角色担当——以民国合作事业为中心的探讨》，《兰州大学学报（社会科学版）》，2014 年第 4 期。

图书在版编目（CIP）数据

近代鄞西社会变迁研究 / 孙善根，王益澄，吴昌著
—宁波：宁波出版社，2016.12
ISBN 978-7-5526-2748-0

Ⅰ.①近… Ⅱ.①孙… ②王… ③吴… Ⅲ.①社会变迁—研究—宁波—近代 Ⅳ.①K295.53

中国版本图书馆CIP数据核字（2016）第300485号

近代鄞西社会变迁研究

著　　者：孙善根　王益澄　吴　昌
责任编辑：钱升升
责任校对：霍佳梅　俞静娴
装帧设计：唐雪冬
出版发行：宁波出版社
　　　　　（宁波市甬江大道1号宁波书城8号楼6楼　315040）
印　　刷：宁波市大港印务有限公司
开　　本：787mm×1092mm　1/16
字　　数：330千
印　　张：17.75
版　　次：2016年11月第1版
印　　次：2016年11月第1次印刷
标准书号：ISBN 978-7-5526-2748-0
定　　价：40.00元